U0541183

中国传媒产业发展路径研究

谢红焰 著

中国社会科学出版社

图书在版编目（CIP）数据

中国传媒产业发展路径研究／谢红焰著．—北京：中国社会科学出版社，2021.9

ISBN 978-7-5203-9386-7

Ⅰ.①中… Ⅱ.①谢… Ⅲ.①传播媒介—产业发展—研究—中国 Ⅳ.①G219.2

中国版本图书馆 CIP 数据核字（2021）第 249047 号

出 版 人	赵剑英
责任编辑	彭莎莉
责任校对	李　惠
责任印制	张雪娇

出　　版	中国社会科学出版社
社　　址	北京鼓楼西大街甲 158 号
邮　　编	100720
网　　址	http://www.csspw.cn
发 行 部	010-84083685
门 市 部	010-84029450
经　　销	新华书店及其他书店
印　　刷	北京明恒达印务有限公司
装　　订	廊坊市广阳区广增装订厂
版　　次	2021 年 9 月第 1 版
印　　次	2021 年 9 月第 1 次印刷
开　　本	710×1000　1/16
印　　张	16.25
插　　页	2
字　　数	265 千字
定　　价	99.00 元

凡购买中国社会科学出版社图书，如有质量问题请与本社营销中心联系调换
电话：010-84083683
版权所有　侵权必究

前　言

　　中国传媒产业经过多年的发展与不断调整，规模实现了跨越式增长，特别是进入 21 世纪以来，传媒产业在扩大内需、促进就业、推动经济发展等方面作用明显。也正是在这段历史时期，传统媒体产业和新媒体产业的力量对比发生了改变，传统媒体产业发展遭遇瓶颈，学界和业界纷纷将目光投向了新媒体领域，尝试通过产业融合摆脱困境，但仍未取得突破性进展。以报业为例，大量报纸广告收入呈现"断崖式"下降趋势，失去主要营收来源的中国报业面临着巨大的生存压力。许多报社不得不靠减少版面、缩减人员来勉强维持，但仍有一些报纸经营难以为继，最终停刊。整个报业人才流失严重，一些报纸采取"弃纸从网"，但收效甚微。新媒体产业的发展也并非一帆风顺，市场竞争激烈，相应的政策不配套，造成管理的混乱，传媒产业内部的主导产业更替不顺也引发了重重危机。整体而言，中国传媒产业转型仍处于中低端水平，面临着产业技术层次不高、创新能力不足、产品附加值低以及盈利能力欠缺等诸多问题。当前传媒产业发展的核心命题包括双重任务，即传统媒体产业的转型升级和新媒体产业的培育与发展。如何披荆斩棘，在新兴跨界领域取得突破，如何选择科学的发展路径是亟待解决的现实问题。

　　产业发展并不是孤立的，尤其战略性新兴产业以重大技术突破和重大发展需求为基础任务的特质更是将传媒产业发展与关联、融合等主题词捆绑起来，传媒产业发展的技术经济联系、产业间的相互依存关系以及融合交叉动态发展规律成为解决传媒产业结构问题和制定传媒经济社会发展战略与政策的重要依据，本书尝试从产业关联和融合的视角研究中国传媒产业发展路径，在投入产出分析的基础上分析传媒产业的关联效应、波及效应与生产诱发效应，并借此构建传媒产业关联与融合整体发展模型，提出传媒产业信息化、集群化、生态化发展，关联融合、扩大产品与服务型消费的创新发展思路。

全书分为七个部分。第一章是阐述研究背景、目标及意义的绪论部分。第二章从传媒产业定义及产业分类方法入手，确定本书所涉传媒产业的具体所指群体，并对产业组织、产业结构、产业关联与产业融合理论的国内外研究现状进行文献梳理。第三章从结构、行为、绩效的框架比较分析传媒产业发展现状并系统解读产业发展所处的环境、制约因素及存在问题。第四章编制传媒产业的投入产出表，计算传媒产业及细分产业的前向关联产业和后向关联产业，运用关联比例法分析传媒产业链并确定其上、下游产业构成，同时研究了传媒产业的波及效应。第五章在产业关联基础上，结合传媒产业融合发展的现存困境，梳理了产业关联与融合的关系，建构传媒产业的关联与融合整体发展模型，并提出传统媒体产业升级转型和新媒体产业培育发展的基本思路。第六章根据前述章节的研究结论，从产业关联与融合的视角探究适合中国国情的传媒产业发展路径，提出坚持传媒产业的信息化、集群化、生态化发展方向，进一步加强传媒产业与文化产业其他部门的联系，整合资源，形成合力，推进传媒产业的关联与融合发展，扩大传媒产品与服务型消费。第七章对全书研究总结归纳，并对研究的局限性和后续研究进行说明。

本书综合运用专家访谈、案例分析、比较研究以及投入产出分析、产业生命周期分析等方法，得出如下重要结论。

第一，首次系统地编制了传媒产业的投入产出表，深度解读传媒产业与其他产业间的复杂关联关系，主要包括前向关联、后向关联关系，通过直接和间接关联产生联系。传媒产业的上游产业主要集中在一些高耗能、高污染的产业部门，为传统传媒产业提供生产所需的原材料和服务，传媒产业的下游产业链比较窄，涉及的产业部门较少，需要扩大传媒产业的下游产业链，以增加传媒产业的竞争力。

第二，从产业关联与波及的角度分析了传媒产业与其他产业的经济技术联系，建立了传媒产业发展路径的关联理论基础。传媒产业对其他产业的带动作用较小，对其他产业的波及效应仍然较弱。传媒产业的消费、出口和投资会通过产业间的经济技术联系和关联作用诱发传媒产业的发展，传媒产业及细分产业属于依赖消费型产业部门，最终消费对传媒产业及细分产业发展具有重要的意义。

第三，融合是传媒产业发展的推动力，传媒产业融合的外向融合与内向融合是建立在产业关联基础上的。传媒产业的外向融合发生在传媒产业与高技术产业、文化产业内部的子产业，以及传媒产业的关联产业之间。内向融合主要发生在传统媒体产业和新媒体产业之间，主要目标是通过优化资源配置，以高品质内容和创新创意建构核心竞争力。

第四，构建了传媒产业的关联与融合整体发展模型，指出传统媒体产业升级转型和新媒体产业培育发展的基本思路。产业融合是产业关联发展的产物。实现传统媒体产业升级转型和新媒体产业的培育发展的基本思路应结合国家产业政策和发展战略，基于传媒产业的实际发展水平和社会现实需求，以及传媒产业各子产业的具体情况选择发展模式，不同类型的传媒产业关联与融合发展的模式不同，需按照传媒产业各子产业所处产业生命周期的不同阶段，选择所对应的发展模式。

第五，提出了适合中国国情的传媒产业发展路径，坚持传媒产业的信息化、集群化、生态化发展方向，推进传媒产业的关联与融合发展。进一步加强传媒产业与文化产业其他产业部门的联系，整合资源，形成合力推动文化产业乃至整个国民经济的发展。加强传媒产业与高技术产业的关联，降低其与高耗能、高污染产业的关联，促进传统媒体产业的转型升级以及新媒体产业的培育与发展。扩大传媒产品与服务的消费，微观层面激发受众媒介需求的动机，搭载媒介技术的顺风车，宏观层面重视消费增量。

本书的创新表现在以下方面。一是研究视角的创新。传媒产业的发展离不开与之密切相关的行业发展，不能脱离整体经济系统而单独存在与发展，必须从它所处的经济系统来进行全面考察和布局。截至目前，传媒产业的产业关联效应和波及效应研究仅有零星的阐释，缺少专业系统的研究。本书从产业关联与融合的角度研究中国传媒产业发展具有一定的创新性。二是观点层面的创新。全书通过实证研究构建了中国传媒产业关联与融合发展整体模型，为传媒产业各子产业的发展模式选择提供了依据，并结合案例分析考察了该模型的实用性；不同于传统的传媒产业链规律演绎思路，本书通过产业关联模型以及关联比例法，从需求面和供给面分析传媒产业的后向和前向联系，确定传媒产业的上游产业和下游产业，并在此基础上分析传媒产业链的特点；书中将传媒子产业间的融合定义为内向融合，传媒产业与其相关联产业间的融合定义为外向融合，在探讨产业关联与融合的关系基础上，结合传媒产业的内向融合与外向融合特征，将传媒产业的内部生态与外部生态联结起来，构成了一个完整的传媒产业生态环境。

目　　录

第一章　绪论 ………………………………………………………（1）
　第一节　研究背景及意义 …………………………………………（1）
　　一　研究背景 ……………………………………………………（1）
　　二　研究意义 ……………………………………………………（3）
　第二节　研究内容与方法 …………………………………………（5）
　　一　研究内容 ……………………………………………………（5）
　　二　研究方法 ……………………………………………………（7）
　第三节　技术路线与创新点 ………………………………………（8）
　　一　技术路线 ……………………………………………………（8）
　　二　创新点 ………………………………………………………（8）

第二章　相关理论基础和国内外研究现状 ……………………（11）
　第一节　相关概念界定及分类 ……………………………………（11）
　　一　传媒产业的相关概念 ………………………………………（11）
　　二　传媒产业分类 ………………………………………………（15）
　第二节　相关理论 …………………………………………………（20）
　　一　产业组织理论 ………………………………………………（20）
　　二　产业结构理论 ………………………………………………（22）
　　三　产业关联理论 ………………………………………………（26）
　　四　产业融合理论 ………………………………………………（30）
　第三节　国内外研究综述 …………………………………………（34）
　　一　产业关联研究综述 …………………………………………（34）
　　二　传媒产业融合研究综述 ……………………………………（42）

第四节　本章小结……………………………………………（51）

第三章　中国传媒产业发展现状与存在的问题………………（53）
　　第一节　中国传媒产业发展现状……………………………（53）
　　　　一　传媒产业发展总量和规模……………………………（54）
　　　　二　新媒体产业与传统媒体产业的 SCP 比较分析………（55）
　　　　三　发展历程………………………………………………（57）
　　第二节　传媒产业发展环境…………………………………（61）
　　　　一　政治环境………………………………………………（61）
　　　　二　经济环境………………………………………………（63）
　　　　三　技术环境………………………………………………（65）
　　第三节　传媒产业发展存在的问题…………………………（67）
　　　　一　中国传媒产业制度亟待完善…………………………（67）
　　　　二　传媒产业内部结构不合理……………………………（69）
　　　　三　传媒产业的发展缺乏稳定性…………………………（73）
　　　　四　与西方传媒产业的差距明显…………………………（75）
　　第四节　本章小结……………………………………………（78）

第四章　传媒产业关联效应研究…………………………………（80）
　　第一节　投入产出分析法……………………………………（80）
　　　　一　投入产出分析法………………………………………（80）
　　　　二　产业关联效应指标及计算方法………………………（83）
　　第二节　传媒产业的关联产业部门…………………………（84）
　　　　一　传媒产业的后向关联产业部门………………………（84）
　　　　二　传媒产业的前向关联产业部门………………………（104）
　　　　三　传媒产业的产业链分析………………………………（122）
　　第三节　传媒产业的关联效应………………………………（127）
　　　　一　传媒产业的前向关联效应和后向关联效应…………（127）
　　　　二　传媒产业与其他产业的关联效应……………………（131）
　　第四节　传媒产业的产业波及效应…………………………（134）
　　　　一　产业波及效应的模型及分析…………………………（134）

二　传媒产业波及效应分析 …………………………………………（135）
　第五节　传媒产业生产诱发效应和最终依赖度 ………………………（145）
　　一　传媒产业生产诱发效应 ……………………………………………（145）
　　二　传媒产业最终依赖度 ………………………………………………（151）
　第六节　本章小结 ………………………………………………………（155）

第五章　传媒产业融合发展研究 ……………………………………（158）
　第一节　产业融合趋势下的中国传媒产业 ……………………………（158）
　　一　中国传媒产业融合发展的动因 ……………………………………（158）
　　二　中国传媒产业融合发展的趋势 ……………………………………（161）
　　三　中国传媒产业融合发展的困境 ……………………………………（164）
　第二节　传媒产业融合模式选择 ………………………………………（167）
　　一　传媒产业外向融合模式 ……………………………………………（167）
　　二　传媒产业内向融合模式 ……………………………………………（171）
　第三节　传媒产业融合与产业关联的关系 ……………………………（174）
　　一　产业关联是产业融合的基础与前提 ………………………………（174）
　　二　传媒产业与其他产业的关联与融合现状 …………………………（174）
　第四节　传媒产业关联与融合整体发展模型的构建 …………………（177）
　　一　整体发展模型设计 …………………………………………………（177）
　　二　整体发展模型应用——报业转型的个案 …………………………（181）
　第五节　本章小结 ………………………………………………………（188）

第六章　中国传媒产业发展路径的选择 ……………………………（190）
　第一节　坚持传媒产业的信息化、集群化、生态化发展 ……………（190）
　　一　信息化 ………………………………………………………………（190）
　　二　集群化 ………………………………………………………………（192）
　　三　生态化 ………………………………………………………………（194）
　第二节　推进传媒产业的关联与融合发展 ……………………………（195）
　　一　促进传媒产业与高技术产业的关联与融合 ………………………（196）
　　二　推动传媒产业与文化产业的关联与融合 …………………………（197）
　　三　兼顾传媒产业的内向融合与外向融合发展 ………………………（198）

第三节 扩大传媒产品与服务的消费，拉动传媒产业发展 ……… (199)
    一 进军传媒产业的下游产业 …………………………… (199)
    二 关联产业消费多元化 ………………………………… (200)
    三 规范同质化消费 ……………………………………… (201)
第四节 本章小结 …………………………………………… (202)

第七章 研究总结及展望 ………………………………… (204)
第一节 研究总结 …………………………………………… (204)
第二节 研究不足与展望 …………………………………… (209)

参考文献 ………………………………………………………… (211)

附　录 ………………………………………………………… (237)

图表目录

图 1-1　技术路线 ……………………………………………（9）
图 3-1　2004—2016 年中国传统媒体与新媒体产业产值变化 ……（60）
图 4-1　传媒产业产业链 ……………………………………（126）
图 4-2　文化产业各部门的前向关联和后向关联 ……………（131）
图 4-3　其他产业部门整体对传媒产业及细分产业的总消耗 …（133）
图 4-4　其他产业部门整体对传媒产业及细分产业的平均消耗 …（133）
图 4-5　按照影响力系数和感应度系数划分的文化产业群 …（144）
图 5-1　内容跨越型融合 ……………………………………（172）
图 5-2　关联产业对传媒产业的带动作用 …………………（178）
图 5-3　产业生命周期阶段曲线 ……………………………（185）
图 5-4　2004—2016 年中国报业 Logistic 生长曲线 …………（188）
表 2-1　传媒产业分类 ………………………………………（16）
表 3-1　2004—2017 年中国传媒产业总产值及占国内生产
　　　　总值比重 ……………………………………………（54）
表 3-2　新媒体产业与传统媒体产业的 SCP 比较 ……………（56）
表 4-1　2012 年中国投入产出表传媒产业部门分类代码
　　　　及解释 …………………………………………………（81）
表 4-2　传媒产业投入产出表的基本表式 …………………（82）
表 4-3　传媒产业及细分产业对其他产业的直接消耗系数 …（85）
表 4-4　传媒产业及细分产业主要的直接后向关联产业 ……（91）
表 4-5　传媒产业及细分产业对其他产业的完全消耗系数 …（95）
表 4-6　传媒产业及细分产业主要的完全后向关联产业 ……（100）
表 4-7　传媒产业及细分产业对其他产业的直接分配系数 …（106）

表4-8	传媒产业及细分产业主要的直接前向关联产业	（111）
表4-9	传媒产业及细分产业与其他产业的完全分配系数	（115）
表4-10	传媒产业及细分产业主要的完全前向关联产业	（120）
表4-11	传媒产业及细分产业的需求面数据	（124）
表4-12	传媒产业及细分产业的供给面数据	（125）
表4-13	传媒产业及细分产业的前向关联指数和后向关联指数	（128）
表4-14	文化产业部门前向关联和后向关联指数及排序	（130）
表4-15	中国传媒产业及细分产业的影响力系数和感应度系数	（136）
表4-16	139个产业部门中影响力系数大于1的产业部门	（136）
表4-17	文化产业部门的影响力系数	（140）
表4-18	139个产业部门中感应度系数大于1的产业部门	（140）
表4-19	文化产业部门的感应度系数	（143）
表4-20	基于最终需求生产诱发系数划分的产业分类	（148）
表4-21	传媒产业及细分产业最终需求的生产诱发系数	（149）
表4-22	文化产业部门的生产诱发系数	（150）
表4-23	基于最终需求依赖度系数划分的产业分类	（151）
表4-24	传媒产业及细分产业最终需求依赖度系数	（154）
表4-25	文化产业部门生产依赖度系数	（155）
表5-1	传媒产业的外向融合与内向融合模式	（167）
表5-2	传媒产业的前向关联产业与后向关联产业	（176）
表5-3	传媒产业各子产业关联与融合发展模式选择	（180）
表5-4	传媒产业关联与融合发展模型各阶段功能及内容	（180）
表5-5	报业的前向关联产业和后向关联产业	（182）
表5-6	产业生命周期各阶段的特征	（185）
表5-7	2004—2016年中国报业总产值与国内生产总值占比情况	（187）

第一章

绪　　论

第一节　研究背景及意义

一　研究背景

当下的中国，正处于经济与社会转型的关键时期。在这一特定的历史背景下，中国传媒产业的发展与国家政治、经济、文化的发展联系日趋紧密，其面临的局势也越来越复杂。传媒产业兼具经济效益和社会效益，在国民经济和国家发展中占有重要地位。2002年，党的十六大报告中正式提出发展文化产业，接下来党的十七大、十八大也都明确提出了全面深化文化体制改革。到了2009年《文化产业振兴规划》的颁布标志着文化产业已成为国家重点发展的战略性产业。2016年，国家"十三五"规划提出要大力发展文化产业，加快发展移动多媒体、网络视听媒体、数字出版、动漫等新媒体产业，推动出版发行、影视制作等传统媒体产业转型和升级。同时指出要推进新媒体与传统媒体深度融合，建设新型传播体系。传统媒体产业和新媒体产业都在规划中被专门提到，这无疑说明传媒产业的发展已经成为国家未来发展战略的重要组成部分。

在全球经济一体化趋势下，中国传媒产业不可避免地卷入全球竞争中，激烈的外部竞争势必会带来传媒产业内部竞争格局的改变。传媒产业的国际竞争力不足直接导致了中国国际传播竞争力的不足，这与中国经济大国的国际地位不匹配。全球化浪潮中，中国传媒产业发展机遇与风险并存，如何调整产业结构，提高竞争力，对传媒产业的可持续发展至关重要。中国要拓展国际话语空间，传播中国梦，不仅需要依靠经济、军事、科技等"硬实力"的强大，更需要文化"软实力"的提升。传媒产业的国际竞争力直接影响了中国文化和价值理念的对外传播。当前，国家大力推行"一带一路"倡议，该倡议涉及多个国家和地区，其顺利实施需要依托强大的国际传播实力。如何扭转当前中国国际传媒影响力弱势的局面，提高国际传播能力，为"一带一路"倡议保驾护航，是中国传媒产业必须面对的挑战。

随着传媒产业变革的不断推进，发展过程中的各种问题与矛盾不断凸显。传媒产业包括报纸、期刊、图书、电视、广播、电影、互联网和移动增值等子产业。根据《中国传媒产业发展报告（2018）》发布的数据显示，2017年中国传媒产业总产值达18966.7亿元，较2004年的2108.27亿元增长8倍。这13年间，中国传媒产业取得了较大的发展，市场规模不断扩大，整个产业的综合实力得到进一步提升。由于各子产业的发展程度并不同步，产业间的力量对比发生了显著变化，并且各子产业的市场结构都在不断改变，从而导致中国传媒产业市场结构格局发生较大变动。一方面，中国传媒产业在数字化浪潮中飞速发展，产业规模迅速扩张，产业链不断优化。另一方面，中国传媒产业在国民经济中的比重仍然低于5%，传媒产业应有的作用没有得到充分发挥。近年来，中国新媒体产业发展迅速，打破了旧有传统媒体产业一家独大的局面，使得中国传媒产业市场演进成新媒体与传统媒体二分天下的格局，产业面临传统媒体产业调整转型和新媒体产业培育与发展的双重任务。伴随数字技术的日新月异、大数据时代的到来，以及产业发展的全球化趋势增强，中国传媒产业与其他产业的关联越来越明显，同时传媒产业内部各个子产业间的联系也日益密切，推动传统媒体和新媒体迈向了融合发展的道路。理查德·埃德尔曼（Richard Edelman）认为数字和信息技术将传媒业带入了不可逆的转变之中，媒介处在不断地融合状态中。[①] 中国传媒产业在外向扩张的同时，内在的边界也在不断消解。如何推动中国传统媒体产业升级转型，促进新媒体产业的培育与发展，探索实现传统媒体产业和新媒体产业的共赢发展模式，是中国传媒产业亟待解决的现实问题。

传媒产业化发展是中国传媒经济增长的重要动力，在改革开放的前

---

① Richard Edelman, "Public Relations is the Navigator of the New Media Economy", *Journal of Communication Management*, Vol. 5, No. 4, October 2001, pp. 391 – 400.

20年里，中国传媒产业结构合理，产业发展顺利，但这种结构越来越不适应现今中国传媒产业的发展需要。要突破传媒产业发展的瓶颈，产业结构调整势在必行。凯文·曼妮（Kevin Maney）在《大媒体潮》中提到，传媒产业的生产、传输和接收模式发生了革命性的变化，电信产业和传媒产业不再是互相独立的产业，电信产业也具有了媒体功能，与广播电视产业、出版产业等其他相关产业融合成为"大传媒产业"。[①] 肖赞军（2011）认为传媒产业各子产业的价值链节横向交错融合，纵向分离，这些产业逐渐从纵向一体化结构转变为横向一体化结构，传媒市场的竞争格局得以重塑。[②] 尼古拉·尼葛洛庞帝（Nicolas Negropnte）的预言已成为现实，广播电视、电信、互联网等产业之间的融合正在进行中。这种变革瓦解了原有的传媒市场体系，传媒产业的格局、结构和政府规制都随之发生巨大变化。

二 研究意义

本书研究意义在于学术价值和应用价值的双重体现，其学术价值表现在以下方面。

（1）系统分析中国传媒产业发展的影响因素，推进产业关联理论与传媒产业的具象呈现的有机结合，从而丰富中国传媒产业发展的理论研究。中国一直重视新闻传播媒介的政治功能，对其他功能却没有给予相应的重视，长期以来中国传媒业都没有按照产业化逻辑进行经营和管理，直到改革开放以后，传媒业的经济功能才逐渐得以发挥。而将中国传媒业作为产业对象进行研究，始于20世纪90年代，起步较晚，虽然已经取得了不少研究成果，但总体来说，研究体系不够完善，仍存在研究盲点。本书填补了中国传媒产业关联产业研究的相关空白，具有重要的意义。

（2）传媒产业研究是一个涉及多学科的交叉研究，有助于丰富经济学、管理学、数理统计学、心理学、生态学等学科交叉研究的方法和体系。罗伯特·皮卡特（Robert G. Picard）认为，中国的传媒经济研究中存

[①] Maney K., *Megamedia Shakeout: The Inside Story of the Leaders and the Losers in the Exploding Communications Industry*, New York: John Wiley & Sons, 1995, p. iii.

[②] 肖赞军：《西方传媒业的融合、竞争及规制》，中国书籍出版社2011年版，第43页。

在理论性不足问题,与经济学、管理学、社会学、统计学等学科的交叉融合不够,同时,缺少问题性研究和定量研究。① 本书结合"中国情境",融汇多学科研究体系,采用定量研究方法系统地梳理出传媒产业在社会转型期中所面临的难题,构建一个系统的传媒产业关联与融合发展架构,对媒介产业理论和媒介管理发展具有典型的学术价值。

(3) 从产业关联、融合的视角研究中国传媒产业发展路径,探讨产业关联与融合之间的逻辑关系,全面分析传媒产业与其关联产业的相互作用机理,动态考察传媒产业发展的动因、机制、演进路径,开拓了新的研究视角,进一步优化了传媒产业理论。

其应用价值体现在以下几个方面。

(1) 传媒产业发展路径研究是提升产业认知、产业升级的必要条件

中国传媒产业发展的现实路径带有鲜明的多元扩张色彩,从早期的相似媒体竞争和区域博弈的扩张,逐步发展成为跨地区、跨媒体、跨行业的扩张,传媒产业的范畴向文化和信息等产业靠拢。② 传媒产业由于兼具经济效益和社会效益,受到行政、体制、资本等方面的多重约束,在经济和政治上具有特殊地位,这决定了传媒产业的发展、调整、改革以及路径选择都需要上升到更宏观的层面进行考量。这就需要加强中国传媒产业发展路径的研究,从而解决其在产业扩张道路上的现实问题。

(2) 指导传媒产业的可持续发展

传统媒体产业和新媒体产业的发展存在错综复杂的影响关系,在产业融合背景下,亟待厘清二者之间的互动关系,以促进整个传媒产业的可持续发展。新媒体产业更具有信息产业方面的属性,而传统媒体产业偏向文化产业,二者既存在传媒产业的共性,又具有鲜明的差别。在现阶段,新媒体产业的界定、新旧媒体的竞争博弈、媒体融合等都是事关传媒产业发展的核心问题。本书清晰地勾勒出传统媒体产业和新媒体产业之间的竞争融合关系,从产业关联到融合的角度来考察二者现阶段的相互关系以及互

---

① 詹新慧:《与世界传媒经济大师对话——访世界传媒经济学术会议创始人罗伯特·G. 皮卡特》,《传媒》2005 年第 7 期。

② 张金海、黄玉波:《我国传媒集团新一轮扩张的态势》,《江西社会科学》2005 年第 5 期。

动模式，为传媒产业发展的相关政策制定提供现实依据。

（3）优化产业结构，提高产业国际竞争力

进入新世纪以来，随着技术的进步以及产业发展的全球化趋势，各个产业间的互动和交融日益紧密，传媒产业与其他相关产业的联系也越来越紧密。用产业关联理论来考察传媒产业与各相关产业之间的关联性，能够为传媒产业未来的结构发展和调整方向等问题提供现实依据。由于技术的创新与扩散，各产业间融合的可能性大大增加，新出现的产业也会因技术的进步迈入下一个融合阶段。从产业相关性中探索传媒产业融合的一般规律，揭示传媒产业融合的发展趋势，能够降低中国传媒产业可持续发展中的风险，提升国际竞争力，从而拓展中国国际话语空间。

（4）促进传媒产业与其他相关产业的良性互动

传媒产业与越来越多的其他产业发生了交叉与融合，原有的市场结构和边界不断被打破和重构，形成了新的产业链和价值链，产业间的竞争与合作的格局和模式都随之发生改变，传媒产业与相关联的产业之间会产生不同程度的连锁反应。分析传媒产业与其他产业的相关关系，能够揭示产业间的结构以及互动机制，有助于促进产业之间的良性互动和协调发展，从而确保整个产业系统的整体协调发展。

第二节 研究内容与方法

一 研究内容

本书在对前期研究成果和文献梳理的基础上，围绕"传媒产业发展路径"的议题从产业关联和融合这两个视角展开研究。研究内容涉及传媒产业发展现状、传媒产业所处的外部环境、传媒产业的产业关联效应与波及效应、传媒产业关联与融合整体发展模式、传媒产业未来发展路径选择等几个方面，具体研究内容如下。

（1）中国传媒产业发展现状与存在的问题

在界定传媒产业范畴的基础上，本书围绕传媒市场结构、传媒市场的主导产业、传媒产业布局、传媒产业规制等方面，分析中国传媒产业发展的情况，中国传媒产业所处的政治环境、经济环境以及技术环境，进一步厘清目前的体制格局。围绕产业环境、体制格局、产业结构现状、传媒产业的子产业四条主线系统分析中国传媒产业的发展格局，总结中国传媒产业发展的成效与存在的问题，解读传统媒体产业转型升级、新媒体产业与传统媒体互动、产业融合在传媒产业发展中的重要性。全球化的传媒市场格局下，各国国情及传媒业的发展程度各有侧重，本书对中、外传媒产业竞争进行比较研究，借鉴国外成功的经验，以期为中国传媒产业的进一步发展提供借鉴。

（2）传媒产业的产业关联效应与波及效应分析

本书利用产业关联模型，系统分析中国传媒产业在国民经济中的地位以及与其他产业间的关联关系，全面考察传媒产业的前向关联产业、后向关联产业，从而为传媒产业发展路径的选择提供重要依据。同时，对传媒产业的产业波及效应进行分析，计算出传媒产业的影响力系数、感应度系数、生产诱发系数和最终依赖度，动态考察了中国传媒产业与其他产业间的相互影响与感应。因传媒产业是文化产业的核心部门，本书还重点考察了传媒产业与文化产业其他产业部门的关联关系。

（3）传媒产业的产业链分析

传媒产业的发展受到上游产业和下游产业的共同影响，上游产业为传媒产业提供生产原料，是传媒产业发展的基础，下游产业为传媒产业提供产品销售市场。本书从产业间的关联结构提出的传媒产业链，是指构成产业结构的各产业部门与传媒产业的前向产业和后向产业联系。本书通过产业关联模型，从需求面和供给面分析产业的后向和前向联系，从而确定传媒产业的上游产业和下游产业，并在此基础上归纳传媒产业链特征。

（4）传媒产业的融合发展分析

本书考察了中国传媒产业与关联产业的融合路径，以及中国传媒产业子产业之间的融合模式，找出传媒产业关联与产业融合之间的相互关系以及作用机制，建立传媒产业关联与融合整体发展模型。本书基于产业融合的相关理论，分析传媒产业关联成长的融合拓展机制，找出融合过程中出现的问题，并结合实际情况给出解决方案。

（5）传媒产业发展路径研究

本书结合传媒产业发展特征和内部结构，在借鉴西方传媒产业发展经验的基础上，根据传媒产业与相关产业的关联、波及效应分析，以及产业融合发展研究，提出中国传媒产业的科学发展路径。

二　研究方法

本书选题属于应用研究型，在研究过程中，立足于新闻传播学，并综合运用产业经济学、生态学、社会学等多学科的相关理论和方法，拟采用文献调查法、专家访谈法、案例分析法、实地调查法、比较研究法、投入产出分析法等方法，注重定量研究与定性研究相结合，既有多学科交叉理论分析，又有测量数据和个案的实证研讨。

（1）专家访谈法

深度访谈学界、文化产业界、传媒业经营人员等领域的专家与学者，参考专家对传媒产业现状和趋势的观点与经验，对当前传媒产业发展的影响因素进行评估，同时求教于相关人士就本书的案例分析、传媒产业关联产业的计算、传媒产业关联与融合整体发展模型的构建提供指导性思路。

（2）文献调查法

获取传媒产业市场结构、传媒产业组织、传媒产业规制、产业关联、产业融合等相关理论的学术文献（含中英文资料），以及相关机构发布的较有代表性的传媒产业数据报告，以用于本研究前期的定性分析。

（3）案例分析法

分析具有代表性的报业发展现状，以此分析传媒产业关联与融合整体发展模型的适用性，从具有典型性的传媒子产业部门发展模式选择中考察传媒产业发展路径选择。

（4）实地调查法

研究初期，为获取研究的第一手资料和数据，需要一定量的实地考察，同时研究中后期，为验证规律的正确合理性，研究的各阶段性成果也需借助多层面的实地调研，了解学界的研究动向、业界的传媒产业实践、政府部门的相关传媒产业政策的制定，用以完善研究结论。

（5）比较研究法

对中、外传媒产业发展进行对比，不同传媒子产业的比较对产业发展路径的选择具有一定的借鉴作用，具体包括不同时期的产业规制比较、不同国家的传媒产业实力比较、新媒体产业与传统媒体产业的 SCP 比较，以及不同的传媒子产业发展模式选择比较等。

(6) 投入产出分析法

本书根据国家统计局公布的 2012 年中国投入产出表，运用列昂惕夫的投入产出模型，对中国传媒产业及细分产业的产业关联和产业波及效应进行分析，计算中国传媒产业及细分行业的直接消耗系数、完全消耗系数、直接分配系数、完全分配系数、中间投入率、中间需求率、总消耗系数、平均消耗系数、影响力系数、感应度系数、诱发系数及生产依赖度系数等指标，具体分析传媒产业在国民经济中的地位和作用，对其他产业的关联带动作用，甄选出传媒产业的重要关联产业部门。

总体来看，考虑到传媒产业发展路径研究涉及领域广，研究架构需应用多学科理论和方法，以产业经济学的理论为主要出发点，综合运用新闻传播学、经济学、统计学、管理学等多学科的方法来实现。

第三节 技术路线与创新点

一 技术路线

本书研究的技术路线主要集中于产业关联与融合的逻辑关系，以及从二者的视角考察传媒产业发展路径。技术路线如图 1-1 所示。

二 创新点

本书的研究方案遵循定性阶段、调查阶段和测量阶段的思路，计算中国传媒产业的关联产业，提炼出中国传媒产业发展的影响因素和路径。传媒产业的前期研究成果颇丰，部分产业研究的优秀案例为本书研究提供了很好的试验思路，但产业关联被深入运用到传媒产业的研究不多，形成研究的真空地带，充分印证了本书的可行性以及研究的必要性。

本书创新之处体现为以下几点。

（1）研究视角创新

产业经济学认为，整个国民经济活动是一个由众多不同产业组成的庞大而繁杂的系统，每个产业的发展都会影响与其相关的产业。传媒产业的发展不能脱离整体经济系统而单独存在与发展，必须从它所处的经济系统来进行全面考察和布局。截至目前，关于传媒产业的产业关联效应和波及效应仅有零星的研究，缺少专业系统的研究。本书从产业关联与融合的角

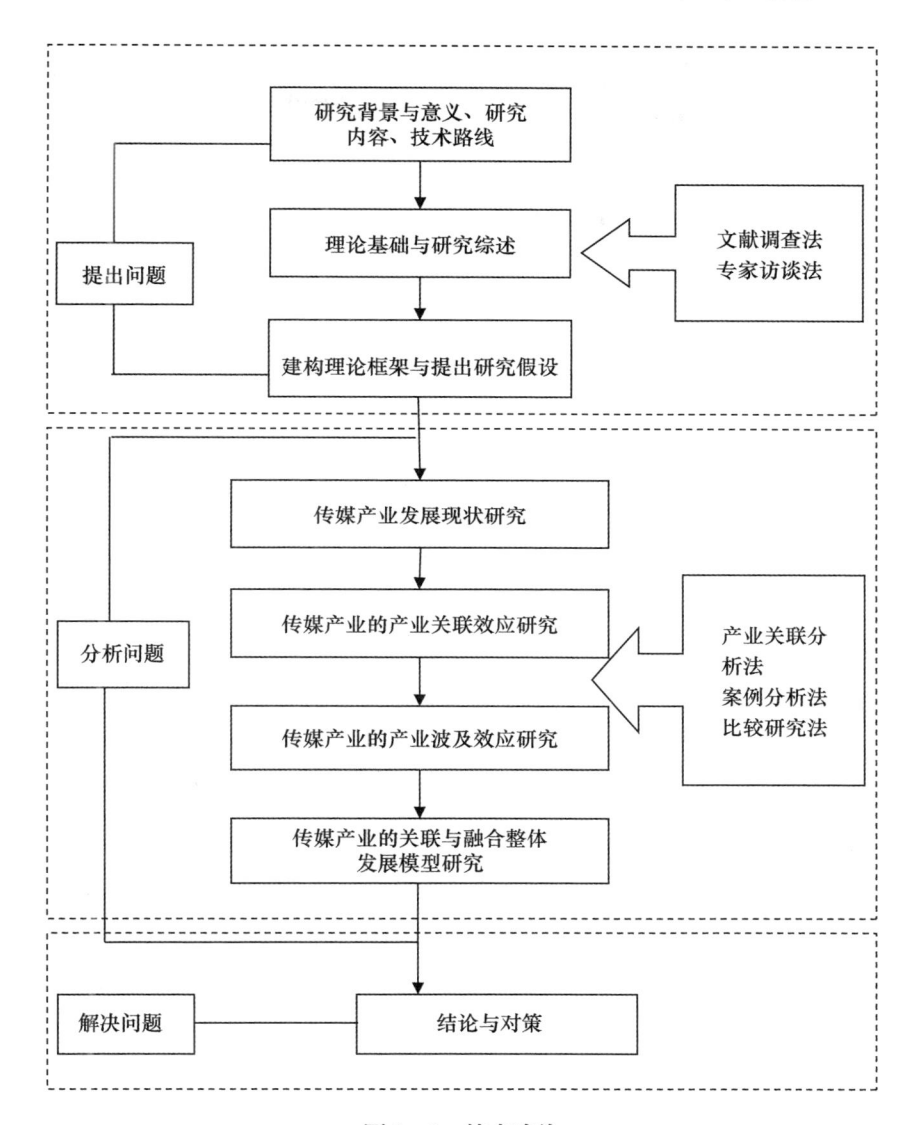

```
┌─────────────────────────────────────────────────┐
│              ┌─────────────────┐                │
│              │ 研究背景与意义、研究 │                │
│              │   内容、技术路线    │                │
│              └────────┬────────┘                │
│  ┌──────┐             ↓              ┌────────┐ │
│  │      │   ┌─────────────────┐ ←──  │文献调查法│ │
│  │提出问题│   │ 理论基础与研究综述 │      │专家访谈法│ │
│  │      │   └────────┬────────┘      └────────┘ │
│  └──────┘            ↓                          │
│              ┌─────────────────┐                │
│              │建构理论框架与提出研究假设│         │
│              └────────┬────────┘                │
└─────────────────────┬─┴────────────────────────┘
                      ↓
┌─────────────────────────────────────────────────┐
│              ┌─────────────────┐                │
│              │ 传媒产业发展现状研究 │               │
│              └────────┬────────┘                │
│  ┌──────┐             ↓              ┌────────┐ │
│  │      │   ┌─────────────────┐ ←──  │产业关联分│ │
│  │分析问题│   │传媒产业的产业关联效应研究│    │析法    │ │
│  │      │   └────────┬────────┘      │案例分析法│ │
│  └──────┘            ↓               │比较研究法│ │
│              ┌─────────────────┐      └────────┘ │
│              │传媒产业的产业波及效应研究│          │
│              └────────┬────────┘                │
│                      ↓                          │
│              ┌─────────────────┐                │
│              │传媒产业的关联与融合整体│           │
│              │   发展模型研究    │                │
│              └────────┬────────┘                │
└─────────────────────┬─┴────────────────────────┘
                      ↓
┌─────────────────────────────────────────────────┐
│  ┌──────┐   ┌─────────────────┐                │
│  │解决问题│   │    结论与对策    │                │
│  └──────┘   └─────────────────┘                │
└─────────────────────────────────────────────────┘
```

图 1-1 技术路线

度研究中国传媒产业发展较之以往的单方面研究更突出产业发展的相关性和逻辑联系。

（2）通过实证研究，构建中国传媒产业关联与融合整体发展模型

产业关联是产业融合的前提与基础，产业融合一般发生在相关联的产业部门之间，将关联与融合结合起来考察传媒产业发展，有助于更加全面

和深入地分析传媒产业发展动力和发展方向。本书构建了中国传媒产业关联与融合整体发展模型，为传媒产业各子产业发展模式选择提供了依据，并结合案例分析考察了此模型的实用性。

（3）定量分析传媒产业的上游产业和下游产业

完整的上下游产业所产生的产业集聚一般具有竞争优势，能够带动区域经济的发展，提升区域的竞争优势，促进区域内产业集聚的形成、发展，提升区域竞争力，因此对传媒产业的上下游产业分析十分重要。本书通过产业关联模型以及关联比例法，从需求面和供给面分析传媒产业的后向和前向联系，确定传媒产业的上游产业和下游产业，并在此基础上分析传媒产业链的特点，不同于传统的传媒产业链规律演绎思路。

（4）细分中国传媒产业内向与外向融合模式

传媒产业由多个子产业共同组成，大体分为新媒体产业和传统媒体产业，细分下来则可划分为报纸、期刊、图书、电视、广播、电影、互联网和移动增值业务等子产业。媒介技术和数字化技术的突破，使得传媒产业具有融合的特性。传媒产业融合不仅存在于传媒产业内部之间，也存在于传媒产业和其相关联产业之间，本书将传媒子产业间的融合定义为传媒产业的内向融合，传媒产业与其相关联产业间的融合定义为传媒产业的外向融合。在探讨产业关联与融合的关系基础上，结合传媒产业的内向融合与外向融合特征，将传媒产业的内部生态和外部生态联结起来，构成了一个完整的传媒产业生态环境。

第 二 章

相关理论基础和国内外研究现状

当前中国传媒产业处于产业的重大结构调整关键时期，互联网搭载技术和资本的力量，引发的数字经济浪潮对传媒产业的类别和结构形成了一轮轮巨大的冲击，传媒产业如何创新实践、如何深度融合发展，成为关注的焦点。本章从产业关联和融合的视角，对传媒产业发展进行综述：一则产业内部的结构性分化加剧将促使未来传媒产业与其他关联产业的跨界合作与融合创新成为新常态；二则传媒产业的发展路径应该建立在"推进供给侧结构性改革"、传媒新形态深度融合的基础上，关联产业的合作、多元化经营和融合成为发展路径的关键词。

第一节 相关概念界定及分类

一 传媒产业的相关概念

传媒产业涉及面较广，涵盖多种信息传播媒介，如广播、电视、电影、出版、新闻、广告等，不同文献中界定的范畴也各不相同，因此先对传媒、传媒产业这些相近概念进行界定以明确研究范畴。

（1）传媒

传媒与媒介、媒体的概念略有出入，三个概念常被混用。媒介是使双方产生联系的人或者事物，早在《旧唐书》卷七十八列传第二十八《张行成传》中就有"观古今用人，必因媒介，若行成者，朕自举之，无先容也"的记载，[①] 直至今日，媒介依然强调的是事物之间的介质和工具特

---

① （后晋）刘昫等：《旧唐书》，吉林人民出版社1995年版，第1712页。

性，不仅仅限于传播学领域。例如，蚊子是传播疾病的媒介，图书、报刊是传播知识的媒介。

麦克卢汉（M. McLuhan）在《理解媒介：人的延伸》中指出媒介即万物，媒介无处不在，将媒介的概念扩大到极致。施拉姆（W. Schramm）在《传播学概论》中提出媒介是介入传播过程中用以扩大并延伸信息传递的工具。戴维·桑德曼（D. Sandman）等认为媒介就是渠道，常用来特指渠道和信源两者，有时包括讯息，大众媒介则指大众传播的渠道、渠道的内容以及为之工作的人们的行为。

国内学者戴元光等认为传播媒介是传播过程赖以实现的中介，它既是工具又不是工具，人们可以让它为自己服务，媒介又可以反过来对人们施加不符合传者本意的影响。[①] 杨秉捷强调了媒介的工具性，提出传播媒介即信息传播过程中所使用的中介物，它可以传递传播者的意旨，是联系传播者与受众的桥梁以及完成传播行为的工具和手段。[②] 李彬认为，媒介的载体属性建立在大规模信息传递的基础上，是通讯社、图书、报刊、广播、电视等的集合称谓，一般又称大众传播媒介。[③] 单晓红指出传播学意义上的媒介是承载并传递信息的物理形式与机构，是传者与受者间进行沟通的桥梁，如同汽车运载粮食一样，媒介作为载体是以传递和运载信息而存在的。[④] 媒介被定义为信息传递中介性的技术存在，对它的理解和运用被逐渐分化出符号化、传播形式化、渠道及讯息化等多种不同的传播学释义。

对媒体的理解，更多表现为大众传播媒介整体的所指，不突出强调某一类型的媒介对象及其中介性。赛弗林（W. Severin）与坦卡特（J. Tankard）在《传播学的起源、研究与应用》中提出媒体的概念不像表面那样简单，理解各种传播形式之间的区别并非易事，将媒体作为组织机构来考察较容易办到。[⑤] 巴勒特（D. Barrat）认为媒体的信息形式特征更为突出，通常涵盖广播、电视、报刊和音乐等所有面向受众的信息表达。也有国内学者将媒

---

① 戴元光、邵培仁、龚炜：《传播学原理与应用》，兰州大学出版社1988年版，第221页。
② 杨秉捷：《传播学基础知识》，中国财政经济出版社1994年版，第37—45页。
③ 李彬：《传播学引论》，新华出版社2003年版，第181页。
④ 单晓红：《传播学：世界的与民族的》，云南大学出版社2003年版，第179—180页。
⑤ ［美］沃纳丁·赛弗林、小詹姆·W. 坦卡特：《传播学的起源、研究与应用》，陈韵昭译，福建人民出版社1985年版，第5—8页。

体的理解和机构等同起来,将其定义为从事信息采集、加工制作和传播的社会组织,即传媒机构。郭庆光认为媒体是社会信息系统不可或缺的重要环节和要素。[1] 单晓红指出媒体的物理形式的发展涉及技术更新,其社会属性表现为被社会的相关组织、政府、经济机构等影响或控制,代表一定的社会利益。[2] 媒体概念突出传播媒介集合性的类别存在,因此人们常称谓传统媒体、新媒体、跨媒体、媒体融合等术语。

传媒的含义更广,它是大众传播媒介、媒体或传媒机构的集合,既可涵盖其中的概念类别,又可作为它们的统称。传媒常与产业、企业等关键词为伴,这从传媒企业的命名不难看出,传媒一词因此增添了经济和管理的色彩。尽管广义上书信、电话等媒介从属于传媒范畴,但本书主要研究狭义传媒,即构成传媒业核心分支和发展评价要素的新闻出版、广播影视及新媒体领域。

（2）传媒产业

产业是社会分工的结晶,分工的改变引发产业转型。[3] 传媒产业是具有传媒类属性的企业经济活动的总称,是介于宏观和微观经济之间的中观传媒经济。中观经济的定位也决定了传媒产业是以研究传媒部门经济（或称为传媒行业）、地区经济和传媒集团经济为出发点,结合市场经济运行机制等外部环境,形成独特的研究对象和范畴。就传媒产业的定位关系而言,传媒产业与宏观的国民经济领域相衔接,产业结构优化与宏观经济运转及社会发展相协调。

传媒产业并非孤立的、静态的个体,因其业态构成来自多个利益相互关联的、具有不同分工的相关行业,尽管它们的产品形态、经营方式、企业模式和流通渠道有所不同,但经营对象和范围是围绕着传媒产品和服务而展开的,并且可在构成业态的各个行业内部完成独立的循环,这种共性构成了传媒产业的运转逻辑。随着社会生产力的发展水平不断提高,传媒产业的内涵在不断充实,外延也在不断扩展。

传媒产业的含义具有多层性,根据技术关联、原料关联、用途关联、

---

[1] 郭庆光：《传播学教程》,中国人民大学出版社1999年版,第147页。
[2] 单晓红：《传播学：世界的与民族的》,云南大学出版社2003年版,第179—180页。
[3] 苏东水主编：《产业经济学》,高等教育出版社2015年版,第3页。

方向关联、战略关联等不同分类方法，传媒产业呈现出不同的类别属性。根据三次产业分类法，传媒产业属于第三产业，也是文化产业的高端分支。根据产业组织、产业联系及产业结构的产业经济学层次来看，传媒产业的三个层次表现如下。一是以传媒信息产品及服务形成的市场所划分的组织形式，传媒企业关系结构对传媒产业的经济效益极为重要，建立现代企业制度及配套的法人治理结构成为传媒产业有效运作和做大做强的前提。这种组织形式既让传媒企业深刻认识到新媒体转型、技术创新的契机和压力，也促使传媒集团化以适应规模经济带来的传媒企业资源共享和成本降低的机遇和要求。二是以传媒技术和内容相似性为基础形成的产业联系，在社会再生产过程的生产、分配、交换、消费环节中，各产业部门通过新的经济关系和信息技术进行传媒领域的投入和产出，这种社会再生产过程的比例关系变化影响着媒体融合的进程，社会再生产和资本力量的介入与循环成为新兴媒体生存发展的逻辑基础。三是以传媒经济活动的阶段概括形成的产业结构，也即传统媒体与新兴媒体关系之争的传媒产业格局。

传媒产业的主体是信息服务，它与传媒生产、传媒流通、信息资源运营等若干子系统一起构成庞大的产业体系，各子系统之间互相支持、协调和补充。也正是因为信息服务的属性，传媒产业是注意力产业，其市场价值与受众关注度、注意力维持、有效群体选择三项因素息息相关。传媒机构不指望出售产品和服务在短期内获得全部回报，二次售卖成为经济回报的重要来源。传媒机构先将媒体商品或服务出售，再将购买者的时间或注意力作为新商品再次出售，广告商成为新的购买者。第一次售卖实现的只是向受众提供媒体商品或服务承载的信息，满足受众对信息的需求以消除信息的不确定性，因售卖的对象是信息，信息就是商品。第二次售卖是将受众的注意力售卖给广告商，受众的注意力就是商品。对报纸而言，二次售卖的广告收入若能有效补偿定价发行的先天亏损，报纸就能正常运营和发展，发行量、注意力和广告版面收入之间形成正反馈循环。

传媒产业依托传媒企业和企业型组织的经营主体开展活跃的经济活动，追求经济效益，承担着提供公共传媒领域所需的企业服务等使命。在具体的市场中，传媒产业既需要政府宏观调控，更需要完善的市场机制，优化资源配置。传媒消费的商品化特质刺激媒介资源的有效循环和利用，直接推动媒介资源的运动和集中，流向科学管理的部门或传媒机构，产业结构优化在潜移默化中形成。

本书研究的传媒产业是信息服务及相关传媒经济活动实体所构成的产业群，包括报纸、杂志、图书、音像、广播、电视、电影等传统媒体以及新媒体，其层次、主体表现出的关联、融合关系成为研究的重要视角。

二 传媒产业分类

（1）国外传媒产业分类

联合国教科文组织2009年发布了《2009年联合国教科文组织文化统计框架》（The 2009 UNESCO Framework for Cultural Statistics，FCS），通过对文化的共识、标准化的定义和国际经济与社会分类标准来促进多元化视角下文化统计的国际比较。该框架文化领域的六个基本领域中，图书出版、视听与互动传媒占据两项，被认为是官方机构层面对传媒产业较有代表性的正式分类。根据 ISIC4 代码定义的生产活动，图书出版活动、报刊出版、其他出版活动、专卖店零售书报、新闻机构活动、制作动画与视频及电视节目活动、动画与视频及电视节目后期制作活动、动画与视频及电视节目供应活动、录音及发行音乐活动、动画投影活动、无线电广播、电视节目及广播活动、门户网站、租借录像带与光盘、专卖店零售录制音乐与视频等被纳入传媒产业的活动类别。

北美产业分类体系（NAICS）中，传媒产业隶属于信息门类（Information，编码51），包括报纸出版、期刊出版、图书出版、目录与邮寄出版、其他出版、电影与视频制作、电影与视频分发、电影放映、远程生产与其他后期制作服务、其他电影和视频产业、录音工作室、其他录音产业、无线电台、电视广播、新闻集团、互联网出版与广播及网络搜索门户网站等产业类别。[1]

澳大利亚及新西兰标准产业分类（ANZSIC）在信息媒体与电信（Information Media and Telecommunications，部门J）下的出版、电影与

---

[1] NAICS Association, "Six Digit NAICS Codes & Titles", https://www.naics.com/six-digit-naics/?code=51，2017年8月1日。

录音活动、广播、互联网出版与广播等分支组成传媒产业范畴,[①] 其中出版又包括书报刊和目录出版,电影与录音活动包括电影与视频制作、电影与视频发行、电影展、后期制作及其他电影与视频活动,广播包括无线电广播、免费电视广播、有线电视及其他订阅广播等细分产业类别。

欧洲共同体经济活动分类(NACE)在信息与传播(Information and Communication,部门J)下属的六个分支中设置了出版、音视频与电影、节目与广播等三个传媒产业细分类别。[②] 出版活动包括图书、小册子、传单、字典、百科全书、地图集、图表的出版,报纸、期刊的出版,目录和邮寄等其他出版。电影、视频和电视节目制作、录音和音乐出版活动包括戏剧或非戏剧电影制作、电影剪辑与配音、电影发行、电影作品发行权买卖等内容。节目和广播活动包括广播、电视、娱乐、新闻、谈话等相关内容的创作、发行权获取和传播,也包括与无线电或电视广播集成的数据广播形式。

(2)国内传媒产业分类

以"互联网+"为依托的新业态改变了原有的国民经济行业分类,国家统计局在参考《2009年联合国教科文组织文化统计框架》《国民经济行业分类》等数据后制定出《文化及相关产业分类(2018)》,多个类别层次涉及传媒产业,整理数据见表2-1。

表2-1　　　　　　　　　　传媒产业分类

代码	类别名称	行业分类代码
01	新闻信息服务	
011	新闻服务	

[①] Australian Bureau of Statistics,"1292.0 – Australian and New Zealand Standard Industrial Classification (ANZSIC),2006 (Revision 2.0)",http://www.abs.gov.au/ausstats/abs@.nsf/Latestproducts/1292.0Contents12006%20 (Revision%202.0)?opendocument&tabname=Summary&prodno=1292.0&issue=2006%20 (Revision%202.0) &num=&view,2013年6月26日。

[②] Eurostat,"Statistical Classification of Economic Activities in the European Community,Rev.2 (2008)",http://ec.europa.eu/eurostat/ramon/nomenclatures/index.cfm?TargetUrl=LST_NOM_DTL&StrNom=NACE_REV2&StrLanguageCode=EN&IntPcKey=18514214&StrLayoutCode=HIERARCHIC,2018年8月1日。

续表

代码	类别名称	行业分类代码
0110	新闻业	8610
012	**报纸信息服务**	
0120	报纸出版	8622
013	**广播电视信息服务**	
0131	广播	8710
0132	电视	8720
0133	广播电视集成播控	8740
014	**互联网信息服务**	
0141	互联网搜索服务	6421
0142	互联网其他信息服务	6429
02	**内容创作生产**	
021	**出版服务**	
0211	图书出版	8621
0212	期刊出版	8623
0213	音像制品出版	8624
0214	电子出版物出版	8625
0215	数字出版	8626
0216	其他出版业	8629
022	**广播影视节目制作**	
0221	影视节目制作	8730
0222	录音制作	8770
024	**数字内容服务**	
0241	动漫、游戏数字内容服务	6572
0242	互联网游戏服务	6422
0243	多媒体、游戏动漫和数字出版软件开发	6513
0244	增值电信文化服务	6319
0245	其他文化数字内容服务	6579
03	**创意设计服务**	
031	**广告服务**	
0311	互联网广告服务	7251
0312	其他广告服务	7259

续表

代码	类别名称	行业分类代码
04	文化传播渠道	
041	出版物发行	
0411	图书批发	5143
0412	期刊批发	5144
0413	音像制品、电子和数字出版物批发	5145
0414	图书、报刊零售	5243
0415	音像制品、电子和数字出版物零售	5244
0416	图书出租	7124
0417	音像制品出租	7125
042	广播电视节目传输	
0421	有线广播电视传输服务	6321
0422	无线广播电视传输服务	6322
0423	广播电视卫星传输服务	6331
043	广播影视发行放映	
0431	电影和广播电视节目发行	8750
0432	电影放映	8760
045	互联网文化娱乐平台	
0450	互联网文化娱乐平台	6432
07	文化辅助生产和中介服务	
071	文化辅助用品制造	
0711	文化用机制纸及纸板制造	2221
0712	手工纸制造	2222
0713	油墨及类似产品制造	2642
072	印刷复制服务	
0721	书、报刊印刷	2311
0722	本册印制	2312
0723	包装装潢及其他印刷	2319
0724	装订及印刷相关服务	2320
0725	记录媒介复制	2330
0726	摄影扩印服务	8060
073	版权服务	

续表

代码	类别名称	行业分类代码
0730	版权和文化软件服务	7520
08	**文化装备生产**	
081	**印刷设备制造**	
0811	印刷专用设备制造	3542
0812	复印和胶印设备制造	3474
082	**广播电视电影设备制造及销售**	
0821	广播电视节目制作及发射设备制造	3931
0822	广播电视接收设备制造	3932
0823	广播电视专用配件制造	3933
0824	专业音响设备制造	3934
0825	应用电视设备及其他广播电视设备制造	3939
0826	广播影视设备批发	5178
0827	电影机械制造	3471
083	**摄录设备制造及销售**	
0831	影视录放设备制造	3953
0832	娱乐用智能无人飞行器制造	3963
0833	幻灯及投影设备制造	3472
0834	照相机及器材制造	3473
0835	照相器材零售	5248
09	**文化消费终端生产**	
095	**信息服务终端制造及销售**	
0951	电视机制造	3951
0952	音响设备制造	3952
0953	可穿戴智能文化设备制造	3961
0954	其他智能文化消费设备制造	3969
0955	家用视听设备批发	5137
0956	家用视听设备零售	5271

围绕新闻信息服务、内容创作生产、创意设计服务、文化传播渠道、文化辅助生产和中介服务、文化装备生产和文化消费终端生产等活动类别，上述分类作为《国民经济行业分类》的派生分类，综合考虑了传媒

产业特点、行政需要、统计方法等多方因素，表现出产业分类的权威性和可操作性。

第二节 相关理论

一 产业组织理论

产业组织理论（Theory of Industrial Organization）是运用微观经济学方法分析企业、市场及其相互关系的理论分支。为解决产业内企业规模经济效应与企业间的竞争活力的冲突问题，产业组织理论通过研究企业结构与行为以及市场结构与组织，分析产业内企业间竞争与垄断的关系，探讨产业组织状态及其变化对产业资源配置的影响，从理论对策层面协调市场秩序及运作效率。

最早提出系统化产业组织理论的是20世纪30年代在美国形成的哈佛学派的SCP分析框架，主要代表人物有梅森（E. S. Mason）[1]、克拉克（J. M. Clark）[2]、贝恩（J. S. Bain）[3]、谢勒（F. M. Scherer）[4]等。哈佛学派的产业组织理论体系由存在因果关系的市场结构（Structure）、市场行为（Conduct）和市场绩效（Performance）三要素构成，结构决定行为，行为决定绩效，其分析框架研究方法偏重实证研究，强调市场结构的功能，有效的政策首先应着眼于构建和维护有效竞争的市场结构。哈佛学派的政策主张对经济生活中的垄断或寡占采取规制政策，高度集中的市场容易达成垄断合谋，产生限制产出、固定价格、市场协议分割等行为，进而影响市场绩效。

产业组织理论的芝加哥学派是20世纪60年代在对哈佛学派的批判中崛起的，代表人物有斯蒂格勒（G. J. Stigler）、德姆塞茨（H. Demsetz）、

---

[1] Mason, E. S., "Price and Production Policies of Large-Scale Enterprise", *American Economic Review*, Vol. 29, No. 1, January 1939, pp. 61–74.

[2] Clark, J. M., "Toward a Concept of Workable Competition", *American Economic Review*, Vol. 30, No. 2, June 1940, pp. 241–256.

[3] Bain, J. S., *Industrial Organization*, New York: John Wiley & Sons, 1959.

[4] Scherer, F. M. and Ross, D., *Industrial Market Structure and Economic Performance*, Chicago: Rand McNally & Co., 1970.

布罗曾（Y. Brozen）、波斯纳（R. Posener）等。斯蒂格勒（1968）的《产业组织》一书是芝加哥学派理论成熟的起点。[①] 芝加哥学派对哈佛学派的批判主要围绕对市场结构与绩效的关系以及竞争重视程度的论争展开，认为绩效起着决定性作用，不同的企业效率形成不同的市场结构。而政府应该让市场力量发挥自动调节作用，减少政策对产业活动的干预，不赞成对垄断的或高度寡占的市场采取分割政策和实行严格的兼并控制举措。

新奥地利学派和芝加哥学派一样也坚持自由放任经济主张，核心思想在于注重市场竞争的行为性和过程性，是产业组织学中典型的行为学派。它兴起于 20 世纪七八十年代的美英等国，代表人物有米塞斯（L. V. Mises）、哈耶克（F. A. Hayek）、柯兹纳（I. M. Kirzner）、罗斯巴德（M. N. Rothbard）等。米塞斯在《人的行为》中详细论述了新奥地利学派的方法论。[②] 该学派提倡从知识和信息的不完全性理解市场，市场的本质是对分散的知识和信息的发现与利用过程，最有效促进竞争的政策应该废除旧的规制政策和不必要的行政垄断，竞争源于企业家的创业精神，市场准入自由能维持充分的竞争，垄断企业是经历了市场激烈竞争后生存下来的高效率企业。

美国著名经济学家鲍莫尔（W. J. Baumol）1981 年 12 月就任美国经济学会主席演说时首次提出可竞争市场的概念，次年与帕恩查（J. C. Panzar）、韦利格（R. D. Willing）在芝加哥学派产业组织理论基础上出版了《可竞争市场与产业机构理论》一书，[③] 开创了可竞争市场理论的先河。该理论以完全可竞争市场和沉没成本等概念为核心，认为可竞争市场中不存在超额利润，不存在生产低效率和管理低效率问题，潜在进入者的威胁会迫使企业消除低效率行为。自由放任政策比反托拉斯政策和政府规制更有效，无约束的市场也不能自动解决一切经济问题。可竞争市场的关键是尽可能降低沉没成本，排除人为不必要的进入和退出壁垒。

---

① Stigler G. J., *The Organization of Industry*, Homewood, IL: Richard D. Irwin, 1968.
② Mises L. V., *Human Action: A Treatise on Economics*, New Haven, CT: Yale University Press, 1949.
③ Baumol W. J. and Panzar J. C. and Willing R. D., *Contestable Markets and the Theory of Industry Structure*, New York: Harcourt Brace Jovanovich Ltd., 1982.

新制度学派的产业组织理论源于制度经济学,近三十年来该学派的现代企业理论成为西方经济学发展最有影响力的经济理论之一,主张从企业内部进行产业组织分析,探讨企业本质和企业内部最优的企业所有权安排。该学派以科斯(R. H. Coase)的交易费用理论为基础,其代表人物有科斯、诺斯(North)、威廉姆森(O. E. Williamson)、阿尔钦(Armen A. Alchian)等,也被称为"后SCP流派"。新制度学派对交易费用的基本假说、研究方法和范围作了系统阐释,彻底改变了仅从技术角度考察企业以及仅从垄断竞争角度考察市场的传统理念,对深化产业组织理论起到直接的推动作用。1972年阿尔钦和德姆塞茨提出团队生产理论,[①] 使现代企业理论的研究重心由交易费用理论转移到代理理论上,从不确定性等假设出发研究因经营权和所有权分离导致的企业内部激励与监督等代理问题,阐释了现代企业的企业所有权安排和组织结构的基本要求,产业组织理论的研究领域也因此延伸到了企业内部。

二 产业结构理论

"结构"一词原本是指事物整体的各组成部分的搭配和排列状态,早期被应用于自然科学领域,经济领域的产业结构概念提出始于20世纪40年代。[②] 学术界对产业结构的研究基本围绕两种思路展开,一是从质的角度动态分析产业间的技术经济联系的变化趋势,研究社会再生产过程中国家或地区起主导作用的产业部门更替规律及相应的结构效益与产业素质状态;二是从量的角度静态分析产业间的技术经济联系的数量比例关系,关注产业之间和产业内部的结构和比例关系。

在配第(W. Petty)、费歇尔(A. Fisher)等人的成果的基础上,克拉克(C. Clark)1940年出版《经济进步的条件》一书指出,随着经济的发展和国民收入的提高,劳动力从第一产业逐渐向第二产业、第三产业移动,这种结构化迁徙反映了劳动力在三次产业中的分布规律。克拉克的研究虽然是通过对多个国家和地区不同时期三次产业劳动投入和总产出

---

① Armen A. Alchian and Harold Demsetz, "Production, Information Costs, and Economic Organization", *The American Economic Review*, Vol. 62, No. 5, December 1972, pp. 777 - 795.

② Colin Clark, *The Conditions of Economic Progress*, London: Macmillan& Co. Ltd., 1940.

的资料分析得出,但该成果只是验证了配第的发现,因此被称为"配第－克拉克定理",该定理揭示了结构变化与经济发展的基本方向,系统地反映了劳动力因素在不同产业间流动的原因与产业收入差异的关联规律。

库兹涅茨(S. Kuznets,1941)在其出版的著作《国民收入及其构成》中建立了国民收入和产业结构的联系,[①] 其成果被称为库兹涅茨法则。该理论认为,经济增长决定了产业结构的变化,劳动收入和政府消费在国民经济与国民生产总值中的比例处于上升趋势,财产收入和个人消费的相应比例处于下降趋势,工业和服务业的产值比重和农业也处于此消彼长态势。库兹涅茨将克拉克的时间序列转变成经济增长概念,并使用产业的相对国民收入概念分析产业结构,也使得配第－克拉克定理的理论地位在现代经济社会中更加趋于稳固。

20世纪50—60年代,战后经济发展的诉求给产业结构理论的发展注入了极强的动力,这一时期列昂惕夫(W. Leontief)、霍夫曼(W. C. Hoffman)、丁伯根(J. Tinbergen)、刘易斯(Lewis W. A.)、赫希曼(Hirschman A. O.)、罗斯托(W. W. Rostow)、钱纳里(H. Chenery)、希金斯(B. Higgins)及部分日本学者(如筱原三代平、赤松要等)的代表成果对产业结构理论研究产生了重要影响。

列昂惕夫、霍夫曼、丁伯根等学者循着主流经济学经济增长理论的思路分析产业结构问题。列昂惕夫在前期对美国经济结构系统分析的基础上,[②] 先后于1953年出版了《美国经济结构研究:投入产出分析中理论和经验的探索》,[③] 1966年出版了《投入产出经济学》,[④] 系统建立了投入产出分析法,将封闭型产业结构理论定量化,并运用其研究经济体系的结构与部门在生产中的关系,分析地区间经济关系与经济政策的影响。丁伯

[①] S. Kuznets, *National Income and Its Composition*, 1919 – 1938, New York: National Bureau of Economic Research, 1941.

[②] Wassily W. Leontief, *The Structure of the American Economy*, 1919 – 1929, Cambridge: Harvard University Press, 1941.

[③] Wassily W. Leontief, et al., *Studies in the Structure of the American Economy: Theoretical and Empirical Explorations in Input-Output Analysis*, New York: Oxford University Press, 1953.

[④] Wassily W. Leontief, *Input-Output Economics*, Oxford: Oxford University Press, 1966.

根将统计应用于动态经济理论，他主张用数学表示经济政策决策中的问题，认为经济观点的数学化既具有精确性又不独立于法律、技术和心理等因素之外，经济结构需要运用政策调节的手段达成经济目标，也即丁伯根法则的基本内容；他还将其在荷兰中央计划局的工作经验提升为系统化的经济政策理论，奠定了规划短期经济政策的基础。[1]

刘易斯、赫希曼、罗斯托、钱纳里、希金斯等学者在发展经济学的脉络下提出产业结构理论，围绕多种框架展开研究。刘易斯理论是二元结构分析框架的代表成果，最早发表于题为《劳动力无限供给条件下的经济发展》的论文中，该理论采用二元经济结构模型阐述发展中国家的经济问题，[2] 认为发展中国家经济由现代工业等资本主义和传统农业等非资本主义部门构成，两个部门具有不同的再生产规律，即生产组织和劳动力市场具有本质的差别，二元经济发展的机制在于劳动力转移。希金斯研究技术二元主义和发展中国家的二元经济结构特征时，用生产函数的异质性揭示了工业和农业的生产函数差异，传统农业因资金不足等原因会选择劳动密集型技术，现代工业的选择则是资本密集型技术。[3]

不平衡发展战略分析框架源于赫希曼的《经济发展战略》，该书1958年出版，首次系统地提出了不平衡增长的模型，[4] 他指出区域间增长的不平衡性是增长本身无法避免的伴生产物和条件，下移效应可能抵消极化效应，经济发展优势也会带来不利因素增长并逐步抵消区域原有优势，资本转移使得生产布局分散化，增长效应扩散进而使得空间经济趋于均衡。由于该模型回应了直接生产与基础设施两大部门的优先顺序论争，关联效应与最有效次序等观点逐渐成为发展经济学的新理论。

再者就是主导产业分析框架，罗斯托在《经济成长的过程》[5] 和《经

---

[1] Jan Tinbergen, *Economic Policy: Principles and Design*, Amsterdam: North-Holland Publishing Company, 1956.

[2] Lewis, W. A., "Economic Development with Unlimited Supply of Labor", *The Manchester School*, Vol. 22, No. 2, May 1954, pp. 139–191.

[3] Benjamin Higgins, *Economic Development: Principles, Problems and Policies*, London: Constable, 1958.

[4] Hirschman, A. O., *The Strategy of Economic Development*, New Haven: Yale University Press, 1958.

[5] Walt Whitman Rostow, *The Process of Economic Growth*, Oxford: Clarendon Press, 1953.

济成长的阶段》①等著作中提出了影响力维度的主导产业扩散效应，以及时间维度的经济成长阶段理论，他提出产业结构优化与经济增长是紧密相关的，支柱产业对经济和社会发展的影响力应该被释放，选择扩散效应最大的产业作为主导产业重点扶持，通过回顾效应、旁侧效应和前向效应带动其他产业的发展。在他的经济成长六阶段论中，不同阶段均拥有与之匹配的主导产业部门，其交替特征反映了经济阶段的发展进程。

此外，钱纳里指出劳动投入和资本投入和产出的替代弹性是固定的，从而发展了20世纪30年代由数学家柯布（C. W. Cobb）和经济学家道格拉斯（Paul H. Douglas）提出的柯布-道格拉斯的生产函数学说，代表成果有《产业关联经济学》②、《发展计划研究》③、《发展的模式》④等。他分析了产业结构调整与对外贸易结构的决定性关系，经济的发展促使对外贸易演变成高级产品的进出口替代关系。他还考察和揭示了制造业内部结构转换的规律，即产业间的关联效应，为研究产业结构变动趋势奠定了基础。

在作为产业结构研究主流的欧美学者提出的理论学说之外，其他国家学者根据本国应用经济实践的特色也形成了相应的理论概括，较有代表性的学者有日本的筱原三代平、赤松要、马场正雄、宫泽健一等。筱原三代平1955年提出了动态比较成本学说，认为后进国家的非成熟产业在扶持条件下，产品的比较成本具有可转化规律，即原本的产品劣势有机会反转，建立动态比较优势。该学说被认为是战后日本产业结构理论的开端。1957年筱原三代平在《产业结构与投资分配》一文中提出了两个基准用以规划产业结构，⑤ 其一是收入弹性基准，以收入弹性的高低作为选择确立战略产业的标准，产业收入弹性高，意味着市场份额优势和产业结构优

---

① Walt Whitman Rostow, *The Stages of Economic Growth: A Non-Communist Manifesto*, New York: Cambridge University Press, 1960.

② Hollis B. Chenery and Paul G. Clark, *Interindustry Economics*, New York: John Wiley, 1959.

③ Hollis B. Chenery and Samuel Bowles, *Studies in Development Planning*, Cambridge: Harvard University Press, 1971.

④ Hollis B. Chenery and Moises Syrquin and Hazel Elkington, *Patterns of Development, 1950 - 1970*, London: Oxford University Press for the World Bank, 1975.

⑤ ［日］篠原三代平，"産業構造と投資配分"，*経済研究*, Vol. 8, No. 4, October 1957, pp. 314 - 321.

化目标。其二是生产率上升基准，以生产率上升的速度来确立资源投入的产业对象，在价格一定的情况下，生产率上升程度影响成本和利润关系。同时满足两基准的产业即为规划的战略产业，两基准理论后来成为日本政府制定产业结构政策的重要参考。

赤松要对产业发展实践的模式提出了"雁行形态"的论断，[①] 该理论诠释了后进国家参与国际分工实现产业结构优化的途径，产业比较优势的迁移使得后进国家的产业生命周期历经引进、进口替代（国内市场研发）、出口（国内市场饱和）、成熟（技术输出与就地产销）和再进口（产品低价返销国内）五个阶段，形成倒 V 的雁行形态。雁行形态理论突出了对国内生产力发展的重视，依托产业属地的资源积累，坚持外向型经济路径，向外地区提供商品，积极促进贸易和投资，并反作用于国内产业结构的优化。

三 产业关联理论

产业关联反映了社会经济活动中产业之间的技术经济联系，不同产业的技术水平和生产活动并非孤立的，它们以投入品和产出品为纽带构建产业关系。相比产业结构理论，产业关联更倾向用精确的量化方法研究产业间的质与量的关系，介入投入产出视角，揭示相关产业的中间投入和中间需求规律，也是产业关联理论区别于产业组织理论和产业结构理论的一个重要特征。

产业关联理论的产生可追溯到 19 世纪 70 年代中期，瓦尔拉斯（Léon Walras）1874 年在其著作《纯粹经济学要义》中提出了"一般均衡理论"，[②] 认为整个市场过度需求与过剩供给的总额相等，强调了价格的核心调节机制。瓦尔拉斯考察了产品市场交换的一般均衡、生产过程的一般均衡和资本积累的一般均衡，并将一般均衡理论由实物经济推广到货币经济。瓦尔拉斯的一般均衡理论后经帕累托（Vilfredo Pareto）、希克斯

[①] ［日］赤松要，"わが国産業発展の雁行形態：機械器具工業について"，一橋論叢，Vol. 36，No. 5，November 1956，pp. 514 – 526.

[②] Léon Walras, *Elements of Pure Economics*, trans. by William Jaffe, London：George Allen and Unwin, Ltd.，1954.

（John Richard Hicks）、谢尔曼（Sherman Robinson）、萨缪尔森（Paul A. Samuelson）等经济学家的修正和发展形成现代一般均衡理论。一般均衡理论对产业关联的贡献在于将高度复杂的经济活动的关系用数学公式阐释，借助一般等价物衡量其他商品的价格，存在一组价格使得整个市场供给和需求同时达到均衡。该理论的部分论断后期成为投入产出分析的重要来源，投入产出理论成为一般均衡理论体系的简化版。

凯恩斯（John Maynard Keynes）在1936年出版的著作《就业、利息和货币通论》中创造性地提出了国民收入决定理论，[①] 该理论以有效需求原理为核心内容，从国民经济的均衡中建立数量关系，将国民收入与消费、投资、进出口等因子之间的映射关系用数学规律表达。家庭、企业、政府以及国外四种角色构成凯恩斯理论中的四部门经济主体，从支出角度来看国民收入构成包括消费、投资、政府购买和净出口，宏观经济均衡的条件为四部门经济的总支出等于总收入，总需求等于总供给，或投资等于储蓄。国民收入决定理论对产业关联理论主张的总投入等于总产出，运用消耗系数、折旧系数、劳动报酬系数等分析产业内因素的变化对其他产业的影响等思路具有重要支撑作用。如果说国民收入决定理论的研究对象是国民收入总和，那么产业关联理论研究的是各产业部门间的逻辑，投入产出理论成为关注具体部门的国民收入理论。

在吸收了一般均衡理论、国民收入决定理论等思想的基础上，1936年列昂惕夫在题为《美国经济系统中的投入产出数量关系》的论文中，[②] 从实证的角度研究美国国民经济各部分间的相互依赖关系，标志着产业关联理论的初步形成。1941年他出版了著作《美国的经济结构：1919—1929》，[③] 系统地运用投入产出法进行经济结构分析，标志着产业关联理论的正式产生。该理论所建构的投入产出分析模型也被运用于收入分配模型、相对价格模型等领域，将经济数量关系的研究扩大化，也为研究经济

[①] John Maynard Keynes, *The General Theory of Employment, Interest and Money*, New York: Harcourt, Brace and Company, 1936.

[②] Wassily W. Leontief, "Quantitative Input and Output Relations in the Economic System of the United States", *The Review of Economic Statistics*, Vol. 18, No. 3, August 1936, pp. 105 – 125.

[③] Wassily W. Leontief, *The Structure of the American Economy, 1919 – 1929*, Cambridge: Harvard University Press, 1941.

和干预经济提供了较为科学和准确的计量工具。美国劳工部运用产业关联理论编制了第一张官方投入产出表,对战后美国就业情况进行了预测,至20世纪50年代中期,全球55个国家编制了投入产出表,作为国民经济核算体系的重要组成内容。

直至1953年,产业关联理论由早期的静态模型发展到将最终需求也作为内生变量处理的动态模型阶段,意味着产业关联理论进入了发展阶段。同年,列昂惕夫在其著作《美国经济结构研究》中,[1] 提出封闭式模型和开启式模型作为投入产出动态模型的两种形态,运用微分方程组具体分析连续积累和扩大再生产的关系,动态研究逐期投资与消费比例并根据经济增长的趋势制定科学的经济政策。1970年列昂惕夫发表《动态求逆》一文,[2] 提出以差分方程组的形式描述投入产出动态模型,在时间区间和投资时滞问题等方面予以完善。

1977年迈耶(Bernd-Ulrich Meyer)和舒曼(Jochen Schumann)合作撰文《动态投入产出模型的均衡增长解:以德国为例》指出动态投入产出模型在投资行为研究中的不足,[3] 以德国1960—1967年12个部门经济体的数据计算描述均衡增长路径的动态投入产出模型。同年他在论文《投入产出分析的数量、价格、企业与列模型》中也对投入产出表中的行列总数的均衡提出质疑,认为索洛条件的推广应充分考虑实输入系数矩阵唯一性的缺失。[4]

卡姆巴克(Peter Kalmbach)与库尔茨(Heinz D. Kurz)对动态投入产出模型进行了数学优化,两人在1990年合作提出变系数动态投入产出

---

[1] Wassily W. Leontief, et al. , *Studies in the Structure of the American Economy: Theoretical and Empirical Explorations in Input-Output Analysis*, New York: Oxford University Press, 1953.

[2] Wassily W. Leontief, "The Dynamic Inverse", in Carter A. P. and Brody A. eds. *Contributions to Input-Output Analysis: Proceedings of the Fourth International Conference on Input-Output Techniques*, Volume 1, Amsterdam: North-Holland Publishing Company, 1970, pp. 17–46.

[3] Meyer U. and Schumann J. , "Das Dynamische Input-Output-Modell als Modell Gleichgewichtigen Wachstums: Mit einem Anwendungsbeispiel für die Bundesrepublik Deutschland", *Zeitschrift Für Die Gesamte Staatswissenschaft*, Vol. 133, No. 1, January 1977, pp. 1–37.

[4] Meyer U. , "Mengen, Preise, Einheiten und Spaltensummen in der Input-Output-Analyse", *Zeitschrift Für Die Gesamte Staatswissenschaft*, Vol. 133, No. 2, 1977, pp. 287–304.

模型的论断,① 利用动态最优方法建立了年度部门产量与净产品需求量及后续两年各部门投资品需求的数量关系。此外,阿尔蒙(Clopper Almon)1991 年在马里兰大学发起 INFORUM 模型,迈耶和埃维哈特(Georg Ewerhart)1989 年将 INFORGE 模型发展为 INFORUM 国际系统的成员,卡佩勒(Adne Cappelen)1992 年提出年度 MODAG 模型,② 霍尔姆依(E. Holmoy)1992 年提出 MSG 模型,③ 以及多部门增长模式与日本模式的缩写版"中长期分析的多部门模式",共同构成了替代经典投入产出模型的代表性成果。

与大道定理模型以及 CGE 模型等运用投入产出的线性规划方法描述形成对比的是非线性的投入产出模型,供给侧由静态投入产出建模,且需求中的部分或全部要素通过模型的决策函数确定。达钦(Faye Duchin)和施兹尔德(D. Szyld)1985 年建立了生产能力提升的内生选择模型,④ 该模型关注单一区域,将部门生产能力作为一个变量并跟踪其利用率。艾德勒(Dietmar Edler)与瑞巴科娃(Tatjana Ribakova)1993 年撰文对 Leontief-Duchin-Szyld 动态投入产出模型的减少闲置生产能力和修正决策函数的研究进行了深化,⑤ 在理论论证和经验考虑的基础上,对新模型允许闲置生产能力的显性薪酬,以及运用生产能力储备的概念修正扩能投资过程的决策函数等方面提出了改进,改进模型较好地跟踪了所选案例总产出和投资总量在整体及部门层面的发展进程。

---

① Peter Kalmbach and Heinz D. Kurz, "Micro-electronics and Employment: A Dynamic Input-output Study of the West German Economy", *Structural Change and Economic Dynamics*, Vol. 1, No. 2, December 1990, pp. 371 – 386.

② Cappelen A., "MODAG: A Macroeconometric Model of the Norwegian Economy", *Contributions to Economic Analysis*, Vol. 210, November 1992, pp. 55 – 93.

③ Holmoy E., "The Structure and Working of MSG – 5, and Applied General Equilibrium Model of the Norwegian Economy", in L. Bergman and O. Olsen, *Economic Modelling in the Nordic Countries*, *Contribution to Economic Analysis No. 210*, Amsterdam: North-Holland Publishing Company, 1992, pp. 199 – 236.

④ Duchin Faye and Szyld D. B., "A Dynamic Input-Output Model with Assured Positive Output", *Metroeconomica*, Vol. 37, No. 3, October 1985, pp. 269 – 282.

⑤ Edler D. and Ribakova T., "The Leontief-Duchin-Szyld Dynamic Input-output Model with Reduction of Idle Capacity and Modified Decision Function", *Structural Change & Economic Dynamics*, Vol. 4, No. 2, December 1993, pp. 279 – 297.

四 产业融合理论

产业融合（Industry Convergence）是不同产业相互影响、渗透、交叉，逐步一体化形成新产业的动态发展过程。产业融合以产业关联和追求更多效益为内在动力，外在形式表现为产业渗透、产业交叉和产业重组等，融合已成为产业发展的趋势及现实选择。

产业融合思想最早由美国学者罗森伯格（Nathan Rosenberg）提出，[1]他在研究美国机器工具产业演化的过程中关注到同一技术向不同产业扩散的现象，将其称为技术融合，技术的作用导致产业边界的模糊和重新定义，融合反映了产业适应或交叉生成混合产品或服务的程度。1978年麻省理工学院媒体实验室尼葛洛庞帝（Nicholas Negroponte）用图例演示了计算机、印刷、广播业三者技术融合的模型，系统化地提出了产业融合理论。1983年麻省理工学院教授普尔（Ithiel de Sola Pool）在《自由的技术》中提出了"媒介融合"的概念，[2]他认为技术的发展有利于突破传统行业间的壁垒，媒介的功能由单一化特征逐步发展为一体化的集合体，单一技术的媒介设备能够被应用到广阔分散的网络中去。萨哈尔（Devendra Sahal）在研究技术与创新途径的过程中，提出了技术关联型产业融合的概念，将产业创新归结于差异化的结构创新、材料创新、共生技术的系统创新三种技术约束的突破。[3] 多西（Giovanni Dosi）研究创新的来源、过程及微观经济效应时也提及了技术融合的概念。[4] 产业融合概念的提出及初步论断基本围绕技术方向展开，这些议题也构成了早期产业融合研究的理论基础。

直至1997年欧洲委员会发布绿皮书，将产业融合定义为产业联盟与

---

[1] Rosenberg N., "Technological Change in the Machine Tool Industry, 1840–1910", *Journal of Economic History*, Vol. 23, No. 4, January 1963, pp. 414–443.

[2] Ithiel de Sola Pool, *Technologies of Freedom*, Cambridge, Mass.: Harvard University Press, 1983.

[3] Sahal D., "Technological Guideposts and Innovation Avenues", *Research Policy*, Vol. 14, No. 2, April 1985, pp. 61–82.

[4] Dosi G., "Sources, Procedures, and Microeconomic Effects of Innovation", *Journal of Economic Literature*, Vol. 26, No. 3, September 1988, pp. 1120–1171.

合并、技术网络平台、市场三方面的融合,[①] 产业融合的内涵更加立体化,引申出的产业融合管制问题等相关议题浮出水面,产业融合不仅是技术、市场问题,也是社会运作的新方式。产业融合理论的研究也进一步拓展。

关于融合管制论的研究,雷(Lei D. T.)在研究技术融合的条件时,[②] 认为降低市场准入壁垒可以为产业带来新的商业模式,政策管制的放松意味着激励和延伸新的市场边界,这些机会将激发更大范围的融合技术和形态,政策管制的放松是产业融合的有效驱动力。日本学者植草益指出 20 世纪 90 年代以来,[③] 曾一直被政府严格限制的产业正逐步放松管制,产业间壁垒被降低的同时,促进行业竞争技术的快速发展推进了产业融合的进程。从融合的动因来看,政策管制的放松是产业融合的外部原因,技术创新促成了管制的放松。因市场需求的扩大和技术经济条件的变化,自然垄断的产业特征弱化,政府经济性管制的理论依据逐渐消退,管制放松诱发其他相关产业的业务加入到本产业的市场活动和竞争中,从而形成产业融合。

融合关联论是产业融合路径研究的代表方向。科里斯(David J. Collis)等研究电信、计算机和娱乐业融合结构时发现,[④] 融合的产业结构呈现方向性的转变,由传统的纵向结构发展为横向结构,以传统的电话、电视和计算机产业的融合为例,三个产业的纵向结构分解形成了内容、包装、传输、操纵和终端五个水平化部门。影响内容生产、发行和消费的主要因素是融合,因通信、计算机和内容产业正在合并成单一、相互关联的产业,产业融合更需要且更能推动内容价值链角色间的高度合作。法伊(Felicia Fai)和图兹尔曼(Nicholas Tunzelmann)从美国 867 家企业

[①] European Commission, *Green Paper on the Convergence of the Telecommunications, Media and Information Technology Sectors, and the Implications for Regulation*, http: //www.ispo.cec.be, 1997.

[②] Lei D. T., "Industry Evolution and Competence Development: The Imperatives of Technological Convergence", *International Journal of Technology Management*, Vol. 19, No. 7 - 8, January 2000, pp. 699 - 738.

[③] [日] 植草益:《信息通讯业的产业融合》,《中国工业经济》2001 年第 2 期。

[④] Collis D. J. and Bane P. W. and Bradley S. P., "Winners and Losers-Industry Structure in the Converging World of Telecommunications, Computing, and Entertainment", *Cheminform*, Vol. 38, No. 46, 1997, pp. 8002 - 8009.

机构中选取32家作为代表，① 根据1930—1990年的专利数据实证分析了产业层面的技术路径依赖特征，指出产业间技术融合趋势的存在性，无法适应融合模式的企业或将成为庞大臃肿的企业（industrial dinosaurs）。哈科林（Fredrik Hacklin）从产业演化的视角提出以知识扩散为关联的产业融合路径，② 知识融合向技术创新的方向转移，产业间知识溢出带来新的技术融合，融合过程可分为知识融合、技术融合、应用融合与产业融合四个时间序列。

甘巴德利亚（Alfonso Gambardella）和托里斯（Salvatore Torris）对融合的市场决定论进行了深入探讨，③ 以电子产业为例分析了技术融合与市场融合的逻辑关系，指出产业融合应以市场融合为导向，技术融合、产品业务融合、市场融合三者构成产业融合的全过程。斯蒂格利茨（Nils Stieglitz）研究产业动态和市场融合类型时提出了技术替代、技术互补、产品替代、产品互补四种融合模式，④ 市场融合对产业创新、市场结构和企业行为有显著影响，研究的市场演化模式与市场融合理论模式大体相适应。约非（David B. Yoffie）研究数字融合时代的竞争时提出了CHESS模型，⑤ 即创新性联合（creative combinations）、水平解决方案（horizontal solutions）、外部标准（externalities and standards）、规模经济捆绑（scale and bundling）以及系统聚焦开发（system-focused development），把握数字融合并不需要神奇的新技术，依托CHESS模型抓好市场策略才是成功的基础。

融合界限论的推崇者侧重于研究产业融合改变原有产业间竞争合作关系后形成的产业界限模糊的规律。格林斯坦（Greenstein S.）和卡恩纳

---

① Felicia Fai and Nicholas Tunzelmann, "Industry-specific Competencies and Converging Technological Systems: Evidence from Patents", *Structural Change & Economic Dynamics*, Vol. 12, No. 2, July 2001, pp. 141 – 170.

② Hacklin F., *Management of Convergence in Innovation*, Heidelberg: Physica-Verlag, 2007.

③ Gambardella A. and Torris S., "Does Technological Convergence Imply Convergence in Markets? Evidence from the Electronics Industry", *Research Policy*, Vol. 27, No. 5, September 1998, pp. 445 – 463.

④ Stieglitz N., *Industry Dynamics and Types of Market Convergence*, Copenhagen, June 2002.

⑤ Yoffie D. B., "Competing in the Age of Digital Convergence", *California Management Review*, Vol. 38, No. 4, Summer 1996, pp. 31 – 53.

（Khanna T.）分析了产业融合对产业边界的改变，表现为技术边界催生的替代性融合与互补性融合两种维度。[①] 植草益认为产业融合为企业提供了扩大规模、拓展业务范围、开发新产品与服务等商机，企业演化出了新的组织形式。[②] 彭宁斯（Pennings J. M.）和普拉南（Puranam P.）引入需求—供给视角以矩阵框架的形式将产业融合划分为需求替代性融合、需求互补性融合、供给替代性融合和供给互补性融合四类。[③] 相似的研究成果均是建立在技术边界、需求边界、供给边界、产品边界等基础上的。例如，斯蒂格利茨2003年将产业融合分为技术替代性融合、技术互补性融合、产品替代性融合和产品互补性融合四种类型，[④] 同时也指出产品替代性融合也会衍生出技术融合，导致融合边界混沌化。

与产业融合路径相对的是融合程度的评价，测度产业融合程度的方法论多采用量化研究得出。甘巴德利亚和托里斯运用赫芬达尔指数法（Herfindhal Index）对美国及欧洲电子企业的并购与合作进行数据分析，并探讨技术与业务多元化之间的关系，以及电信设备、计算机与办公设备、半导体、其他电子技术、非电子技术五大产业间的技术融合特征。[⑤] 布莱斯（David J. Bryce）与温特（Sidney G. Winter）运用产业关联指数，[⑥] 评估和描述企业成长的方向。科伦（Clive-Steven Curran）等学者在研究利用公开数据预测融合产业的议题时，[⑦] 分析了7455个科学和专利参考文献中

[①] Greenstein S. and Khanna T., "What does Industry Convergence Mean?", in Yoffie, David B., *Competing in the Age of Digital Convergence*, Boston: Harvard Business School Press, 1997, pp. 201 – 226.

[②] ［日］植草益：《信息通讯业的产业融合》，《中国工业经济》2001年第2期。

[③] Pennings J. M. and Puranam P., "Market Convergence & Firm Strategy: New Directions for Theory and Research", ECIS Conference, Eindhoven, Netherlands, September 20 – 23, 2001.

[④] Stieglitz N., "Digital Dynamics and Types of Industry Convergence: The Evolution of the Handheld Computers Market in the 1990s and beyond", Maskell P. and Christensen J. F., eds. *The Industrial Dynamics of the New Digital Economy*, Cheltenham: Edward Elgar Pub, 2003, pp. 179 – 208.

[⑤] Gambardella A. and Torrisi S., "Does Technological Convergence Imply Convergence in Markets? Evidence from the Electronics Industry", *Research Policy*, Vol. 27, No. 5, September 1998, pp. 445 – 463.

[⑥] David J. Bryce and Sidney G. Winter, "A General Interindustry Relatedness Index", *Management Science*, Vol. 55, No. 9, 2009, pp. 1570 – 1585.

[⑦] Clive-Steven Curran and Stefanie Broring and Jens Leker, "Anticipating Converging Industries Using Publicly Available Data", *Technological Forecasting and Social Change*, Vol. 77, No. 3, March 2010, pp. 385 – 395.

的融合征兆指标，提出了在研发密集领域监测产业融合的多指标概念，或以论文反映学科融合或知识库融合的特征，或以专利分析反映不同技术领域和企业互相介入的程度，或以合作项目分析与媒体渠道对产业融合进行辨识和评价。

第三节　国内外研究综述

一　产业关联研究综述

自1936年列昂惕夫从实证角度研究美国国民经济各部分间相互依赖关系，标志着产业关联理论初步形成开始，国外学术界尝试从产业关联的角度分析产业发展及关系，对产业机制创新和发展路径产生了重要影响。

最有代表性的成果是钱纳里（Chenery H. B.）和渡边（Watanabe T.）在1958年合作提出的产业分类，[①] 该分类的创新在于突出了产业样本的关联特征，从关联效应出发阐释美国、日本等国的产业数据反映出的结构规律，奠定了产业特征及结构研究领域的理论基础。

同一时期（20世纪50年代）的标志性成果还有罗斯托提出的经济增长阶段理论，该理论也被称为经济成长主导产业论，重点关注产业的带动效应，将主导产业的特质归纳为三个基本条件，对新技术吸收的有效程度，经济增长率的水平，以及对其他产业发展的作用发挥。这些条件从主导和引领的思路对产业的外作用进行了界定。尤其该理论细化了主导产业对其他产业发展的作用，包括作用于新技术产业的诱导式前向影响，作用于生产资料供给产业的回馈式后向影响，以及作用于区域变化的辐射式旁侧影响。三种影响深刻反映了产业间的联系效应，对其他产业部门也产生了重要影响。

关于传媒产业与其他产业的互动和关联，国外的专门研究并不多见。威根德（Rolf T. Wigand）指出在整个国民经济体系中，通信业通过提供信息和媒体产品与服务，连接和协调基础设施并发挥中心作用，多数主导

[①] Chenery H. B. and Watanabe T., "International Comparisons of the Structure of Production", *Econometrica*, Vol. 26, No. 4, October 1958, pp. 487–521.

产业的企业间关系已经被映射和测量，网络分析可作为研究民族工业各种形式的经济集中和所有制的方法。①

莎拉（Sarah Quinton）与达米安（Damien Wilson）认为社交媒体网络为商业关系的发展创造了巨大机遇，② 当前该领域的研究存在四个主要矛盾：关系与事务交流，紧急事务与战略性社交媒体网络发展，社交媒体网络形成步伐与信任发展，共享互惠概念与竞争优势。文章建立的模型证明了社交媒体网络和参与业务关系的相关性，并分析了如何利用网络提高业务绩效。

尤利娅（Yulia Milshina）和康士坦丁（Konstantin Vishnevskiy）在以俄罗斯传媒产业为例研究路线图方法时，提出以伞状路线图作为系统分析工具能为产业或企业提供整体预期的框架，③ 影响传媒产业创新进程的技术关联因素很多，如智能手机、互联网、云计算、大数据分析等技术的发展，以路线图来划分，可包括六个层次。第一层是挑战和目标，描述电信业发展的主要因素、实现目标和挑战。第二层是技术层，描述技术趋势以及随时间扩散的规律。第三层是产品及服务，描述和分析数字地面电视、移动电视、有线电视、卫星电视等不同电视平台的策略。第四层是市场，包括两个时间跨度的市场分析，以专家调查形式对不同因素的影响做回归分析。第五层是风险、限制与障碍，描述广播业发展对电信生态系统具有短、中、长期影响的威胁和风险，并将风险和威胁按重要性和发生的可能性排序。第六层是法律和政策限制及可能的解决方案，描述广播业长期发展存在的主要法律制约因素以及克服的可能措施。该路线图为研究传媒产业的创新发展规律提供了科学的关联范式。

玛丽特（Marit Schei Olsen）和滕耶（Tonje Cecilie Osmundsen）研究了挪威水产养殖的媒体话题和媒体框架如何影响公众舆论，将媒体和水产

---

① Rolf T. Wigand, "The Communication Industry in Economic Integration: The Case of West Germany", *Social Networks*, Vol. 4, No. 1, March 1982, pp. 47–79.

② Sarah Quinton and Damien Wilson, "Tensions and Ties in Social Media Networks: Towards a Model of Understanding Business Relationship Development and Business Performance Enhancement through the Use of LinkedIn", *Industrial Marketing Management*, Vol. 54, April 2016, pp. 15–24.

③ Yulia Milshina and Konstantin Vishnevskiy, "Roadmapping in Fast Changing Environments-The Case of the Russian Media Industry", *Journal of Engineering and Technology Management*, Vol. 52, April-June 2019, pp. 32–47.

养殖业间的关联规律呈现出来,[①] 指出挪威的水产养殖行业依靠公众的认可和在当地社区的良好信誉,获得网络销售渠道的成功,媒体成为水产养殖的重要信息来源,媒体报道水产养殖问题的方式不仅影响公众舆论也影响政府。媒体报道的最频繁的话题与环境、水产养殖业和政治有关,其中对环境的关注在风险框架中占主导地位,媒体具有强大的议程设置能力,可能使公众舆论偏向于对环境风险的狭隘关注。

纵观媒介研究史,从经济学的角度研究传媒产业的时间并不长,传媒产业研究的热点和主要研究议题往往集中在政治和社会文化范畴内。较有代表性的学者有赖利夫妇(J. W. Riley,M. W. Riley)、梅尔文·德弗勒(Melvin Defleur)和桑德拉·鲍尔-洛基奇(Sandra Ball-Rokeach)等,其成果将传媒置于社会系统(social system)的框架中,运用哲学、社会学等跨学科方法研究传媒产业作为一种特定形式是如何建立内在相互关联,如何与社会建立互动关系,如何作为途径影响社会环境等议题。

随着传媒研究在深度层面和广度层面的延伸,传媒产业的经济属性被逐渐挖掘,但始终没能和政治与文化属性剥离开来,其中一个重要的原因是传媒产业研究最早是被纳入政治经济学框架下的,经济属性带有政治经济学的批判性成分。近年来,传媒产业研究尽管游离于主流经济学的外围,却也出现了经济学经典理论和方法被运用于传媒领域的势头,也多集中在报业、书业、电视业等具体细分产业类别。大卫·克罗图(David Croteau)和威廉·霍伊尼斯(William Hoynes)在《媒介·社会:产业、形象与受众》中提出,[②] 大部分媒介研究加载产业身份后都流向具体的报业和电视业等领域,围绕个体类别独立展开,将传媒产业理解为特定机构的集合,少数宏观层面的传媒产业研究也主要集中在电信业的冲击和产业与受众、社会关系领域,这种理论体系暴露出传媒产业作为经济学范式议题的现实研究缺陷。区域化研究层面,多米尼克·鲍尔(Dominic Power)在《瑞典文化产业经济评估》一文中,考察了瑞典文化产业的生产系统,

---

[①] Marit Schei Olsen and Tonje Cecilie Osmundsen, "Media Framing of Aquaculture", *Marine Policy*, Vol. 76, February 2017, pp. 19–27.

[②] [美]大卫·克罗图、威廉·霍伊尼斯:《媒介·社会:产业、形象与受众》,邱凌译,北京大学出版社2009年版,第37—91页。

对瑞典文化产业的就业量及企业数量增长规律进行解读，[1] 传媒产业作为统计的部分个体，对文化产业的运作、绩效存在明显关联。他的另一篇论文《北欧文化产业评估：文化产业在丹麦、芬兰、挪威和瑞典》在跨文化背景下对文化产业进行测度，选取了多个国家的就业和企业活动数据，研究指出空间动态是文化产业竞争力和成功发展的关键。[2] 尼克·刘易斯（Nick Lewis）等在《新西兰时尚设计业：发展产业和共同构成政治项目》一文中将媒介作为该产业的关联对象论及，[3] 但缺少专门的数据分析。艾德·赫尔曼（Ed Herman）等的专著《全球媒体：全球资本主义的新传教士》从媒体功能的批判角度总结传媒产业在全球化进程中表现出的特征，[4] 凸显历史和民主视角在传媒资本对经济、政治和文化多样性影响中的作用，以感性的经验主义替代了经济数据论证的位置。很显然，国外对传媒产业的研究成果并未将传媒产业与其他产业的联动关系提升至专门研究层面，只是在政治经济学等框架下将产业关联蜕变成普通意义上的关系，产业关联度等核心命题的量化研究更未出现。

产业关联理论在中国的应用并不陌生，它作为一种工具被运用到多个领域，汇集了较丰富的案例和对策研究成果。李江帆、李冠霖、江波在《旅游业的产业关联和产业波及分析——以广东为例》一文中，[5] 运用投入产出理论，结合广东省投入产出表数据，定量分析了产业关联、产业波及效应在旅游业中的规律呈现，对作为产业个体的旅游业的中间需求率、波及线路、感应度等指标均有详细论证。

将产业关联理论的应用扩大到更多领域的代表性成果是中国投入产出

---

[1] Dominic Power, "'Cultural Industries' in Sweden: An Assessment of their Place in the Swedish Economy", *Economic Geography*, Vol. 78, No. 2, 2002, pp. 103 – 127.

[2] Dominic Power, "The Nordic 'Cultural Industries': A Cross-National Assessment of the Place of the Cultural Industries in Denmark, Finland, Norway and Sweden", *Geografiska Annaler*, Vol. 85, No. 3, September 2003, pp. 167 – 180.

[3] Nick Lewis and Wendy Larner and Richard Le Heron, "The New Zealand Designer Fashion Industry: Making Industries and Co-Constituting Political Projects", *Transactions of the Institute of British Geographers*, Vol. 33, No. 1, 2008, pp. 42 – 59.

[4] Ed Herman and Robert Waterman McChesney and Edward S. Herman, *The Global Media: The Missionaries of Global Capitalism* (*Media Studies*), London: Cassell, 1998.

[5] 李江帆、李冠霖、江波：《旅游业的产业关联和产业波及分析——以广东为例》，《旅游学刊》2001 年第 3 期。

学会课题组2006年推出的系列研究报告,该报告采用中国2002年投入产出表的数据计算和论述中国产业关联特征,[①] 指出信息传输、计算机服务和软件业属于弱辐射力弱制约性的部门,该结论主要由影响力系数、感应度系数两大系数指标与社会平均水平的差距所决定。中国今后的产业结构调整应关注制造业的发展,加强能源、原材料等基础工业部门的发展,加快推进第三产业的发展,尤其是信息传输、软件业等新兴部门的发展。

申玉铭、邱灵等在中国1997年、2002年两年样本的投入产出数据基础上,重点围绕生产性服务业个案的产业关联效应议题展开,[②] 指出生产性服务业的关联定位,后向关联效应和前向关联效应的具体表征。

王岳平、葛岳静通过直接消耗系数等十余项指标解读投入产出表数据,[③] 系统地梳理产业结构映射出的关联特性以及产业结构优化的内在规律,并就政策需求对产业结构演进的作用进行管理对策分析。

王然、燕波等从产业关联的视角分析了FDI（Foreign Direct Investment,外国直接投资）垂直溢出效应对我国工业自主创新能力的作用机制,[④] 实证检验了FDI前向关联效应和后向关联效应对自主创新能力的影响,清晰的产权制度会强化FDI前向关联对自主创新能力的积极效果。

此外,魏巍贤、原鹏飞、申玉铭、魏明侠、董登珍、陈蓉蓉等学者围绕房地产、生产性服务业、物流、高技术产业等领域的代表性成果均从投入产出法的角度研究产业之间的关联性,产业覆盖面较广,这也充分证实投入产出法分析产业关联性能有效揭示其规律性。

相比之下,传媒产业方面的关联研究成果较少。在中国知网数据库以产业关联和传媒两个关键词复合检索仅有11篇文献,以投入产出和传媒两个关键词复合检索仅有18篇文献,考虑到部分文献将产业关联一词视为产业之间存在联系的浮于字面意义理解,排除误检条目后,相关成果寥寥无几。

[①] 中国投入产出学会课题组：《我国目前产业关联度分析——2002年投入产出表系列分析报告之一》,《统计研究》2006年第11期。

[②] 申玉铭、邱灵、王茂军、任旺兵、尚于力：《中国生产性服务业产业关联效应分析》,《地理学报》2007年第8期。

[③] 王岳平、葛岳静：《我国产业结构的投入产出关联特征分析》,《管理世界》2007年第2期。

[④] 王然、燕波、邓伟根：《FDI对我国工业自主创新能力的影响及机制——基于产业关联的视角》,《中国工业经济》2010年第11期。

林吟昕在硕士学位论文《中国传媒产业与相关产业关联问题研究》中运用投入产出模型以及 2007 年中国投入产出表的数据，从前向关联、后向关联和环向关联三项量化指标解释传媒产业与其他产业间关系及问题，① 以关联度作为衡量传媒产业关联特征的重要因子。

徐文晔对浙江省传媒产业的投入产出状态分析时认为，目前传媒产业属于中间产品型基础产业，应优先发展。② 传媒产业的发展对第二产业的直接依赖程度最高，对第一产业的依赖程度非常低，服务业对传媒产业的直接依赖程度高。

朱乃平、韩文娟等使用 DEA 模型测算出 9 家出版业上市公司投入产出效率整体较高，③ 纯技术效率略高于规模效益，应通过资产重组适度控制企业规模，积极推动技术进步的利用率，提高政府的政策引导力。

对出版业上市公司研究的成果还有常晓红、王海云使用 CCR-DEA 模型和 Super-CCR 模型对 2014 年 15 家新闻出版业上市公司投入产出的分析，④ 分析指出大地传媒、华闻传媒、天舟文化等 12 家上市公司投入产出的经营效率达到理想状态，各企业存在较大差别，研发投入和技术水平是出版企业发展的关键。

相较而言，对文化产业投入产出研究的成果数量稍多，分析数据也有涉及传媒类别。雷原、赵倩等运用随机前沿分析对 68 家文化创意上市公司的投入产出效率进行了评价，⑤ 文化创意企业中创意设计服务和文化休闲娱乐的投入产出效率分别位于高位和低位，文化出版传媒类企业在市场扩容的同时，产品结构及市场成熟度存在短板，整体贫弱现象明显。

张立斌、李星雨运用数据包络分析法研究 2013—2014 年深沪两地文化产业全部 32 家上市企业的公平与效率时发现，⑥ 中文传媒、皖新传媒、

---

① 林吟昕：《中国传媒产业与相关产业关联问题研究》，硕士学位论文，南京大学，2012 年。
② 徐文晔：《浙江传媒产业投入产出视角研究》，《统计科学与实践》2016 年第 6 期。
③ 朱乃平、韩文娟、张溪：《基于 DEA 模型的出版业上市公司投入产出效率测度研究》，《科技与出版》2014 年第 5 期。
④ 常晓红、王海云：《中国新闻出版业上市公司经营效率研究——基于 DEA 模型的分析》，《现代出版》2016 年第 3 期。
⑤ 雷原、赵倩、朱贻宁：《我国文化创意产业效率分析——基于 68 家上市公司的实证研究》，《当代经济科学》2015 年第 2 期。
⑥ 张立斌、李星雨：《文化产业上市公司的公平与效率》，《财经科学》2015 年第 11 期。

中南传媒、光线传媒、凤凰传媒处于规模报酬递减阶段，管理者可通过适度缩小经营规模，优化资源配置，提高上市企业规模效率。

赵琼、姜惠宸对2009—2013年文化产业上市公司的效率和影响因素进行分析和评价，[①] 研究指出新闻出版子行业的技术效率稍低于影视相关子行业，原因在于纯技术效率与规模效率偏低，文化产业多家公司由规模报酬递增阶段转为规模报酬递减阶段，影视相关子行业尤其突出。

刘璐运用因子分析和 DEA-Bootstrap 结合的方法研究了文化产业上市公司经营绩效，[②] 指出广告营销和动漫经营效率最优，平面媒体和影视娱乐业居中，互联网、广播与电视业排名靠后，上市公司未来发展应积极剥离非核心业务并寻求核心业务的延伸拓展与跨界整合，合理配置资源。

部分学者对信息产业投入产出的经济效应、关联与波及效应等议题展开了定量研究，徐丽梅采用产业关联及产业波及分析法对信息产业经济效应进行实证分析，[③] 指出信息产业中间投入率较高，中间需求率适中，对国民经济的推动作用远高于社会平均水平，对其他产业的波及影响较大。信息产业不同部门的经济效应各有不同，牟锐、闵连星结合2002—2010年数据分析了信息制造业和信息服务业的产业关联结构和产业波及效果的差异特征，[④] 从产业关联关系、波及效应来看，制造业是与信息产业发展联系最紧密的产业部门，信息制造业比信息服务业对其他行业拥有更高的推动作用，在推动力系数和影响力系数的表现方面更优。

袁丹等将文化产业与信息产业置于产业关联与波及效应的分析框架内，[⑤] 实证分析指出2002年、2007年和2010年文化产业对信息产业的中间需求率逐步下降，显示出较强的中间投入依赖性，两产业细分产业间的

[①] 赵琼、姜惠宸:《文化产业上市公司效率评价及影响因素分析——基于DEA模型的分析框架》，《经济问题》2014年第9期。

[②] 刘璐:《我国文化产业上市公司经营绩效研究——基于因子分析和DEA-Bootstrap法》，《时代金融》2013年第27期。

[③] 徐丽梅:《基于投入产出模型的我国信息产业经济效应分析》，《图书情报工作》2010年第12期。

[④] 牟锐、闵连星:《信息产业投入产出经济效应分析——两部门视角》，《软科学》2015年第4期。

[⑤] 袁丹、雷宏振、兰娟丽、章俊:《文化产业与信息产业的产业关联与波及效应分析》，《统计与信息论坛》2015年第4期。

后向关联和前向关联均较强,文化产业对信息产业的需求拉动程度三倍于文化产业对信息产业的需求感应程度,前者对后者的波及效应增长趋势明显。

产业转移对地区间产业分工的形成影响较大,高菠阳等利用区域间投入产出模型测算了电子信息产业的转移量等特征,[①] 分析投资、消费、出口等因素对产业转移的驱动效应,研究认为宏观国际形势、国内经济发展趋势及政策、地区产业扶持政策以及市场核心驱动因子影响着电子信息产业转移。

除了上述产业层面从投入产出的角度定量研究产业关联的成果外,部分学者将产业关联的理解扩散到定性层面的分析,喻国明、樊拥军认为集成经济借助互联互通作用必将成为未来传媒产业的主流表征,[②] 该形式是对传统产业链的颠覆,符合虚拟经济等经济形态的关联逻辑和需要。蓝兰也赞成传媒产业的主流经济形态以新型传媒集成经济呈现的观点,[③] 金栋昌、朱仁伟指出手机传媒产业服务内容缺乏创新,难以形成产业关联效应,[④] 魏宝涛研究了广告教育与传媒创意产业关联的规律,[⑤] 李朝晖分析了大众传媒与文化创意产业的关联性,[⑥] 这些成果从传媒业自身发展规律和特色层面丰富了产业关联关系的研究。

产业关联的实质也是一种依赖关系,喻国明在其著作《中国传媒发展指数报告(2010)》中,[⑦] 解释传媒产业的经济依赖导向,传媒不仅是企业的个体或行业的代名词,也是区域经济发展的有机促进体,该成果通过定量计算媒介环境等系列指数的方式,跟踪呈现传媒产业状态与预期经

[①] 高菠阳、李俊玮、刘红光:《中国电子信息产业转移特征及驱动因素——基于区域间投入产出表分析》,《经济地理》2015年第10期。

[②] 喻国明、樊拥军:《集成经济:未来传媒产业的主流经济形态——试论传媒产业关联整合的价值构建》,《编辑之友》2014年第4期。

[③] 蓝兰:《传媒集成经济初探及传媒产业关联整合的价值构建研究》,《新闻知识》2014年第11期。

[④] 金栋昌、朱仁伟:《我国手机传媒产业发展动力的传播学解释——基于拉斯韦尔"5W"模式的分析》,《新闻知识》2010年第2期。

[⑤] 魏宝涛:《广告教育与传媒创意产业关联探析》,《东南传播》2011年第4期。

[⑥] 李朝晖:《大众传媒与文化创意产业关联性分析》,《声屏世界》2010年第1期。

[⑦] 喻国明主编:《中国传媒发展指数报告(2010)》,人民日报出版社2010年版,第433页。

济发展的对应关系。

对于前向关联和后向关联问题，彭永斌认为传媒产业的两个指标均相对较高，带来的结果是传媒产业的发展有利于从成本角度提升资源的运作回馈。[1] 童清艳在其著作《传媒产业经济学导论》中系统研究了投入产出模型等关联议题，[2] 是国内深入研究传媒产业关联性的扛鼎之作。丁汉青研究了广告和地区经济、相关产业繁荣状态的关系，[3] 胡春嘉探讨了传媒经济与宏观经济的联系，胡俊崚分析了大众传媒和体育产业的互动关系[4]。系列研究成果在传媒产业逻辑的单点突破方面进展较大，但对传媒产业与其他产业关联程度的分布状态及产业数量与名称未达成共识，主要受限于研究个体对象的偏向，以及关联度定量系统性分析方面的欠缺。

二 传媒产业融合研究综述

传媒产业融合作为产业融合研究的一个具体分支，其研究兴起于国外，既沿袭了一般产业融合的融合管制论、融合关联论、市场决定论和融合界限论等理论脉络，又折射出作为媒介的区别特征，其议题集中在融合概念提出、融合的分类、路径以及融合的影响等领域。媒介融合研究强调了以技术融合为逻辑起点，兼顾了媒体产业融合的向外扩展性，影响到产业结构、规制和组织等各个组成部分，本书选取融合视角正是基于此原因。

媒体因技术的差异性导致管制规范的不同，媒介融合后的媒体采取何种管制方式受到国外学者的高度关注。伊夫斯（Yves Poullet）和让－保罗（Jean-Paul Triaille）等 1995 年在研究电信法如何以新的监管框架适应媒体与电信融合发展需要时提出，[5] 过去的十年中，点对点的语音与数据

---

[1] 彭永斌：《传媒产业发展的系统理论分析》，西南财经大学出版社 2004 年版，第 79—80 页。

[2] 童清艳：《传媒产业经济学导论》，复旦大学出版社 2007 年版，第 120—139 页。

[3] 丁汉青：《广告流：理论与实证分析》，新华出版社 2005 年版，第 17—49 页。

[4] 胡俊崚：《中国传媒与体育产业互动与发展研究——面向 2008 北京奥运》，硕士学位论文，上海财经大学，2007 年。

[5] Yves Poullet and Jean-Paul Triaille and Francois van der Mensbrugghe and Valerie Willems, "Telecommunications Law: Convergence between Media and Telecommunications: Towards a New Regulatory Framework", *Computer Law & Security Review*, Vol. 11, No. 4, July-August 1995, pp. 174 – 181.

应用的电信与点对多音视频应用的广播之间的障碍区别变得模糊，电信与媒体产业间的融合问题在于，通信和大众传媒两个行业具有不同的监管机构，监管融合极为复杂，建议成立专门的信息市场监管组织，关注新服务组织技术发展的影响，分析不同角色的行动策略，审查当前法律障碍，推进契合不同行动者和使用者合法利益的新法律框架的建设。沃夫冈（Wolfgang Büchner）和安贾（Anja Zimmer）在研究德国传媒法时指出，长远来看，媒介技术的融合必然导致法律的融合，以前作为国家媒体机构专属领域的监管事项，其私有化程度也随之增加。[1] 媒体管制不仅是职能部门的宏观监管框架问题，也是信息安全、版权、媒体偏见等微观问题的集中反映。安德鲁（Andrew Jones）考察了媒体融合在不同领域所产生的影响，并特别关注了融合对信息安全带来的影响，认为将媒体融合环境的信息安全保护提升到可接受水平将是未来的一大挑战。[2] 丹尼尔（Dànielle Nicole DeVoss）和苏珊娜（Suzanne Webb）分析了当前媒体融合的文化语境下，与多媒体合成相关的版权问题与合理使用问题。[3] 斯科特（Scott Gehlbach）和康斯坦丁（Konstantin Sonin）提出了一个正式的媒体政府控制模型以说明跨国间媒体自由随时间和融合趋势的变化特征，媒体偏见越大，媒体主管机构更可能采取行动推动一些政治目标，大型广告市场减少了国家和私人媒体的媒体偏见，但增加了政府对私人媒体国有化的动机。[4] 特丽莎（Trisha T. C. Lin）和成安莎拉（Chanansara Oranop）研究泰国多屏电视服务的监管如何应对媒体融合趋势时，[5] 结合对国家广播电信委员会（NBTC）的监管举措调查以及对政策制定者、广播公司和有

---

[1] Wolfgang Büchner and Anja Zimmer, "Media Law-Germany: Convergence of Media and Access to the Broadband Cable in Germany", *Computer Law & Security Review*, Vol. 17, No. 5, 2001, pp. 326 – 332.

[2] Andrew Jones, "Convergence", *Information Security Technical Report*, Vol. 12, No. 2, 2007, pp. 69 – 73.

[3] Dànielle Nicole DeVoss and Suzanne Webb, "Media Convergence: Grand Theft Audio: Negotiating Copyright as Composers", *Computers and Composition*, Vol. 25, No. 1, 2008, pp. 79 – 103.

[4] Scott Gehlbach and Konstantin Sonin, "Government Control of the Media", *Journal of Public Economics*, Vol. 118, October 2014, pp. 163 – 171.

[5] Trisha T. C. Lin and Chanansara Oranop, "Responding to Media Convergence: Regulating Multi-screen Television Services in Thailand", *Telematics and Informatics*, Vol. 33, No. 2, May 2016, pp. 722 – 732.

线电信运营商等利益群体的采访,提出了采取平台中立的方法来调节由社会文化影响和内容生产聚合模型分类的视听媒体的建议。

传媒产业融合是传媒业关联因素综合作用的路径和结果。2003 年,美国西北大学教授李奇·高登(Rich Gordon)从新闻的实践层面出发,归纳了美国当时存在的五种"媒介融合",即所有权融合、策略性融合、结构性融合、信息采集融合以及新闻融合,将融合实践拆分为互相关联的多个维度。[1] 罗伯托(Roberto García)和费伦(Ferran Perdrix)等分析语义网在报纸媒体融合中的促进作用时建议建立本体论框架,将元数据置入语义空间,作为数据集成、新闻管理和检索的关联内容。[2] 除了微观的关联因素,宏观的传媒产业集群也具有融合关联特征。菲利普(Philip Cooke)与朱莉(Julie Porter)分析了媒体融合与多层次协同进化关系,从传媒产业结构视角揭示了传媒集群的融合趋势,认为集群演化与广泛区域创新系统有显著关系。[3] 贾米娜(Jasmina Arsenijević)和米丽卡(Milica Andevski)基于问卷调查实证分析了新媒体能力与数字媒体参与之间的关系,论证了媒体融合与多元化环境下受众参与数字社交网络与新媒体素养之间存在正相关的规律。[4]

传媒市场需求和媒介自身生存发展是媒体融合的内在动力,埃德尔曼(Richard Edelman)指出传媒变革的动能来自数字与信息技术,这种变革处于不可逆的态势中,各种媒介形式在不断融合,同时扩张的媒介资源正试图将受众市场不断细分化。[5] 贝尔恩德(Bernd W Wirtz)指出媒体和通信市场正在经历根本性的变革,技术因素、放松管制与市场需求是融合的

---

[1] Rich Gordon, "The Meanings and Implications of Convergence", in Kevin Kawamoto, ed., *Digital Journalism: Emerging Media and the Changing Horizons of Journalism*, Lanham, MD: Rowman & Littlefield Publishers, 2003, pp. 57 – 73.

[2] Roberto García and Ferran Perdrix and Rosa Gil and Marta Oliva, "The Semantic Web as a Newspaper Media Convergence Facilitator", *Web Semantics: Science, Services and Agents on the World Wide Web*, Vol. 6, No. 2, April 2008, pp. 151 – 161.

[3] Philip Cooke and Julie Porter, "Media Convergence and Co-evolution at Multiple Levels", *City, Culture and Society*, Vol. 2, No. 2, June 2011, pp. 101 – 119.

[4] Jasmina Arsenijević and Milica Andevski, "Media Convergence and Diversification-The Meeting of Old and New Media", *Procedia Technology*, Vol. 19, 2015, pp. 1149 – 1155.

[5] Richard Edelman, "Public Relations is the Navigator of the New Media Economy", *Journal of Communication Management*, Vol. 5, No. 4, October 2001, pp. 391 – 400.

主要驱动因素，为应对媒体融合趋势，时代华纳、AT&T 等信息通信公司正进军新的行业和改变原有价值链，以整合网络多媒体服务。① 标准化的产品是多载体传播和媒体融合的基础。因德雷克（Indrek Ibrus）在研究媒体融合的演化动力时重点分析了移动网络的标准化问题，也对参与该标准化过程的电信运营商、在线服务提供商、软件开发商、内容提供商等利益相关者如何形成初期市场进行了讨论。② 关于媒体融合的数字市场特性，简（Jan Krämer）和迈克尔（Michael Wohlfarth）指出数字服务的经济重要性深刻改变了电信和传媒市场的权力结构，数字服务的监管框架需要充分考虑数字市场的特殊性，如数字市场的相关市场力量评估、数字服务的监管协调以及数据驱动商业模式的数据与数据保护。③

媒体融合带来媒体形态边界的逐渐消融，1995 年美国学者凯文·曼尼（Kevin Maney）在其著作《大媒体浪潮》中指出电信业将与广播电视出版业等相关产业融合成为"大传媒产业"，并对这一概念进行了详细论述。④ 2001 年日本学者植草益在《信息通讯业的产业融合》中指出信息技术的引入和创新让原本各有区隔的电信、广播等行业交融，孕育出新的产业，这些融合性产业被称为"数字信息通信产业"，包括了文字广播、移动通信、数字有线通信、互联网电子邮件、电子广告、电子出版等多个产业，这种产业间的融合正向信息通信以外的产业侵袭和作用，由价值链重塑演变为产业结构的进化。⑤ 亨利·詹金斯（Henry Jenkins）深入考察了新旧媒体处于交集环境中的媒体变迁规律，从传播实践的角度考察了文化融合以及文化的运行方式。⑥ 融合边界客观上反映了媒体融合实践的进

---

① Bernd W. Wirtz, "Reconfiguration of Value Chains in Converging Media and Communications Markets", *Long Range Planning*, Vol. 34, No. 4, August 2001, pp. 489 – 506.

② Indrek Ibrus, "Evolutionary Dynamics of Media Convergence: Early Mobile Web and Its Standardisation at W3C", *Telematics and Informatics*, Vol. 30, No. 2, May 2013, pp. 66 – 73.

③ Jan Krämer and Michael Wohlfarth, "Market Power, Regulatory Convergence, and the Role of Data in Digital Markets", *Telecommunications Policy*, Vol. 42, No. 2, January 2018, pp. 154 – 171.

④ Kevin Maney, *Megamedia Shakeout: The Inside Story of the Leaders and the Losers in the Exploding Communications Industry*, New York: John Willy &Sons, Inc, 1995.

⑤ [日] 植草益：《信息通讯业的产业融合》，《中国工业经济》2001 年第 2 期。

⑥ [美] 亨利·詹金斯：《融合文化：新媒体和旧媒体的冲突地带》，杜永明译，商务印书馆 2012 年版，第 30—58 页。

程，索尔·伯曼（Saul Berman）将数字技术在传媒领域的应用和影响过程分为三个阶段：第一阶段是1996—2001年，称为数字格式化（Digital Format），由于DVD、MPEG、CD等数据格式相继出现，促进传媒行业的平台、渠道、软件等发生改变；第二阶段是2002—2006年的技术整合阶段（Technology Integration），由于数字技术的应用，传媒业的核心竞争力发生改变，能为顾客提供更有针对性的服务；第三阶段为2006年至今，转型（Transformation）在传媒业内部发生剧变，包括竞合关系的改变、生产效率的提升、规模经济化和商业智能化等。同时，索尔·伯曼认为传媒企业需要转型成为"开放性"的企业，以适应未来传媒业的发展。①

传媒产业融合的过程是动态发展的，1998年奥诺（R. Ono）和青木（K. Aoki）建立了一个理论框架，用以阐释电信、广播电视和出版等产业之间的融合进程和趋势，这一研究已成为产业融合实现过程的经典文献。② 史蒂芬·高科（Stephan Gauch）和克努特·布林德（Knut Blind）2015年提出了一种从技术领域层面识别技术融合趋势的方法，将融合定义为随时间推移技术间模式趋于内部稳定的过程，并使用一套可靠的技术融合度量标准，包括技术领域集聚的探索性识别，区分聚焦和扩散融合趋势的技术广度分析，修订版交叉影响评估方法的深度分析，来衡量技术融合的水平和趋势。③

国内"融合"研究是以引进西方媒体融合研究成果为开端的。周振华对国外产业融合理论进行了介绍，并考察了信息技术对中国产业结构的影响，从信息化中的产业融合入手，论述产业融合发生的背景、发展过程以及发展类型。④ 2005年，蔡雯将西方的"融合媒介"（Convergence

---

① 王润珏：《产业融合趋势下的中国传媒产业发展研究》，中国书籍出版社2011年版，第12页。

② R. Ono and K. Aoki, "Convergence and New Regulatory Frameworks: A Comparative Study of Regulatory Approaches to Internet Telephony", *Telecommunications Policy*, Vol. 22, No. 10, November 1998, pp. 817–838.

③ Stephan Gauch and Knut Blind, "Technological Convergence and the Absorptive Capacity of Standardisation", *Technological Forecasting and Social Change*, Vol. 91, February 2015, pp. 236–249.

④ 周振华：《信息化与产业融合》，上海人民出版社2003年版，第104—187页。

Media）和"融合新闻"（Convergence Journalism）概念引入国内。[①] 她后来专门撰文进一步阐释这两个概念的内涵，并介绍了"融合新闻"在西方新闻媒介的实践，以及与传统新闻的形态差异。[②]

系统来看，中国的传媒产业融合研究重点集中在如下方面。

（1）大媒体产业的形成，传媒业和其他产业融合形成大媒体产业

陈力丹、傅玉辉认为中国传媒业和电信业的融合会形成大传媒产业，并将大媒体产业定义为以传播媒介为核心，跨越不同产业边界、形式和地区的信息传播产业。[③] 傅玉辉以产业融合和大媒体产业现象为研究对象，对中国和美国的大媒体产业进行了比较研究，分析中国大媒体产业发展的主要趋势，并根据中国的具体情况对大媒体产业发展提出策略建议。[④]

郭御凤、冯莽指出，媒体融合不单是机构个体创新与融合，平台思维才是真正意义上的深度融合，机构思维只是融合初期的产物和举措，平台思维突出"大格局建设"，充分发挥顶层设计的功能，推动媒体之间、区域之间的大融合。[⑤]

周小普等在《信息技术进步对传统媒介的冲击和影响》一文中指出，互联网技术已经对报刊、广播、电视等传统媒体各个方面都产生了巨大的冲击，面对信息技术的冲击，需要整合传播媒体的优势，构建多重传播手段相结合的新型"大媒体"。[⑥]

彭兰认为，电信业与IT业等产业力量将向传媒业广泛渗透，这些产业力量将会成为内容生产者的支持力量，同时也是一种制衡力量，将成为传媒产业竞争格局中的重要一极。媒介融合时代，传媒产业要面临的不仅

[①] 蔡雯：《新闻传播的变化融合了什么？——从美国新闻传播的变化谈起》，《采写编》2006年第2期。

[②] 蔡雯：《从"超级记者"到"超级团队"——西方媒体"融合新闻"的实践和理论》，《中国记者》2007年第1期。

[③] 陈力丹、傅玉辉：《中国大媒体产业的演进趋势》，《新闻传播》2006年第5期。

[④] 傅玉辉：《大媒体产业：从媒介融合到产业融合》，中国广播电视出版社2008年版，第158—219页。

[⑤] 郭御凤、冯莽：《从十九大报道创新看中国媒体融合发展之路》，《传媒》2018年第1期。

[⑥] 周小普、武聪、潘明明等：《信息技术进步对传统媒介的冲击和影响》，《国际新闻界》2005年第3期。

是内部的重组与整合，还有与外部产业间的调整和融合。①

许颖认为媒介融合是分层次的动态过程。第一层是媒介互动层面，是战术性的融合，不涉及所有权；第二层是媒介整合层面，即媒体组织的结构性融合；第三层是媒介大融合层面，即多媒体的大融合。②

（2）产业融合趋势挑战既有的产业规制和政策，迫切需要规制机构调整不适宜的产业规制和政策，促进传媒产业的健康发展

喻国明在《关于当前中国传媒产业发展的战略思考》一文中考察了数字技术给传媒业带来的变化，认为媒介产业的融合目前仍存在许多体制上的限制，需要进行体制变革以突破这些限制。③

肖赞军认为，在数字技术进步的影响下，广播电视、出版和电信业的产业边界日趋模糊，产业的内容生产、传输和接收平台走向融合，传统媒体产业从纵向一体化结构转变为横向一体化结构。④ 他在分析各国传媒规制的框架演进后认为，传媒规制发展的大趋势是从原来的纵向分业规制向横向分层规制的转换，规制机构也从分立走向融合。他提出中国规制改革的方向是放松市场准入、鼓励竞争以及吸纳投资，同时规制的重心应从结构规制向行为规制转移改变。⑤

庞亮、郭之恩通过对各国媒介融合政策的梳理分析，指出在媒介融合发展中，中国媒介规制不能适应媒介融合发展的需要，成为阻碍媒介融合发展的重要阻力，需要在媒介融合语境中展开政策规制变革的探索。⑥

冉华、李杉认为中国传媒的产业化进程在经历内部资本积累后，面临着一个新的发展瓶颈，传统媒体改革的动力严重缺失。中国的媒介融合是技术快于制度，过分崇尚技术的力量，忽视制度供给的影

---

① 彭兰：《融合趋势下的传媒变局》，《新闻战线》2008 年第 7 期。
② 许颖：《互动·整合·大融合——媒体融合的三个层次》，《国际新闻界》2006 年第 7 期。
③ 喻国明：《关于当前中国传媒产业发展的战略思考》，《山西大学学报（哲学社会科学版）》2007 年第 1 期。
④ 肖赞军：《媒介融合背景下中国传媒经营体制改革研究》，《湖南商学院学报》2008 年第 6 期。
⑤ 肖赞军：《媒介融合时代传媒规制的国际趋势及其启示》，《新闻与传播研究》2009 年第 5 期。
⑥ 庞亮、郭之恩：《进程与变迁：基于媒介融合政策视角下的观察》，《现代传播（中国传媒大学学报）》2011 年第 11 期。

响，从而导致了中国新媒体在迅猛发展时，传统媒体仍在数字化转型中充满着制度性的约束。[①]

易旭明在对互联网媒体和电视规制效果比较研究的基础上提出，中国最初将互联网定位为信息产业并采取了宽松的规制，形成了优于电视的市场结构、规模效应、市场行为，带来了宝贵的产业发展机遇。当下媒体融合的现实要求传媒规制从"分立规制"向"融合规制"转型，融合规制的基本导向是有序放松结构规制，激活社会投资与有效竞争，规制方式由严苛的结构规制转向行为规制。[②]

（3）传媒产业融合是必然趋势，对传媒产业发展的多方面均产生重要影响

蔡骐、吴晓珍认为媒体融合是传媒业的一种发展趋势，是目前促进传媒产业化进程的战略选择。媒介融合发展策略是技术创新的结果，最终也会表现为产品创新。融合与创新作为一对和谐共生的概念，将成为传媒产业发展中的一组核心话题。[③]

金永成、曹航从传统产业组织理论的角度探讨媒体融合，认为媒体融合对传媒产业的市场结构、市场行为及市场绩效均产生影响。[④]

陶喜红认为媒体融合能够改变受众的信息需求，受众需求的多样化和多层次化势必会影响传媒产业的需求结构以及产业布局。同时，媒体融合能够提高传媒产业与其他产业间的关联度，改善媒体的盈利结构。[⑤]

靖鸣、臧诚认为媒体融合的过程本质上是向着垄断经营发展的过程，媒体融合的结果必然是产生更大的传媒寡头来垄断传媒市场。[⑥]

---

① 冉华、李杉：《传媒产业规制研究的基本状况与两个核心问题》，《当代传播》2015年第1期。

② 易旭明：《媒体融合背景下的中国传媒产业规制转型——基于互联网媒体与电视规制效果比较的视角》，《新闻大学》2017年第5期。

③ 蔡骐、吴晓珍：《媒介融合发展策略解读——以创新经济学理论为框架》，《湖南城市学院学报》2008年第2期。

④ 金永成、曹航：《产业组织理论视角中的媒介产业融合》，《西南民族大学学报（人文社科版）》2009年第2期。

⑤ 陶喜红：《媒介融合背景下传媒产业结构转型分析》，《当代传播》2010年第4期。

⑥ 靖鸣、臧诚：《传媒批判视野下媒介融合过程中的问题与思考》，《现代传播（中国传媒大学学报）》2011年第4期。

胡正荣认为媒体的未来发展方向是要建构一个全媒体的生态系统。媒体融合从开始就要全方位开发，覆盖从上游到下游的全产业链，围绕媒体融合做好移动互联网时代的思维、跨界、开放、互动四个传播创新，充分准备应对媒体的场景化和智能化趋势。①

丁柏铨指出媒体融合是主流媒体维系地位的必然选择，推进传统与新兴媒体融合发展，重点要实现内容和传播手段创新、理念和思维方式创新、制度和工作机制创新。②

（4）对现有的融合实践和研究进行反思和批判，提出相应解决思路

南长森、石义彬考察了传媒融合实践案例，抛出聚合模式的观点，技术和市场决定了融合形态变化，本土化需要充分发挥已有媒介的潜能，将传播效果最大化。③

付晓光在《媒介融合实效性的比对分析》一文中结合金特里（Gentry）教授的《媒介融合难易参照表》对比分析了中美媒介融合的特征，提出多极化、区域化以及消减内部阻力的理性发展方式，呼吁媒介融合研究和实践回归科学和实际，并讲究时效性。④

崔保国认为媒介融合是传媒产业的一种发展趋势、一个过程，而不是具体的发展目标。媒介融合始于技术，终于社会、经济、政治的变迁，媒介机构的变化或转型是创新的伴生产物。在对现今传媒产业体量和发展趋势的研判下，他提出传媒产业由四个部分组成：广电媒体、印刷媒体、PC 互联网媒体和移动互联网媒体。⑤

吕铠、钱广贵认为国内外媒介产业的发展困境，不仅在于产业结构的局限性和数字化转型所面临的困境，更在于新技术提供了其他产业广泛参与和开放传统媒介产业市场的不确定性，并认为这才是媒介产业面临的根本性危机之一。国内关于媒介融合的研究，偏向新闻传播学科的范式，缺

---

① 胡正荣：《媒体的未来发展方向：建构一个全媒体的生态系统》，《中国广播》2016 年第 11 期。
② 丁柏铨：《媒体融合的趋势、困境与创新路径》，《传媒观察》2018 年第 5 期。
③ 南长森、石义彬：《媒介融合的中国释义及其本土化致思与评骘》，《陕西师范大学学报（哲学社会科学版）》2012 年第 3 期。
④ 付晓光：《媒介融合实效性的比对分析》，《编辑学刊》2014 年第 1 期。
⑤ 崔保国：《2014 年中国传媒业回望》，《新闻战线》2015 年第 1 期。

少从经济层面的产业融合和市场融合的研究。①

姜成坤认为当前媒体融合过程中，很多党报或多或少存在舍弃自身固有优势，唯新媒体马首是瞻的现象，这种随波逐流的融合方式并非真正意义上的融合，最后造成的恶果就是会让党报更加虚弱，甚至丧失引导舆论的主动权。党报与新媒体批判地融合要有质疑精神，需以批判与解构作为保障和指导，取长补短，借力发力。②

陈力丹指出当前关于媒体融合的研究偏重于新兴媒体探索式的措施分析，浮于表面，融合发展关键在融为一体，是内容生产+产品形态+渠道占有的一体，未来的媒体可能是任何一种我们想象不到的形态。③

综合来看，目前学术界对传媒产业融合的研究集中在媒体融合对产业规制、产业结构、产业发展方向等方面的影响，研究层面较为单一，多从应然的角度提出融合趋势或路径，并多为定性研究，部分成果虽然不乏经验意义上的深刻洞见，但缺少定量的分析，尤其涉及传媒产业融合层面未见定量模型研究的相关成果。因此亟待用定量的研究方法对传媒产业融合的动态过程进行描述和分析。

第四节 本章小结

本章首先界定传媒以及传媒产业概念，阐述了传媒产业的分类方法，明确研究对象。本书研究的传媒产业是信息服务及相关传媒经济活动实体所构成的产业群，包括报纸、杂志、图书、音像、广播、电视、电影等传统媒体以及新媒体，其层次、主体表现出的关联、融合关系成为研究的重点视角。

其次，归纳和总结了国内外传媒产业的分类情况，对联合国教科文组织、北美产业分类体系（NAICS）、澳大利亚及新西兰标准产业分类、欧洲共同体经济活动分类中有关传媒产业的分类做了梳理，并整理了国家统

---

① 吕铠、钱广贵：《媒介融合的多元解读、经济本质与研究路径依赖反思》，《湖北社会科学》2016年第2期。
② 姜成坤：《党报在媒体融合中需批判与解构》，《今传媒》2016年第10期。
③ 陈力丹：《传播学研究要保持批判性思维》，《传媒观察》2018年第8期。

计局对文化产业及相关产业的分类，从中将涉及传媒产业的部门提炼出来。

接下来对书中关涉的产业组织、结构、关联、融合等理论系统梳理，对产业关联和产业融合的国内外研究现状进行了文献回顾。通过梳理发现，目前国内外学术界对传媒产业的产业链长、对其他产业具有一定的带动作用等取得了共识，但关于传媒产业能影响其他产业发展的数量如何，关联影响程度如何，如何促进传媒产业与国民经济其他产业协调发展等问题，仍未有系统化的研究。学术界对传媒产业融合的研究成果颇丰，但主要集中在定性分析，定量研究比较少。在研究视角上，也多集中于探讨产业融合应该怎么做的问题上，缺乏实然的角度，即缺少对传媒产业融合现实情况的考量。

国内学术界对产业融合路径探讨较多，但很少涉及融合程度研究，测度产业融合程度一般需要采用量化研究得出，产业关联指数是测量产业融合程度的一个重要测量方法，也是未来产业发展研究的趋势之一。在新时代探索中国传媒产业发展路径创新的使命下，将产业关联与融合理论有机整合分析，具有重要的理论及现实意义。

第 三 章

中国传媒产业发展现状与存在的问题

随着中国社会经济的快速发展,如何推进产业迈向中高端成为近年来社会各界共同关注的议题。在中国经济进入新常态的大背景下,推进传媒产业的转型和升级,是适应这种经济新变局的客观需要,也是突破现阶段传媒产业发展瓶颈的重要途径。依托信息技术的创新与扩散,中国传媒产业采用新技术和新媒体形式来推动自身的发展,也带来传媒业生态环境的改善,中国传媒业迎来新的发展机遇。

但同时,中国传媒产业在国民经济中的地位和作用并不突出,对其他产业的推动和拉动作用不明显,与西方国家的传媒产业相比,中国传媒产业存在一定差距。从整体观念及认识上来看,对传媒产业的界定仍旧模糊,边界不清晰。在国家产业分类中,一些新媒体产业被归类到信息服务业和其他类产业,造成传媒产业不能作为一个整体产业部门进行有效的产业布局和管理。这充分表明,厘清传媒产业与其他产业之间的关系、梳理和分析传媒产业问题并找出其中的内在逻辑,是推进下一阶段传媒产业转型升级的必要前提,也是传媒产业迈向产业化、市场化、国际化之路的保障。

第一节 中国传媒产业发展现状

改革开放以来,中国传媒产业持续发展,产业规模逐渐扩大,特别是近十多年来,多项规模体量指标实现了跨越式的发展。但是,中国传媒产业的发展总体不平衡,传统媒体产业的竞争优势减弱,有些传统媒体甚至呈现"断崖式"下跌,受众群体大量流失。整体而言,中国传统媒体产业仍处于中低端水平，面临产业技术层次不高、创新能力不足、产品附加值低以及盈利能力欠缺等诸多问题。同时，随着内外环境的改变，劳动力成本的上升，迫切需要产业转型升级。新媒体产业近几年发展迅猛，冲击着传媒产业的格局，在带动整个传媒产业发展的同时，也带来了一些不稳定的因素。中国传媒产业肩负着传统媒体产业转型升级和新媒体产业培育发展的双重任务。

一 传媒产业发展总量和规模

2017年，中国传媒产业总产值达18966.7亿元，较上年增长18%，总产值占国内生产总值的2.29%，比重进一步提高。2004—2017年，中国传媒产业总产值从2108.27亿元增加到18966.7亿元，累计增加8倍。从整体趋势上看，传媒产业与GDP增加值呈现明显的正相关性（见表3-1）。

表3-1 2004—2017年中国传媒产业总产值及占国内生产总值比重

年份	传媒产业总产值（亿元）	国内生产总值（亿元）	占比（%）
2017	18966.7	827122	2.29
2016	16078.1	743586	2.16
2015	13494.8	689052	1.96
2014	12018.4	643974	1.87
2013	10297.4	595244	1.73
2012	9196	540367	1.70
2011	7348.9	489301	1.50
2010	5807.1	413030	1.41
2009	4907.96	349081	1.41
2008	4220.83	319516	1.32
2007	3747.72	270232	1.39
2006	3265.3	219439	1.49
2005	2480.2	187319	1.32
2004	2108.27	161840	1.30

数据来源：国家统计局官网、《中国传媒产业发展报告》（2004—2018年）。

根据《中国传媒产业发展报告（2017）》和国家统计局公布的数据，中国报业近几年处境艰难，广告市场自 2012 年开始连续下降 6 年，报纸广告总体降幅已达到 70%。报纸总数从 1996 年的 2163 种下降到 2015 年的 1906 种，报纸总印数也有所下降。报纸的经营面临困境，裁员、减少发行量已成为报业的普遍现象。中国报业在危机中积极寻找出路，在媒体融合上积极尝试，已经取得了初步进展。期刊业的发展状况也不容乐观，期刊广告市场自 2013 年开始下滑，2016 年期刊广告市场的降幅达 30.5%。期刊种类数已突破 10000 种，到 2015 年达 10014 种，期刊出版总印数则由 2012 年的 33.48 亿册下滑到 2015 年的 22.78 亿册。图书出版种类由 2006 年的 233971 种上升到 2015 年的 475768 种，图书总印数由 2006 年的 64.08 亿册上升到 2015 年的 86.62 亿册。2016 年中国电视广告市场整体下降 3.7%，下降幅度较 2015 年有所放缓。截至 2016 年第三季度，我国有线电视用户数量达到 2.54 亿户，其中数字电视用户 2.1 亿户。2015 年广播节目综合人口覆盖率达 98.2%，公共广播节目套数为 2782 套，国际传播能力也进一步增强。2016 年中国网络视频用户规模达 5.45 亿人，网络视频用户使用率为 74.5%，移动视频的用户到 2016 年年底已接近 5 亿人。2016 年中国电影行业共生产 944 部电影，全国电影总票房为 457.12 亿元，较 2015 年增加 3.72%，票房增速放缓。观影规模跃居世界第一位，达 13.72 亿人次，人均观影频次达到 1 次。银幕总量达 41179 块，影院总数约 7900 家，银幕和影院数量均为世界第一位，并且影院数字化水平已位居世界前列。2016 年中国网民总人数达 7.3125 亿人，手机上网人数为 6.9531 亿人。从规模上看，中国已跻身为全球三大娱乐传媒大国之一。

从以上数据可以看出，中国传媒产业的整体规模巨大，发展迅速，庞大的传媒经济体量在国家政治经济文化发展中扮演着越来越重要的角色。

二 新媒体产业与传统媒体产业的 SCP 比较分析

产业组织理论是产业经济学的重要组成部分，以价格理论为基础，研究产品和服务的生产是如何被组织起来的。产业组织理论主要分析在不完全竞争市场条件下的企业行为以及市场结构，探讨产业组织状况对产业内资源配置效率的影响，为提高经济运行效率和市场秩序提供途径和对策依据。产业组织理论考察的是作为"组织部分之间关系"的组织,而非经济学理论中的"企业组织""生产组织"。在产业组织理论中,最重要的分析模式是SCP(结构—行为—绩效)模式。

依据产业经济学的SCP分析方法,本书将中国新媒体产业与传统媒体产业进行比较,可以发现二者之间存在着明显的差异,具体如表3-2所示。

表3-2　　　　新媒体产业与传统媒体产业的SCP比较

	新媒体产业	传统媒体产业
代表产业	门户网站、视频网站、社交媒体、户外媒体、数字出版等	图书、期刊、电影、电视、广播等
基本特征	采用新媒体技术,受众群体迅速增长,市场需求前景广阔,资源节约和环境友好	市场萎缩,生产技术成熟,综合竞争力减弱,转型困难
结构	掌握媒介新技术,竞争型市场	科研实力较弱,竞争型市场
行为	市场兼并、扩张、重组,无形资产投入量大,主要依靠媒介新技术促进企业发展,技术扩散力强	发展媒体融合,无形资产投入强度较小,主要依靠固定资产促进企业发展,技术创新能力较弱
绩效	市场竞争力强,规模不断扩大,收益率增加明显,通过创新获取利润	市场竞争力降低,通过规模经济获取利润,收益率增长呈递减趋势

在结构上,新媒体产业和传统媒体产业的市场集中程度不高,属于竞争型市场类型。二者的资本壁垒和技术壁垒提高,政策壁垒降低。经过30多年的渐进式改革,中国传媒产业市场结构变化趋势表现为:在传媒产业市场中,行政力量降低,市场力量凸显;市场边界逐渐模糊化,传媒产业内部各子产业间以及传媒产业与相关产业之间的融合趋势更加明显;传媒产业市场进入壁垒从缺乏弹性的刚性壁垒朝着适度的、灵活的黏性壁垒方向发展。制度建设和市场机制的不断完善,是今后传媒产业市场结构优化的基本条件。[①]

---

① 陶喜红:《中国传媒产业市场结构演变的趋势》,《中州学刊》2014年第2期。

第三章　中国传媒产业发展现状与存在的问题　/　57

　　在行为上，传统媒体产业的自主创新能力较差，对外部的技术依赖较大，主要靠固定资产促进企业发展，技术创新和应用能力较弱。新媒体产业的无形资产投入量大，主要依靠媒介新技术和创新能力促进企业发展，技术扩散能力较强。目前，中国传媒产业领域存在着价格"窜谋"现象，这导致传媒产业在资源优化配置的同时产生了进入壁垒，在打破传媒市场垄断局面的同时制约着传媒产业的价格竞争。[1] 现阶段，中国传媒产业并购重组呈现加速推进态势，上市传媒企业的并购重组正如火如荼地进行，国有传媒企业和民营传媒企业的重组调整都已取得积极成效，并购重组市场平台粗具规模。[2]

　　在绩效上，传媒产业的整体规模不断扩大，特别是新媒体产业，在规模上有超越传统媒体产业的趋势。近年来中国传媒产业的市场结构指标与产业绩效之间呈较强的正相关关系，传媒产业发展与国民经济发展正向相关。[3] 伴随产业整体规模的扩大，中国传媒产业整体的绩效在提升，新媒体产业的绩效高于传统媒体产业，新媒体产业通过创新获取了大量利润，相比之下，传统媒体产业主要通过规模经济获取收益。

三　发展历程

　　1978 年，中国开启了从计划经济逐渐走向市场经济的转型之路，传媒机构在政府主导下开展了大量经济活动，对传媒产业化发展做出了各种有利的探索。1978 年财政部批准了人民日报社等多家首都新闻单位要求的试行"事业单位，企业化管理"的方针，使得这些单位能够通过一定的自主经营获得一些经济收入。1979 年 1 月，《天津日报》刊登了"文化大革命"后的第一则广告，紧接着上海电视台和上海的《解放日报》分别播放和刊登了商业广告，国内其他媒体也陆续跟进，这意味着传媒产业获得了推进市场化进程的利器。

　　进入 20 世纪 80 年代以后，中国传媒业进入了一个新的发展阶段，传媒

---

[1]　强月新：《中国传媒市场研究：理论与实践》，武汉大学出版社 2012 年版，第 90 页。
[2]　兰培：《传媒产业并购重组态势分析》，《传媒观察》2013 年第 2 期。
[3]　艾岚、阎秀萍：《基于 SCP 范式的中国传媒产业组织分析》，《河北经贸大学学报》2014 年第 5 期。

机构开展了多种经营活动。1990年12月，国家新闻出版署颁布了《报纸管理暂行规定》，明确指出具有法人资格的报社"可开展有偿服务和多种经营活动"，各地出现了办报热，报纸总数由1978年的186种迅速增长到1995年的2108种，[①] 增长了十余倍。广播电视业也得到了较大的发展，特别是1983年召开的中国第十一届电视工作会议明确提出"开展多种经营"的方针之后，广播电视业开展了多种经营的探索，发展迅速。

20世纪90年代中期以后，中国传媒业开启了集团化经营之路。1996年1月，广州日报报业集团成立。经过了一年多的试点后，从1998年开始，报业集团化发展逐渐进入高峰期，至2002年，全国已成立了多家报业集团。1999年，国家批准成立了江苏无锡广电集团，这是第一家广电系统的传媒集团，随后湖南广播影视集团、中国广播影视集团相继成立。1992年，山东省出版（集团）总社的组建拉开了出版业集团化发展之路的序幕，1999年，北京出版社出版集团、上海世纪出版集团、广东省出版集团、辽宁出版集团、中国科学出版集团、山东出版集团相继成立。

在传媒产业化发展的第一个阶段，中国传媒业通过多种经营实践以及集团化发展，产业规模扩大，整体实力不断增强。但这一时期，政府仍然是主导传媒产业发展的主要决策者，传媒产业政策尽管在逐步开放，但仍是以准入监管为主。

2003—2010年，中国传媒产业发展迅速。在经过市场化准备后，中国传媒业开始迎来了市场转制实施期并步入高峰期，涉及领域包括企业改制、资本运作，政策和制度关注的焦点是外来资本准入、传媒企业产权归属以及退出机制。2011年至今，中国传媒产业进入多元竞争格局发展阶段。

传媒产业总体规模快速增长的同时，媒体产业子产业的类型也在不断丰富，从业者人数不断增加，随着新技术、新应用的出现，新的媒介形态和新的业务形态不断出现。传统媒体产业受到了极大的挑战，开始尝试各种转型，广播电视、报刊、图书等传统媒体产业启动了数字化转型和跨媒介融合之路。互联网技术不断更新，中国的移动媒体已经广泛渗入人们生活和工作中，媒体与社会发展的关系越来越紧密。

[①] 吴海荣：《论我国当代报纸的营销观》，《广西大学学报（哲学社会科学版）》2004年第3期。

媒体机构的规模也不断扩大，出现了一批影响力较大的传媒集团巨头，不仅有中央电视台、上海广播电视台、湖南广播电视台、凤凰出版传媒集团等年收入过百亿元的国有传媒集团，也有腾讯、阿里巴巴这样的年收入超过千亿元人民币、市值超过千亿美元的互联网公司。

2004年后，传媒产业格局变化更加剧烈，新媒体产业发展很快，形成与传统媒体产业二分天下的格局，到2010年后，逐渐有了偏向"新媒体产业"发展的趋势，传统媒体与新媒体产业的力量此消彼长。在2010年之前，广播、电视、报刊、图书等传统媒体产业仍占据着传媒产业的主导地位，但随着新媒体产业的发展，这种格局很快被打破，传统媒体产业和新媒体产业力量对比的转换由以下几个方面呈现。

一是广告收入的改变。广告作为传媒产业的重要收入来源，2001年，中国广告市场总体规模为795亿元，互联网广告收入只有3.5亿元，仅占广告总体市场的0.44%。但接下来的十多年，互联网影响力不断扩大，互联网广告收入逐年递增。2016年中国网络广告营业额达2305.21亿元，较上年度增长了29.87%，[①] 全面超越传统媒体的广告营业额，根据CTR媒介智讯统计，2016年报纸、电视、杂志等传统媒体广告收入整体下降了6.0%。

二是受众媒体使用习惯的改变。中国互联网络信息中心（CNNIC）发布的第42次《中国互联网络发展状况统计报告》显示，截至2018年6月30日，中国网民人数突破8亿人，其中使用手机上网人数超过7.88亿人。与此同时，随着受众媒介使用习惯的改变，传统媒体的受众群体不断缩减，特别是年轻群体的流失问题尤为突出。目前，电视剧的收视主力为中老年人，年轻人正在远离电视。人均报纸以及期刊阅读率和阅读量下降趋势明显，2017年成年国民报纸和期刊阅读率分别为37.6%和25.3%，2016年报纸和期刊阅读率则分别为39.7%和26.3%。同时，人均报纸阅读量也均有下降，2017年的人均报纸阅读量为33.62份，与上年度相比下降了11.04份。[②]

[①] 崔保国主编：《中国传媒产业发展报告（2017）》，社会科学文献出版社2017年版，第10页。

[②] 中国新闻出版研究院全国国民阅读调查课题组、魏玉山、徐升国：《第十五次全国国民阅读调查主要发现》，《出版发行研究》2018年第5期。

三是产业影响力的改变。高技术产业是处于生命周期成长期的产业，具有较高的成长率和创新率，并具有极强的产业带动作用，能够促进产业结构优化升级和经济增长。新媒体产业较之传统媒体产业具有明显的技术和创新优势，是传媒产业中的高技术产业，能够推动传统媒体产业的发展，同时也能通过关联产业的带动作用促进自身的发展。2004年以来，随着新技术的应用和传媒产业规制的放松，传媒产业的融合、集群和生态化发展趋势明显，新媒体产业的这一趋势则更加显著。

在传媒产业各细分行业中，2004年新媒体在传媒产业中的产值比重不到10%，但经过十年的发展，到了2015年，新媒体产业产值比重已达到51.8%，超过半数以上。与此同时，电视业占比降低到了15.7%，报纸业降到了3.1%。2016年，新媒体产业规模之和占比达到55.1%，而传统媒体产业规模进一步萎缩，下降到44.9%。至此，新媒体产业与传统媒体产业在媒体市场上的地位发生了颠覆性变化。中国传媒业进入新的阶段，新媒体产业对传媒行业的影响力逐渐扩大，中国传媒业进入由新媒体产业主导的时代（见图3-1）。

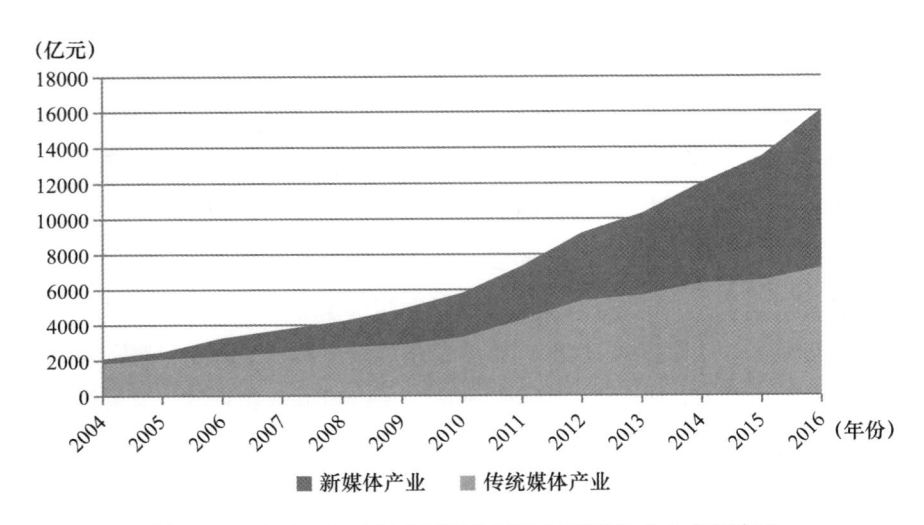

图3-1 2004—2016年中国传统媒体与新媒体产业产值变化

数据来源：国家新闻出版广电总局、出版产业发展司、艾瑞官网、《中国传媒产业发展报告》（2005—2017年）。

第二节 传媒产业发展环境

传媒产业发展离不开所处的社会环境，受社会环境的影响与制约，因此需要结合传媒产业所处环境来考量传媒产业的发展，主要包括政治环境、经济环境和技术环境。

一 政治环境

传媒产业具有的重要功能使得传媒产业成为社会各种力量博弈的场地，政治力量是影响传媒产业发展的重要力量。政治力量通过国家的法律、法规、部门规章及行业规范性文件来控制传媒产业。根据政治环境的变化，1978年以来对传媒产业的规制分为三个阶段。

第一阶段是中国传媒产业化运作的初始阶段（1978—2000年），传媒的产业属性尚未正式确立，这一阶段的法律、法规主要侧重于对传媒产业的行政监管。第一阶段的核心任务是缓解政府的财政压力，实现传媒单位的以收抵支。这一阶段颁布的法律、法规或部门规章主要有1988年新闻出版署颁布的《期刊管理暂行规定》（已废止）、1990年新闻出版署颁布的《报纸管理暂行规定》（已废止）、1990年由国家工商行政管理局和新闻出版署联合颁布的《关于报社、期刊社和出版社刊登、经营广告的几项规定》、1992年广播电影电视部和财政部联合印发的《广播电视广告收入管理暂行规定》、1997年国务院发布的《出版管理条例》（已废止）、1997年国务院发布的《广播电视管理条例》、2000年国家广播电影电视总局颁布的《电视剧管理规定》等。这些法律、法规、部门规章的内容主要包括对传媒业的主体准入、内容产品的生产制作许可以及监督体制等方面。政府在对传媒业的准入制度和内容生产方面严格管制的同时，为了缓解财务压力逐步对传媒业的具体经营行为放松管制，如传媒业在广告、自办发行等领域的商业活动。

第二阶段是中国传媒产业化运作的发展阶段（2001—2002年），以规制传媒的经济活动为主，开启了传媒集团化改革之路，传媒的产业属性得到彰显。这期间的重要法律、法规、部门规章及规范性文件包括：2001年中共中央宣传部下发的《关于深化新闻出版广播影视业改革的若干意见》，2001年国家广播电影电视总局接连公布的《关于积极推进广播影视集团化的施行细则（试行）的通知》、《关于广播影视集团实行多媒体兼营和跨地区经营施行细则（试行）通知》和《关于广播影视集团融资的实施细则（试行）》，2001年国务院公布的《电影管理条例》和《音像制品管理条例》等。上述法规及规范性文件放宽了对传媒经济活动和市场准入的管制。例如鼓励电影集团组建院线扩大电影发行放映，允许广播影视集团实行多媒体和跨地区经营，鼓励企业、事业单位和其他社会组织以及个人以资助、投资的形式参与摄制电影，允许组建有限责任公司或股份有限公司等。这表明政府管理部门开始着手规范市场主体，更多地采用市场的手段来代替单一的行政运作，这有利于传媒业实现公司化、企业化经营模式的转轨。

第三阶段是以促进产业化发展和规范资本运作为主的"转企改制"阶段（自2003年以来）。2003年，中共中央办公厅与国务院办公厅公布中办发21号文件，提出要全面深化文化产业体制改革，确定了事业和企业两分开的媒介分层管理体制，支持文化产业发展和经营性文化事业单位转制为企业。随后，国家广播电影电视总局下发《关于促进广播影视产业发展的意见》，新闻出版总署公布《新闻出版体制改革试点工作实施方案》，这意味着中国传媒规制步入了一个新的阶段。该阶段的传媒立法主要侧重于对传媒产业提供科学的产业引导，并进一步促进和规范传媒产业的资本运作，实现传媒产业投资主体多元化。这一时期的主要法规、规范性文件有：2003年新闻出版总署发布的《出版物市场管理规定》、2004年国家广播电影电视总局相继颁布的《广播电视节目制作经营管理规定》《中外合作制作电视剧管理规定》《中外合作摄制电影管理规定》等文件，2005年新闻出版总署公布的《报纸出版管理规定》和《期刊出版管理规定》，2008年新闻出版总署相继公布的《音像制品制作管理规定》、《电子出版物出版管理规定》和《图书出版管理规定》等文件，2014年国家新闻出版广电总局公布的《新闻出版行业标准化管理办法》，2016年国家新闻出版广电总局、商务部下发的《出版物市场管理规定》，2017年全国人民代表大会常务委员会颁布的《中华人民共和国电影产业促进法》等。上述法规、规范性文件全面放开了对经营性资源的资本运作，最终目的在于实现传媒的产业化经营、建立现代企业制度。

二 经济环境

改革开放以来,中国传媒产业的经济环境发生了巨变。随着经济体制的转型、市场经济体制在中国的确立,中国传媒产业开始了市场化发展之路。

1978年12月党的十一届三中全会的召开拉开了改革开放的序幕,中国走上了经济体制改革之路,沿着这一历史进程,中国传媒产业也开启了产业化的进程。中国经济体制改革的核心是实现从计划经济到市场经济的转型,构建以市场机制为社会资源配置基础方式的经济体制。根据中国经济体制改革与转型的不同阶段,中国传媒产业经历了三个阶段。

第一阶段,即经济体制转型初期阶段与传媒产业化转型之路的初始阶段(1978—1991年)。在这期间,国家确立了"计划经济为主,市场调节为辅"的改革方针。1979年,选择了首都钢铁公司、北京内燃机总厂、北京清河毛纺厂、天津自行车厂、天津动力机厂、上海柴油机厂、上海汽轮机厂、上海彭浦机器厂8家国有企业进行以"利润留成"为核心的企业扩权改革试点。在农村实行"家庭联产承包责任制",在此基础上,以集体所有制为主的乡镇企业发展起来。国家采取鼓励对外开放,实现部分地区与国际市场对接,建立经济试验特区等一系列举措,极大地推动了非国有经济的发展。经过十多年的经济改革,中国的经济发展形势好转,1978—1991年,中国GDP总量由1978年的3645.2亿元上升到1991年的21781.5亿元。[①] 80年代中后期,国家经济形成了"体制内"与"体制外"的双峰对峙局面。

在这一经济改革阶段,中国传媒产业也随之发生了一系列变革。1978年,财政部通过在北京8家新闻单位开展试行企业化管理的报告,允许这些单位从经营收入中抽取一部分的资金,用于改善自身条件和提高员工收入,这是为了解决当时中国传媒系统内部的经济收入短缺问题。"事业单位,企业化管理"的提出拉开了中国传媒体制改革的序幕,传媒产业开始从事业型向产业型转向。1979年财政部颁发的《关于报社试行企业基

[①] 穆睿:《改革开放以来我国GDP及产业结构变化》,《现代经济(现代物业下半月刊)》2009年第7期。

金的管理方法》，进一步明确了报社是党的宣传事业单位，在财物管理上实行企业管理的方法，该政策在几年内迅速推广到全国大多数媒体单位。1983年，中共中央37号文件公布"开展多种经营"方针。广告经营是中国传媒产业化的开端，除此之外，传媒业还积极探索多种经营方式。例如，1986年珠江经济广播电台成立后，各种经济类报纸、电台和电视台相继建成。

第二阶段，市场经济体制建立与传媒产业化的发展阶段（1992—2002年）。1992年1月18日—2月21日，邓小平视察武昌、深圳、珠海、上海等地，视察期间就一系列社会经济重大问题发表了谈话。邓小平的南方谈话，总结了党的十一届三中全会以来的基本经验，明确指出"社会主义也可以搞市场经济"，解决了长期困扰和束缚人们思想的许多重大认识问题，进一步推动了改革开放和现代化建设。1992年10月，中国共产党第十四次代表大会明确提出建立社会主义市场经济体制。1993年11月，中国共产党十四届三中全会公布《中共中央关于建立社会主义市场经济体制若干问题的决定》，要求在20世纪末初步建成社会主义市场经济制度，并对财政金融体制、社会分配体制、社会保障体制、企业体制等方面制定了改革目标。在这期间，中国初步建立了以"市场配置为主、政府适当干预为辅"的市场经济体制，经济发展呈现出快速增长的趋势，这一阶段GDP增长迅猛。1995年，国内生产总值达60793.7亿元，实现了GDP总量比1980年翻两番的目标，到2002年GDP达120332.7亿元，是1978年的33倍。[①]

这一阶段，中国传媒产业发生显著变化，传媒产业化进程加速。1992—1997年是广告业快速发展时期，到2001年，广告营业额达到794.8876亿元，广告经营单位和广告从业人员数量快速增长，广告业进入多元化发展阶段。中国报业也进入了快速发展时期，特别是都市报取得了较大发展，报纸的种类和数量剧增，发行量和广告营业额逐年递增。中国广播和电视业有了长足发展，经济电台、经济电视台、经济频道相继开播，有线电视用户逐年递增，广播人口的覆盖率到2000年超过了90%，

---

① 穆睿：《改革开放以来我国GDP及产业结构变化》，《现代经济（现代物业下半月刊）》2009年第7期。

广播和电视广告收入也明显增加。整个传媒产业的经营规模快速扩张，在此基础上国家开始推行传媒集团化举措。1996年，广州日报报业集团成立，成为中国第一个报业集团。1998年，光明日报报业集团、羊城晚报报业集团、南方日报报业集团、经济日报报业集团和文汇新民报业集团相继成立。到2002年12月，共成立了39家试点报业集团。1999年，广电业也开始了集团化发展之路。随着经济收入的增加和创收能力的提升，传媒产业摆脱了对政府财政拨款的依赖，市场调节机制在传媒产业中的作用增强。随着中国经济体制改革的深入，传媒产业迈入新的发展阶段。

第三阶段，即市场经济体制完善阶段与传媒产业的成熟阶段（2003年至今）。中国以加入WTO为契机，在经济全球化的背景下，不断完善社会主义市场经济体制。2003年10月，中国共产党第十六届中央委员会第三次全体会议召开，会议强调完善社会主义市场经济体制的主要任务。现如今，我国已基本完成了完善社会主义市场经济体制的主要任务，中国经济总量跃居世界第二位，经济实力和综合国力显著提高，国际竞争力和国际影响力加强。

在这一阶段，中国传媒业发展日益成熟，进入媒体融合时代，开始实施资本市场运营和跨地区媒体经营。2003年6月中共中央宣传部开展文化体制改革试点工作。2003年12月国务院办公厅关于印发文化体制改革试点中支持文化产业发展和经营性文化事业单位转制为企业的两个规定的通知，将"文化产业"和"文化事业"区分开来，该划分意义重大，是传媒产业发展进程中的一次重要突破。2009年，国务院通过《文化产业振兴规划》，这是中国第一部关于文化产业的专项规划。规划中明确提出要将社会效益和经济效益统一起来，加快发展影视制作、出版发行、印刷复制、广告、动漫等文化产业部门。从2008年中国制定文化体制改革的全国"路线图"和"时间表"，到2010年各地公办文化经营单位基本完成"事转企"改制，再到2014年2月中央全面深化改革领导小组审议通过《深化文化体制改革实施方案》，明确了新一轮文化体制改革的时间表、路线图、任务书，这意味着中国文化体制改革进入了"深水区"。

三 技术环境

媒介技术的作用毋庸置疑，不仅能再造传媒，也能极大推动社会发展。媒介技术在人类传播史上有过四次革命。第一次革命是文字的产生，使人类告别了口耳相传的原始传播阶段，进入了文字传播阶段。第二次革命是18、19世纪欧洲工业革命带动的印刷机械化，以及近代出版奠定大众传播的雏形，推动廉价报纸面向更为广大的受众。第三次革命是20世纪电子技术的产生和发展，电报、电话技术实现了远距离点对点的信息传输，广播、电视技术实现了文字、声音、图像的传输，延伸人体的感觉器官。20世纪后半叶，互联网技术的出现被称作人类传播史上的第四次革命。

当前，数字化技术、现代通信技术、数据库技术、多媒体技术等一系列新兴传媒技术的飞速发展和有机结合，对社会生活各方面的影响是空前巨大的。现代传媒技术不仅扩大了信息的传播规模，而且也提高了信息传播的质量。传播媒介的进化对社会发展具有重要的意义，传媒技术的日新月异，也直接影响了传媒产业的发展。媒介新技术催生了众多的新媒体，媒介技术的发展演化出新的媒介形态，加剧了不同媒介形态之间的竞争。每一种新媒体的诞生都是媒介技术发展的产物，这些媒介技术衍生出来的新媒介对传统媒介构成了挑战。媒介技术的演化及新媒介的出现使传播渠道、传播主体、传播功能与传播效果都发生了巨大变化。新媒体是一个相对的概念，是利用新媒体技术，向用户提供信息和服务的传播形态，新媒体是新传媒技术的载体和实现形式。新媒体产业是基于新媒体技术而形成的产业，具体是指以数字技术、网络技术和移动通信技术等新兴技术为基础，以网络媒体、移动媒体、互动性电视媒体等新兴媒体为主要载体，按照工业化标准进行生产、再生产的产业类型。

新媒介技术改变了媒体机构的运作和消费者使用媒体的方式。报纸时代诉诸文字，广播诉诸声音，电视则诉诸视觉和听觉两种渠道。新的传播渠道的出现，使传播的功能发生变化，广播的出现使媒介的动员功能大为增加，而网络的出现，使媒介的整合能力大为增强。

由于技术革命的更新，中国传媒产业面临着巨大的发展机遇。媒介新技术极大地拓宽了传媒产业渠道空间，改变了原有传媒渠道资源稀缺的局面，传媒渠道资源呈现出一种过剩态势。为此，加强数字化条件下传媒产业发展的研究具有重要的实践指导意义，是应对数字化条件下传媒经济发展的实际需要。

新媒介技术的广泛应用，改变了传媒产业各子产业间的力量对比。新媒体产业的崛起，对传统媒体产业造成了巨大的冲击，改变了旧有的产业格局，为中国传媒产业结构带来了新变化。

信息技术的创新与扩散，极大地拓展了中国传媒产业的发展空间。网民数量已跃居世界第一位，广告收入猛增。2017年广告营业额为6896.41亿元人民币，较上一年增长了6.3%。[1] 截至2018年6月，中国互联网用户达8.02亿，互联网普及率为57.7%。中国手机网民规模达7.88亿，较2017年底增加4.7%。网民中使用手机上网人群占比由2017年的97.5%提升至98.3%。中国网民仍以10—39岁群体为主，占整体的70.8%，其中20—29岁年龄段的网民占比最高，达27.9%，10—19岁、30—39岁群体占比分别为18.2%、24.7%。中国网民依然以中等学历群体为主，初中、高中/中专/技校学历的网民占比分别为37.7%、25.1%。中国仍然有3亿—5亿人可转化为网民，与美国、英国、法国等领先国家相比较，仍存在非常大的提升空间。[2]

随着媒介新技术的应用，传媒产业越来越具备向高技术产业发展的实力，具备高增长率、高创新性的产业特征，对其他相关产业具有越来越强的关联和带动作用。随着传媒产业在国民经济中的地位进一步提升，传媒产业对其他相关产业的影响力明显增强。

第三节 传媒产业发展存在的问题

一 中国传媒产业制度亟待完善

传媒制度环境是中国传媒产业发展的重要动因之一，传媒制度的完善和发展直接关系到中国传媒产业的发展。1978年以来，中国开启了文化体制改革的进程，近四十多年来，中国传媒产业制度不断完善，对传媒产业的发展起到了积极的推动作用。由于中国传媒产业的复杂性，产业制度

---

[1] 现代广告：《2017年中国广告经营额攀升至6896亿元》，http://www.maad.com.cn/index.php?anu=news/detail&id=6872，2018年4月9日。

[2] 中国互联网络信息中心：第42次《中国互联网络发展状况统计报告》，2018年8月20日。

仍然跟不上中国传媒产业发展的需求，在有些方面甚至成为传媒产业发展的瓶颈。中国传媒制度的缺失表现在以下几方面。

（1）传媒制度在设置上没能完全契合中国传媒业的双重属性。中国传媒产业具有事业性与产业性的双重属性，政府在传媒管理上也扮演着双重角色，政治性与经济性并存。中国传媒产业的制度也应体现这种双重属性，事业逻辑和产业逻辑同时存在。事业法人和企业法人价值目标不同，很难兼顾。有学者提出了"双轮驱动"的发展思路，认为坚持一手抓公益性事业，一手抓经营性产业。但在实际的操作过程中很难平衡二者的关系，"事业单位，企业化运营"制度虽然促进了中国传媒经济发展，但是仍存在重大缺陷。[①] 厘清中国传媒业的事业性和产业性，针对不同的对象实行不同的制度，是一个复杂而漫长的过程，不能一蹴而就。在这一过程中，事业法人和企业法人相互干扰，委托人虚置，必然会因为产权不清导致寻租现象。

（2）传媒制度的结构性较强，对传统媒体规制过多，而新媒体规制处于结构的边缘地带，制度成本则相比较低。中国传媒制度的这种在传统媒体和新兴媒体产业间存在的结构性差异，直接造成了资本更多地流向制度成本较低的新兴媒体产业，这样就可以成本更低、回报率更高。制度变迁理论认为在报酬递增的条件下，制度能够形塑长期的发展路径，形成路径依赖。[②] 中国现有的传媒政策，会形成资本向新媒体产业流入的偏向，传统媒体产业则面临更加严峻的挑战。当前的这种路径依赖，会造成新媒体产业与传统媒体产业发展的进一步失衡，需要进一步对传统媒体产业的规制进行调整和改革，使其在传媒政策结构中由中心向边缘化发展，以吸引更多的资本流入，从而增加竞争力。在制度设置上，应考虑新媒体产业由于过快发展可能导致的竞争失衡和市场垄断。

（3）传媒产业制度的发展落后于传媒产业的发展。随着传媒技术的发展和应用，传媒产业各子产业间的边界被打破，逐渐趋于模糊。技术的

[①] 郭鸿雁：《中国传媒经济增长研究——基于制度的视角》，《现代传播（中国传媒大学学报）》2008 年第 2 期。

[②] ［美］道格拉斯·C. 诺思：《制度、制度变迁与经济绩效》，杭行译，上海人民出版社 2008 年版，第 12 页。

进步带来了传媒产业的融合发展之路，这种融合不仅发生在传媒产业各子产业内部，也发生于传媒产业与其他产业之间，特别是与其相关联产业。传媒产业的融合发展之路是一个动态和复杂的过程，现有的传媒制度不能适应传媒产业的融合性发展。媒介融合是当前传媒规制、政策面临变革的一个重要背景，目前中国传媒产业发展面临的一个现实问题就是对现实传媒制度供给不足的忽视。因此，未来传媒规制、传媒政策研究的重心，不仅在于探索优化产业规制、传媒规制政策执行的具体建议，还应关注传媒产业发展的制度供给。[1]

（4）传媒非正式制度缺乏。当前，中国传媒产业制度方面的一个突出问题是非正式规制缺乏。非正式规制的完善能减少正式制度实施成本。[2] 可以适度颁布一些地域性的办法或条例，从媒介组织内部推行非正式的规制，作为正式制度的有效补充，降低整体制度推行成本。中国传媒体制需要足够的非正式制度，用以促进传媒产业的健康稳定发展，同时为传媒产业政治功能的正常运转提供保障。

二　传媒产业内部结构不合理

近年来，随着中国社会与经济的快速发展，经济总量迅速增长，经济结构和产业结构发生了显著变化，导致传媒产品的需求量增大、层次升级以及多样化，这对中国传媒产业结构产生了较大影响。中国地区之间经济发展水平以及对传媒产品需求的差异也导致了中国区域传媒产业间结构差异明显。

产业结构，即产业间的技术经济联系以及联系方式。考察传媒产业内部结构需要考虑传媒产业各子产业间的技术经济联系，即在这些子产业中，哪些产业起到主导和支柱地位，以及这些子产业间的替代规律和相应的"结构"效益等，中国传媒产业内部结构不合理主要由传媒产业新老主导产业更替不畅所导致。

---

[1] 冉华、李杉：《传媒产业规制研究的基本状况与两个核心问题》，《当代传播》2015年第1期。
[2] 郝雨、王铭洲：《新制度经济学体系下的传媒制度成本控制理论及方略》，《当代传播》2017年第2期。

中国传媒产业是由电视、报纸、图书、广播、电影等传统媒体产业，以及互联网、移动互联网等新媒体产业共同组成的产业系统。近十多年来，中国传媒产业经过不断地发展和调整，产业规模急剧扩大，整体实力进一步增强。在这期间，由于报纸、期刊、电视、互联网等不同产业的发展不同步，各产业间的力量对比发生较大变化，传媒产业内部产业结构发生改变。

一般来说，产业结构升级是由主导产业的序列更替来实现的，主导产业会随着技术、市场和资源等发生的重大变化和不断更替，形成产业结构的演化。不同发展阶段的主导产业既同时存在又互相作用，前一时期的主导产业为后一时期的主导产业奠定发展的基础。主导产业是指在经济发展的一定阶段中，具有持续较高的成长率和高创新率，能够直接或间接影响其他产业发展的产业，并对产业结构升级转换起到关键性的导向作用和推动作用，对经济增长具有明显的推动作用的产业。传媒产业中的主导产业，是指在传媒产业中具有较高的成长率和创新性，对其他传媒子产业的发展起着重要作用的产业。传媒产业中的主导产业对整个传媒产业的发展和产业结构升级意义重大。在中国传媒产业发展历程中，第一个时期的主导产业为报纸业，第二个时期的主导产业为电视业，第三个时期的主导产业为新媒体产业。目前中国传媒产业正处于第二个时期向第三个时期过渡的阶段，主导产业由电视业向新媒体产业更替的阶段。主导产业部门的演化是沿着从劳动密集向资本密集演进的方向，进而向技术和知识密集型产业发展的路径发展。新媒体产业能否成长为主导产业，也应该取决于新媒体产业是否比其他传媒产业更具有技术创新能力，是否更具备向资本密集和知识密集方向发展的条件。根据现有的研究发现，中国传媒产业的主导产业已经初步形成，根据2003—2013年传媒产业各子产业的产值，运用主成分分析法分析得出，除音像产业以外，其他产业包括电视、报纸、期刊、图书、广播、电影、互联网和移动增值等都处于主导地位，其中电视、互联网和移动增值载荷信息较高，主导地位更强。[①] 这意味着，在中国传媒产业中，仍未有绝对的主导产业，没有哪个子产业能够对传媒产业的结构设计起到关键性的作用，电视、互联网和移动增值能否成为主导产

[①] 谢红焰、姜进章：《中国传媒产业市场结构的演进分析》，《今传媒》2016年第2期。

业取决于它们是否发挥主导产业的作用以及发挥作用的程度。

当前，中国新媒体产业的发展速度明显快于电视、报刊、图书、电影等传统媒体产业。在 2015 年，新媒体产业产值首次超过传统媒体产业，占传媒产业总产值的比重达到 51.8%。但新媒体产业主导产业的地位仍未确立起来。罗斯托认为，主导产业的形成必须具备三个条件：足够的资本积累、充足的市场需求和创新。[①] 新媒体产业虽然发展迅速，但起步较晚，近几年才获得了较大的发展，资本积累和投资还远远不够。新媒体产业的市场需求大，但仍有待进一步开发，随着新媒体融合的拓展，新媒体产业的市场空间也会扩大。中国新媒体产业因自身内容创新能力不足，生产的产品多是在"原材料"基础上简单加工而来，不能满足受众多元化的需求。新媒体产业属于供给驱动型产业，只有通过创新性产品和服务才能拓展发展空间，在创新能力不足的情况下，新媒体产品市场存在巨大的不确定性。

传媒产业的内部结构正处于转型升级时期，除新旧主导产业更替不畅外仍然存在着许多问题，这些问题主要包括以下几方面。

（1）传媒产业的融合发展问题

传媒产业内部结构的变化表现在两个方面，即传媒产业内部各子产业的力量对比变化和传媒产业内部产业融合的趋势。传媒产业内部的融合是在数字化、信息化等技术基础上的产业融合。同时，传媒产业作为一个整体，与其他外部相关产业发生着融合，传媒产业的内部融合与外部融合共同促进了大传媒产业的发展，形成传媒产业结构的转型与升级。

传媒产业的融合发展带来了内部竞争和外部竞争的改变，产业内的竞争主要是不同媒体和不同传媒集团之间的竞争，竞争的焦点是市场资源，围绕广告、受众、资本等传媒市场资源展开争夺。在融合的过程中，一些中间环节被取消，同时一些新的环节和价值链被创立。在这一过程中，传媒产业内部子产业间的关系和竞争规则随之改变。传媒产业的各子产业在这一竞争规则下，各自的力量对比迅速发生了改变。互联网产业的市场培育、报纸业的艰难探索与改革、电视业的调整与变革、出版产业的数字化

[①] ［美］罗斯托：《经济成长的阶段》，国际关系研究所编译室译，商务印书馆 1962 年版，第 22 页。

转型等都是在适应新的竞争规则。

传媒产业的融合发展带来的外部竞争发生在传媒产业与其相关联产业之间，这些关联产业涉及电子信息、通信、货币金融和其他金融服务等多个产业，传媒产业面临着十分复杂的外部环境。在融合背景下，中国传媒产业与这些产业竞争有着明显的短板，技术和资本实力不足。中国传媒产业的产业化发展时间短，2016年传媒产业总产值为1.6万亿元，在国内生产总值中仅占2.16%，而根据工信部公布的《中国电子信息产业综合发展指数研究报告》显示，2016年中国电子信息产业仅主营业务收入就达到17万亿元，传媒产业与其他产业的资本实力悬殊可见一斑。

技术是产业融合发展的根本动力，是推动产业结构变化的关键因素。技术的发展，特别是信息技术的发展促进了传媒产业走向融合发展之路。技术的创新和研发能力、技术的应用能力对产业的发展至关重要。当前，中国传媒产业总体上对技术研发和创新的投入不高，缺乏技术创新和应用人才。传媒产业生产所需的设备、生产线比较依赖技术引进，传媒产业生产运作所需要的硬件、软件的技术更新也都十分依赖相关产业的技术研发和创新。传媒产业不具备自行研发新技术的能力，这就意味着传媒产业的产业技术标准、产品开发、经营管理等各方面都受制于相关产业。在新一轮技术革命中，中国各产业间的力量对比会发生改变，进而中国产业结构会进一步优化调整。传媒产业能否在这种变革中取得竞争优势，增强在国民经济中的影响力，需要解决技术和资本这两大短板。

（2）传媒产业各子产业间的协调性欠缺

产业结构合理化是要促进产业结构的动态均衡和产业素质的提高，是要加强产业之间的协调能力和提高产业间的关联水平。协调的产业之间的相互联系方式有两个基本特征：一是互相服务；二是互相促进，即一个产业的发展不能以另一个产业的发展为代价。① 传媒产业各子产业间的协调性欠缺，这些子产业间不能很好地互相服务和促进。以报业和新媒体为例，报业近些年发展呈下降趋势，报纸广告持续下跌，裁员、缩版、减发行量已成为常态，与此同时，新媒体发展迅猛，市场扩大，广告收入增加。报纸作为传统媒体的重要一员，受到载体的限制，需要印刷、发行等

---

① 苏东水主编：《产业经济学》，高等教育出版社2015年版，第221页。

环节，这在互联网时代势必在时效性和成本上逊于新媒体，报纸的这种先天性缺陷和新媒体的先天性优势使得报纸在竞争中处于劣势。越来越多的受众使用新媒体获取新闻信息和娱乐，报纸等纸媒的受众则不断减少，报业在与新媒体的竞争和博弈中不断丧失"地盘"。报业在危机中进行了艰难的探索和改革，实行多元化的经营模式，也获得了政府的财政补贴，加强了与新媒体的融合发展，但仍不能化解当前面临的种种危机和挑战。报业要扭转当前不利的局面，在竞争激烈的环境下生存和发展，需要找到新的途径和方向。以报业为代表的传统媒体与新媒体不能很好地协调发展，导致了传媒产业内部结构的不合理，使得资源不能在各子产业间合理配置和有效利用，这也影响了传媒产业的整体发展。

（3）传媒产业内部供需结构不协调

传统媒体的供给结构变化不能适应需求结构的变化。在新传媒技术广泛应用的背景下，受众对传媒的需求发生了显著的变化，新媒体技术打破了信息传递的时空限制，可以与受众进行互动。技术的革新改变了受众的需求结构，其需求呈现多样性，受众对新闻信息使用的便利性、获取难易度、容量大小、传播速度、感染力和互动性等有了更多的要求。但随着受众需求的改变，传统媒体没能做出及时的调整以适应这种新的需求结构变化。

受众需求结构的变化不能适应传媒供给结构的变化。由于中国幅员辽阔、人口众多、地区发展不平衡以及城乡收入水平存在差距，导致受众媒体产品消费能力的差异化明显。一些高档媒体产品的出现不能吸引低收入阶层的购买，如付费电视频道、网络付费电影点播，VR、AR产品等。

只有促进供给结构的变化和需求结构的变化相适应，才能改变以上的不良状况，传媒产业的内部结构才能得到协调发展。

三 传媒产业的发展缺乏稳定性

产业发展是一个从低级到高级不断发展和演进、具有内在逻辑、不以人们意志为转移的客观历史过程。传媒产业的发展也具有这一规律性，包括传媒产业的产生、成长和进化过程，既包括传媒产业子产业的进化过程，也包括传媒产业总体的进化过程。

生命周期理论用来描述产业的产生、成长和进化过程，一般划分为四个阶段，即形成阶段、成长阶段、成熟阶段和衰退阶段。传媒产业是由各子产业组成，可划分为传统媒体产业和新媒体产业两部分。

中国传统媒体产业与新媒体产业处于生命周期的不同阶段。经过长期的发展，中国传统媒体产业进入了成熟期，市场容量已接近饱和稳定，在媒介新技术的冲击下，传统媒体产业在整个传媒产业中的比重下降。与此同时，中国新媒体产业处于生命周期的成长期阶段，发展速度超过了传媒产业的平均速度，在整个传媒产业系统中的比重不断增加。中国传媒产业化发展起始于 1978 年以后，与一般发达国家相比，发展时间相对比较短。要同时发展传统媒体产业和新媒体产业，需要同时面临传统媒体产业调整改造和新媒体产业培育的双重任务。

传统媒体产业仍然是中国传媒产业中的支柱产业，对传媒产业整体的发展起着重要的作用。传统媒体产业在过去热衷于追求规模经济效应，对技术创新和应用重视不足，导致其产品和服务的竞争力不足。在新媒体产业迅速崛起以后，传统媒体产业发展受到了极大冲击，迫切需要进行产业结构优化升级，提升产业核心竞争力。

全球正进入一个科技创新密集的时代，科技改变人类生活和生产方式已经成为共识，新兴产业将成为世界经济发展的引擎。在新媒体技术基础上诞生的新媒体产业，为中国传媒产业赶超发达国家传媒产业提供了契机，中国应该抓住新媒体产业所提供的机遇，加快传媒产业结构调整，从而实现传媒产业的跨越式发展。目前，中国传媒产业正面临着新媒体产业培育发展的任务。

传统媒体产业的调整和改造以及新媒体产业的培育和发展，是中国传媒产业面临的双重任务，给中国传媒产业发展带来了双重压力。一方面，中国传统媒体产业与发达国家仍存在不小的差距，全球传播能力亟待加强，中国传媒产业的发展需要加速发展传统媒体产业。另一方面，新媒体产业正处于高速成长阶段，对中国传媒产业未来的发展以及产业整体竞争能力的提高有着显著的作用，需要加强新媒体产业的投入和培育发展。

这种双重任务给传媒产业带来的压力具体表现在如下几个方面。

技术革新和人才培养方面。中国传统媒体产业发展的一个瓶颈就是技术的相对落后和人才的匮乏。较之新媒体产业，中国传统媒体产业的技术基础薄弱，现有的技术条件和技术创新能力不能满足产业发展的需求，同时缺乏新技术应用人才和创新人才。传统媒体的升级改造离不开新技术和高素质人才，但目前，传统媒体产业仍未建立适应产业发展为导向的"定制式"人才机制和创新人才培养机制。受之前计划经济和事业单位体制的影响，传统媒体产业人才队伍的知识结构和专业结构不适应新的形势发展，缺乏竞争力，迫切需要建立起一支精通现代传媒产业运作、产品研发和管理，并具有创新意识和能力的复合型人才队伍。加快传统媒体产业人才结构的调整，满足产业发展对创新型人才的需要，已成为当前传统媒体产业发展的迫切要求。新媒体产业的市场培育和发展同样离不开技术和人才的支持，新媒体产业同发达国家竞争，必须依赖产业自身的自主创新能力和研发能力。在人才培养上，新媒体产业需要培养和引进大量的技术研发人才，建立完善的人才培育机制。

资本缺口巨大。传统产业迈向中高端，需要巨大的资本投入，用以引进国外先进的技术、设备和进行人才培养，同时产业结构优化和生产模式的精细化也需要巨额的资金投入。新媒体产业的培育与发展也会带来资本压力，新媒体产业需要大量的资本用于前期的研发，市场的扩张也依靠大量的资本注入，与发达国家进行竞争并取得优势同样离不开巨额资本的支撑。

管理的挑战。传统媒体的调整与改造以及新媒体产业的培育和发展给中国传媒产业整体的管理增加了难度。从微观层面上，管理的压力体现在企业管理能力；从宏观层面上，则体现为政府产业政策。要改变以往传统媒体在管理上只重视规模扩张和数量增长的方式，更要关注人才培养和技术创新。新媒体产业的培育和发展需要高水平和科学高效的管理方式，用以整合资金、资源和人才，进而开拓市场将新媒体产业做大做强。从宏观层面上，新媒体产业的培育和传统媒体产业的调整与改造给政府的媒体产业政策带来了新的考验，政府在产业政策制定上既要考虑传统媒体的转型与上升空间，也要体现国家对新媒体产业发展的长期规划与支持；同时，需要整合新媒体产业与传统媒体产业资源，促进二者的协调发展。国家对传媒产业政策的制定要体现公平和兼容性，使其更好地推动传媒产业整体的健康发展。

四 与西方传媒产业的差距明显

西方传媒业的发展时间较早，有比较健全的市场体系和经营运作模式，市场化发展完善，特别是20世纪80年代以来，各国政府放松了对传媒企业的管制，采用各种手段鼓励传媒业的发展，出现了一批大型全球性的巨无霸传媒集团，如时代华纳、迪士尼、新闻集团、贝塔斯曼集团等。这些传媒集团实行多元化经营，向全球扩张，规模经济效应显著，经营范围广泛，包括传统的图书、报刊、电视、电影、视听产业等，也涵盖网络通信业、新媒体产业、娱乐业等。它们在全球化的经济热潮中积极布局，凭借强大的资本和技术优势，迅速抢占国际市场。中国市场作为全球市场的重要组成部分，具有重要的经济和政治利益，成为外国传媒势力争夺的焦点。相比之下，中国传媒产业的产业化起步较晚，全球竞争经验不足，对外传播能力较弱。在全球经济一体化中，中国的传媒产业发展面临着巨大的挑战。

（1）缺乏参与国际竞争的大型传媒公司

实力（Zenith）集团发布的《2017年全球媒体公司30强》报告显示，在30家最大的传媒公司中，20家是美国公司，中国和德国各有3家公司上榜。实力集团隶属于法国广告巨头阳狮集团旗下，自2007年起发布《全球三十强媒体主》，依据各媒体主的广告收入进行排名。根据其最新发布的报告，谷歌和Facebook广告收入占到2016年全球媒体广告收入的20%，高于2012年的11%。中国的百度、腾讯和中央电视台上榜，其中百度的全球排名是第4名，腾讯和中央电视台分别排第14名和第20名。[①] 从市场规模来看，这30强媒体占有的广告市场份额超过2300亿美元，3家上榜的中国媒体公司占有的市场规模大约为180亿美元，只占到榜单30强总额的7.5%。另外，这3家中国媒体主要的市场集中在国内，能够快速进入前30强，更多的还基于中国的人口红利和网民数量的红利，而非在全球范围内的市场拓展。而在全球三十强传媒公司榜单中，大多数公司业务遍布世界各地，仅有7家公司主要集中在一个市场。这说明中国的大型传媒公司参与全球竞争的能力缺乏，市场局限在国内，不能有效地参与国际市场的争夺。

（2）盈利能力不足

一直以来，中国传媒产业的盈利模式较为单一，主要采用出售内容和

---

① Zenith, *Top 30 Global Media Owners 2017*, June 9, 2017.

二次销售获取利润,广告收入占全部收入的很大比重。但随着新媒体技术的应用和发展,新媒体产业的崛起打破了传统媒体产业的垄断地位,原有较为单一的盈利模式难以为继。新的盈利模式不断被引入传媒产业中来,增值服务、衍生品开发、数据服务、平台分成等已成为传媒产业新的盈利模式。传媒产业的盈利模式呈现多样化发展趋势,但与此同时,传媒产业的整体盈利能力并没有显著提高。近年来,中国传媒企业的经营范围不断向非传媒领域拓展,如游戏、动漫、印刷、房地产、金融、能源等领域。这些非传媒领域的业务为传媒企业带来了丰厚的利润回报,但也导致了传媒业主营业务的荒废,使得主营业务的盈利能力不但没有提高反而有下降的趋势。以浙报传媒为例,自2012年以来,其在线游戏业务、平台运营业务的盈利能力不断提高,已经超过广告、报刊发行业务。作为主营业务的报刊发行与广告对公司的盈利贡献度降低,说明这两项主营业务盈利能力的下降。而在同一时期,《纽约时报》不像国内报业那样拓展非传媒领域的业务,而是将注意力集中在数字化转型方面,广告与发行的收入占到总收入的90%以上。《纽约时报》的网络广告与新闻数字化产品订阅的收入逐年增加,到2016年,数字化收益已经超过总营收的25%。[①] 迪士尼公布的年度财报显示,其2017年营业总收入达551.37亿美元,其中媒体网络业务和影视娱乐部门的营收达318.89亿美元,超过了总营收的60%。[②] 其中媒体网络部门的营收来源主要包括广告销售、会员费,影视与娱乐部门的营收主要来自电影、电视、音乐发行以及知识产权许可等业务,由此可见,虽然迪士尼的经营范围广泛,盈利模式多元,但其主营业务的内容产品生产与发行、广告在营收中仍占据主导地位。中国传媒产业仍然没有很好地整合新媒体产业和传统媒体产业的资源,构建一个优势互补的盈利模式,将盈利的目标放在非传媒领域的拓展上,传统媒体产业的内容优势和新媒体产业的渠道优势没有充分发挥出来,在盈利能力上与西方传媒业存在着不小的差距。

---

① 禹建强、马思源:《从利润权重解析报业上市公司盈利模式的转变——以浙报传媒、博瑞传播、华闻传媒、纽约时报(2012—2016年)为例》,《国际新闻界》2018年第5期。

② The Walt Disney Company, "Fiscal Year 2017 Annual Financial Report", https://www.thewaltdisneycompany.com/wp-content/uploads/2017-Annual-Report.pdf, November 15, 2017.

第四节　本章小结

本章首先从中国传媒产业的发展总量与规模、新媒体产业与传统媒体产业的 SCP 比较分析勾画了中国传媒产业的发展现状，并梳理了传媒产业的发展历程。

研究发现，中国传媒产业经过四十多年的产业化发展，规模日益增大，影响力显著增强，庞大的传媒经济在国家政治经济文化发展中扮演着越来越重要的角色。在结构上，新媒体产业和传统媒体产业的市场集中程度不高，属于竞争型市场类型。二者的资本壁垒和技术壁垒提高，政策壁垒降低。中国传媒产业市场结构经过调整，已发生较大的改变。在行为上，传统媒体产业的自主创新能力较差，对外部的技术依赖较大，主要靠固定资产促进企业发展，技术创新和应用能力较弱。新媒体产业的无形资产投入量大，主要依靠媒介新技术和创新能力促进企业发展，技术扩散能力较强。现阶段，中国传媒产业并购重组呈现加速推进态势。上市传媒企业的并购重组正如火如荼地进行，国有传媒企业和民营传媒企业的重组调整都已取得积极成效，并购重组市场平台粗具规模。在绩效上，传媒产业的整体规模不断扩大，特别是新媒体产业，在规模上有超越传统媒体产业的趋势。随着传媒产业整体规模的不断扩大，中国传媒产业整体绩效在提升，新媒体产业的绩效高于传统媒体产业。新媒体产业通过创新获取了大量利润，而传统媒体产业主要通过规模经济获取利润。回顾过去四十多年的中国传媒产业发展历程，本章将传媒产业发展划分为三个阶段，第一阶段是中国传媒产业化的确立阶段（1978—2002 年），第二阶段是中国传媒产业的发展阶段（2003—2010 年），第三阶段是中国传媒产业的多元竞争格局阶段（2011 年至今）。当前，新的媒介形态和新的业务形态不断出现，传统媒体产业受到了极大的挑战，开始尝试各种转型。

中国传媒产业发展存在诸多问题，主要包括以下方面。第一，缺乏完善的产业制度。传媒制度环境是中国传媒产业发展的重要动因之一，传媒制度的完善和发展直接关系到中国传媒产业的发展。由于中国传媒产业的复杂性，传媒产业制度仍然跟不上中国传媒产业发展的需求，在有些方面甚至成为传媒产业发展的瓶颈。第二，传媒产业内部结构不合理。近年来，随着中国社会与经济的迅速发展，经济总量迅速增长，经济结构和产业结构发生了显著变化，导致传媒产品的需求量增大、层次升级以及多样化，这对中国传媒产业结构产生了较大影响。中国地区之间经济发展水平以及对传媒产品需求的差异也导致了中国区域传媒产业结构的显著差异。第三，传媒产业的发展缺乏稳定性。产业发展是一个从低级到高级不断发展和演进、具有内在逻辑、不以人的意志为转移的客观历史过程。传媒产业的发展也具有这一规律性，包括传媒产业的产生、成长和进化过程，既包括传媒产业子产业的进化过程，也包括传媒产业总体的进化过程。中国传统媒体产业与新媒体产业处于生命周期的不同阶段。第四，与西方传媒产业的差距明显。西方传媒业起步时间较早，有比较健全的市场体系和经营运作模式，在全球市场竞争中有着明显的资本和技术优势。相比之下，中国传媒业的产业化起步较晚，国际市场竞争能力不足，在全球经济一体化趋势中面临较大的风险与挑战。

第四章

传媒产业关联效应研究

上一章提到的传媒产业内部结构的合理化和发展稳定性问题从本质上看表现为产业间联系的集中矛盾,且中国传媒产业试图缩小与西方国家传媒产业的差距需在更多元的产业格局中实现弯道超车,研究产业的关联效应无疑成为首选目标。任何产业的发展都不是孤立的,都需要通过产业间的技术、产品、劳动、就业等关联获取发展。传媒产业作为国民经济的一个子系统,与其关联产业间存在复杂的经济技术联系。探究传媒产业与其他产业的经济联系以及联系方式,关系到传媒产业未来的发展。在新的技术和市场环境下,传媒产业的外部环境发生了变化,传媒产业与其他产业联系的广度与深度随之改变,传媒产业的产业波及效果也亟待考察。

产业结构主义强调,生产结构转变能够促进经济发展,资本和劳动从生产效率低的部门转向生产率较高的部门能够促进经济更快地发展。产业结构与经济增长存在紧密的联系,产业结构的演进会促进经济总量的增长,同样经济总量的增长也会促进产业结构的升级。相较于产业结构理论主要从"质"的角度揭示产业间的技术经济联系,产业关联理论侧重从"量"的角度考察产业部门间技术经济联系与联系方式。

第一节 投入产出分析法

一 投入产出分析法

投入产出分析法是产业关联分析的基本方法,通过编制棋盘式的投入产出表,并建立相应的数学方程体系,从而构建出一个模拟现实国民经济各产业部门产品的相互"流入"与"流出"的社会再生产过程,建立相关经济数学模型，用以研究各产业部门间的比例关系。运用投入产出分析法是通过投入产出表和投入产出模型考察产业间的"投入"和"产出"的比例关系，从中找出产业间的经济技术联系。

（1）传媒产业的部门分类

投入产出表一般采用产品部门分类，即以产品为对象，把具有某种相同属性的若干种产品归为一个产品部门，依据产品用途、消耗结构、生产工艺等标准进行划分，这种分类方法与现行的国民经济行业分类不一样。如表4-1所示，在国家统计局2015年编制的《2012年中国投入产出表》中，涉及传媒产业的部分是新闻和出版，广播、电视、电影和影视录音制作两个部门，对传媒产业的界定涵盖了报纸、杂志、图书、音像、广播、电视、电影等产业，并包含互联网电视、互联网广播等部分新媒体产业，但移动媒体、户外媒体并没有包括在内，另外广告业、互联网信息咨询业分别归属到商务服务业以及电信和其他信息传输服务业。本书通过定性研究与定量研究相结合的方法来反映其产业关联。

表4-1　2012年中国投入产出表传媒产业部门分类代码及解释

代码	部门名称	包括范围
85133	新闻和出版	（一）新闻：新闻采访/新闻编辑/新闻发布/其他 （二）出版：图书/报纸/期刊/音像制品/电子出版/其他
86134	广播、电视、电影和影视录音制作	（一）广播：节目现场制作/播放/互联网广播/其他 （二）电视：有线/无线节目现场制作与播放/互联网电视/其他 （三）电影和影视节目制作：节目制作/后期制作 （四）电影和影视节目发行：电影发行/非电视台制作节目发行与进出口/电影进出口交易 （五）电影放映：专业影院/独立放映 （六）音像制作：录音与音乐制作

资料来源：国家统计局2015年编制的《2012年中国投入产出表》。

（2）传媒产业投入产出表的数据来源与基本表式

投入产出表，也被称作产业关联表，是国民经济核算体系中的重要组成部分。它以矩阵形式描述国民经济各部门生产活动的投入来源以及产出使用去向，将国民经济各部门之间复杂的联系通过数量关系揭示出来。

中国投入产出表每5年编制一次，本章主要数据来自2007年、2012年投入产出表。中国对农业、机电、化工、能源、冶金等部门都编制了部门投入产出表，为其他产业部门投入产出表的编制提供了相关的经验。因投入产出表中没有传媒产业这个独立的产业部门，只有新闻和出版，广播、电视、电影和影视录音制作这两个传媒产业的细分产业部门，本章将这两个产业部门合并为传媒产业部门，在2012年投入产出表的基础上，编制成传媒产业投入产出表。中国传媒产业投入产出表由三个象限组成，基本表式如表4-2所示。

表4-2 传媒产业投入产出表的基本表式

（按当年生产者价格计算，单位：万元）

投入			中间使用			最终使用			进口	总产出
			传媒产业部门	非传媒产业部门	合计	最终消费	资本形成	出口	合计		
			传媒产业部门1，传媒产业部门2	部门1，部门2，……，部门n							
中间投入	传媒产业部门	部门1	第Ⅰ象限				第Ⅱ象限				
		部门2									
	非传媒产业部门	部门1									
		部门2									
		……									
		部门n									
	合计										

续表

投入		中间使用		合计	最终使用			进口	总产出
		传媒产业部门	非传媒产业部门		最终消费	资本形成	出口 合计		
		传媒产业部门1, 传媒产业部门2	部门1, 部门2, ……, 部门n						
增加值	生产税净额	第Ⅲ象限							
	劳动者报酬								
	固定资产折旧								
	营业盈余								
	合计								
总投入									

注：本表式在 2012 年中国投入产出表的基础上编制。

二 产业关联效应指标及计算方法

（1）直接消耗系数

直接消耗系数也称作投入系数，记为 a_{ij}，表示生产第 j 部门单位产品，对第 i 部门产品的直接消耗量，用公式表示为：

$$a_{ij} = \frac{x_{ij}}{X_j} \quad (i, j = 1, 2, \cdots, n)$$

（注：X_j 表示 j 产业部门的总投入；x_{ij} 表示 j 部门对 i 部门产品使用量）

（2）完全消耗系数

完全消耗系数记为 b_{ij}，表示生产第 j 部门单位产品，对第 i 部门产品的直接消耗和间接消耗之和。利用直接消耗系数矩阵 A 计算完全消耗系数矩阵 B，其公式为：

$$B = (I - A)^{-1} - I$$

其中，$(I - A)^{-1}$ 被称为列昂惕夫逆矩阵。

（3）直接分配系数

直接分配系数，用 h_{ij} 表示，是指第 i 部门产品分配给第 j 部门作为中间产品使用的数量，所占 i 部门总产品量的比值。用公式表示为：

$$h_{ij} = \frac{x_{ij}}{X_i} \quad (i, j = 1, 2, \cdots, n)$$

（注：X_i 表示 i 产业部门的总产出；x_{ij} 表示 i 部门分给 j 部门作为中间产品使用的数量）

（4）完全分配系数

完全分配系数记为 g_{ij}，是指第 i 产品部门每提供一个单位的产出，第 j 产品部门直接和间接分配到的份额之和。使用直接分配系数矩阵 H，计算完全消耗系数矩阵 G，公式为：

$$G = (I - H)^{-1} - I$$

第二节　传媒产业的关联产业部门

一　传媒产业的后向关联产业部门

本节通过计算产业部门间的消耗系数，来分析传媒产业与其他产业间的经济技术联系，确定传媒产业的后向关联产业。根据国家统计局有关传媒产业的分类，从新闻和出版，广播、电视、电影和影视录音制作两个部门进行传媒产业关联计算。同时，为了直观地考察传媒产业与其他产业的后向关联效应，将新闻和出版，广播、电视、电影和影视录音制作这两个产业部门合并为传媒产业，制作传媒产业投入产出表。在此基础上，分析传媒产业及细分产业与其他产业间的生产依赖度。

直接消耗系数的计算公式如下：

$$a_{ij} = \frac{x_{ij}}{X_j} \quad (i, j = 1, 2, \cdots, n)$$

a_{ij} 的取值范围为 $0 \leq a_{ij} < 1$，a_{ij} 越大，说明第 j 部门对第 i 部门的直接依赖性越强，反之则越弱，a_{ij} 为 0，则说明 j 部门与 i 部门无直接联系。

根据 2012 年中国投入产出表，运用直接消耗系数模型进行计算，生成投入产出直接消耗系数表。直接消耗系数可从两个角度进行考察，从 j 部门（纵列）的角度看，i 部门为其提供生产原料，i 部门的产品关系到 j 部门能否正常进行，a_{ij} 可以表示为 j 部门对 i 部门直接的生产依赖程度。也可以从 i 部门（横行）考察，i 部门的产品能否销售到 j 部门，关系着 i 部门的生存，a_{ij} 在这里表示直接的销售依赖程度。本书选取从纵列的角度考察传媒产业以及细分产业对其他产业部门的生产依赖程度。

传媒产业及细分产业对其他产业的直接消耗系数，考察的是传媒产业及细分产业对其他产业的生产依赖程度，即哪些产业为它们提供了原材料，a_{ij}表示传媒产业及细分产业对其他产业直接的生产依赖程度，具体如表4-3所示。

表4-3　传媒产业及细分产业对其他产业的直接消耗系数

产业部门	产业代码	新闻和出版	广播、电视、电影和影视录音制作	传媒产业
农产品	01001	0.000443	0.000054	0.000247
林产品	02002	0.000011	0.000017	0.000014
畜牧产品	03003	0.000000	0.000030	0.000015
渔产品	04004	0.000000	0.000000	0.000000
农、林、牧、渔服务	05005	0.000000	0.000000	0.000000
煤炭采选产品	06006	0.001888	0.000043	0.000959
石油和天然气开采产品	07007	0.000000	0.000000	0.000000
黑色金属矿采选产品	08008	0.000000	0.000000	0.000000
有色金属矿采选产品	09009	0.000000	0.000000	0.000000
非金属矿采选产品	10010	0.000000	0.000000	0.000000
开采辅助服务和其他采矿产品	11011	0.000000	0.000000	0.000000
谷物磨制品	13012	0.000000	0.000000	0.000000
饲料加工品	13013	0.000000	0.000000	0.000000
植物油加工品	13014	0.000000	0.000000	0.000000
糖及糖制品	13015	0.000000	0.000440	0.000221
屠宰及肉类加工品	13016	0.000000	0.000683	0.000344
水产加工品	13017	0.000000	0.001399	0.000704
蔬菜、水果、坚果和其他农副食品加工品	13018	0.000000	0.000801	0.000403
方便食品	14019	0.000000	0.000771	0.000388
乳制品	14020	0.000000	0.000000	0.000000
调味品、发酵制品	14021	0.000000	0.000078	0.000039
其他食品	14022	0.000000	0.000069	0.000035

续表

产业部门	产业代码	新闻和出版	广播、电视、电影和影视录音制作	传媒产业
酒精和酒	15023	0.001398	0.001986	0.001694
饮料和精制茶加工品	15024	0.004301	0.001519	0.002901
烟草制品	16025	0.002562	0.003441	0.003004
棉、化纤纺织及印染精加工品	17026	0.002602	0.002018	0.002308
毛纺织及染整精加工品	17027	0.000000	0.001767	0.000889
麻、丝绢纺织及加工品	17028	0.000000	0.000611	0.000307
针织或钩针编织及其制品	17029	0.000100	0.000003	0.000051
纺织制成品	17030	0.000048	0.000097	0.000073
纺织服装服饰	18031	0.001942	0.066866	0.034616
皮革、毛皮、羽毛及其制品	19032	0.000000	0.000041	0.000020
鞋	19033	0.000083	0.000531	0.000308
木材加工品和木、竹、藤、棕、草制品	20034	0.000008	0.000283	0.000147
家具	21035	0.000372	0.000535	0.000454
造纸和纸制品	22036	0.114285	0.000177	0.056859
印刷品和记录媒介复制品	23037	0.147227	0.027007	0.086725
文教、工美、体育和娱乐用品	24038	0.005512	0.001398	0.003441
精炼石油和核燃料加工品	25039	0.003989	0.003909	0.003948
炼焦产品	25040	0.000000	0.000000	0.000000
基础化学原料	26041	0.000000	0.000000	0.000000
肥料	26042	0.000000	0.000000	0.000000
农药	26043	0.000741	0.000000	0.000368
涂料、油墨、颜料及类似产品	26044	0.000658	0.000435	0.000546
合成材料	26045	0.000597	0.000495	0.000546
专用化学产品和炸药、火工、焰火产品	26046	0.039869	0.022542	0.031149
日用化学产品	26047	0.000717	0.000540	0.000628
医药制品	27048	0.000168	0.000093	0.000130
化学纤维制品	28049	0.000000	0.000000	0.000000

续表

产业部门	产业代码	新闻和出版	广播、电视、电影和影视录音制作	传媒产业
橡胶制品	29050	0.000100	0.000066	0.000083
塑料制品	29051	0.000045	0.000039	0.000042
水泥、石灰和石膏	30052	0.000002	0.001488	0.000750
石膏、水泥制品及类似制品	30053	0.000000	0.000000	0.000000
砖瓦、石材等建筑材料	30054	0.000000	0.000000	0.000000
玻璃和玻璃制品	30055	0.000000	0.000000	0.000000
陶瓷制品	30056	0.000000	0.000447	0.000225
耐火材料制品	30057	0.000011	0.000191	0.000102
石墨及其他非金属矿物制品	30058	0.000680	0.008845	0.004789
钢、铁及其铸件	31059	0.000000	0.000000	0.000000
钢压延产品	31060	0.000000	0.000423	0.000213
铁合金产品	31061	0.000000	0.000000	0.000000
有色金属及其合金和铸件	32062	0.000000	0.000000	0.000000
有色金属压延加工品	32063	0.000000	0.000079	0.000040
金属制品	33064	0.000631	0.000629	0.000630
锅炉及原动设备	34065	0.000000	0.000228	0.000115
金属加工机械	34066	0.000000	0.000193	0.000097
物料搬运设备	34067	0.000000	0.000000	0.000000
泵、阀门、压缩机及类似机械	34068	0.000016	0.000000	0.000008
文化、办公用机械	34069	0.000424	0.000018	0.000220
其他通用设备	34070	0.000062	0.000001	0.000031
采矿、冶金、建筑专用设备	35071	0.000000	0.000000	0.000000
化工、木材、非金属加工专用设备	35072	0.000000	0.000000	0.000000
农、林、牧、渔专用机械	35073	0.000000	0.000000	0.000000
其他专用设备	35074	0.000254	0.000017	0.000135
汽车整车	36075	0.000000	0.000000	0.000000
汽车零部件及配件	36076	0.000299	0.000490	0.000395
铁路运输和城市轨道交通设备	37077	0.000000	0.000000	0.000000

续表

产业部门	产业代码	新闻和出版	广播、电视、电影和影视录音制作	传媒产业
船舶及相关装置	37078	0.000000	0.000000	0.000000
其他交通运输设备	37079	0.000011	0.004254	0.002146
电机	38080	0.000004	0.000713	0.000361
输配电及控制设备	38081	0.000006	0.000000	0.000003
电线、电缆、光缆及电工器材	38082	0.000039	0.008370	0.004232
电池	38083	0.000018	0.000000	0.000009
家用器具	38084	0.000063	0.000002	0.000033
其他电气机械和器材	38085	0.000016	0.000003	0.000010
计算机	39086	0.000840	0.000161	0.000499
通信设备	39087	0.000195	0.000140	0.000168
广播电视设备和雷达及配套设备	39088	0.000000	0.000559	0.000281
视听设备	39089	0.000066	0.000242	0.000154
电子元器件	39090	0.000083	0.000006	0.000044
其他电子设备	39091	0.000070	0.000002	0.000036
仪器仪表	40092	0.000323	0.000212	0.000267
其他制造产品	41093	0.010156	0.000081	0.005085
废弃资源和废旧材料回收加工品	42094	0.000000	0.000000	0.000000
金属制品、机械和设备修理服务	43095	0.000064	0.000366	0.000216
电力、热力生产和供应	44096	0.010987	0.003537	0.007238
燃气生产和供应	45097	0.000654	0.000193	0.000422
水的生产和供应	46098	0.000341	0.000120	0.000230
房屋建筑	47099	0.000000	0.000000	0.000000
土木工程建筑	48100	0.000000	0.000000	0.000000
建筑安装	49101	0.000000	0.000000	0.000000
建筑装饰和其他建筑服务	50102	0.010149	0.010521	0.010337
批发和零售	51103	0.061598	0.038049	0.049746

续表

产业部门	产业代码	新闻和出版	广播、电视、电影和影视录音制作	传媒产业
铁路运输	53104	0.007803	0.006427	0.007111
道路运输	54105	0.031257	0.013294	0.022217
水上运输	55106	0.001434	0.001376	0.001405
航空运输	56107	0.008183	0.028099	0.018206
管道运输	57108	0.000106	0.000045	0.000075
装卸搬运和运输代理	58109	0.001094	0.000679	0.000885
仓储	59110	0.025140	0.000429	0.012704
邮政	60111	0.005927	0.000887	0.003390
住宿	61112	0.011794	0.020022	0.015935
餐饮	62113	0.016043	0.030852	0.023496
电信和其他信息传输服务	63114	0.004688	0.015725	0.010242
软件和信息技术服务	65115	0.012578	0.000028	0.006262
货币金融和其他金融服务	66116	0.014667	0.013555	0.014107
资本市场服务	67117	0.000370	0.000293	0.000331
保险	68118	0.000971	0.000770	0.000870
房地产	70119	0.007238	0.006055	0.006643
租赁	71120	0.002383	0.007079	0.004746
商务服务	72121	0.011630	0.027376	0.019555
研究和试验发展	73122	0.000032	0.000016	0.000024
专业技术服务	74123	0.000017	0.000003	0.000010
科技推广和应用服务	75124	0.000000	0.000000	0.000000
水利管理	76125	0.000000	0.000000	0.000000
生态保护和环境治理	77126	0.000255	0.000396	0.000326
公共设施管理	78127	0.000138	0.001781	0.000965
居民服务	79128	0.003265	0.008894	0.006098
其他服务	80129	0.008863	0.013296	0.011094
教育	82130	0.001655	0.001856	0.001756
卫生	83131	0.000092	0.000330	0.000212
社会工作	84132	0.000000	0.000000	0.000000

续表

产业部门	产业代码	新闻和出版	广播、电视、电影和影视录音制作	传媒产业
新闻和出版	85133	0.008091	0.000328	/
广播、电视、电影和影视录音制作	86134	0.000110	0.033836	/
文化艺术	87135	0.000046	0.000039	0.000043
体育	88136	0.000000	0.000000	0.000000
娱乐	89137	0.006167	0.001495	0.003816
公共管理和社会组织	90139	0.000143	0.000120	0.000875
社会保障	93138	0.000830	0.000920	0.000131
传媒产业	/	/	/	0.021267
平均值		0.004466	0.003293	0.003903

注：本表采用2012年中国投入产出表数据，运用直接消耗系数模型计算得出。

产业关联效应是指一个产业的生产、技术和产值等方面的变化通过它的前向关联和后向关联关系对其他产业部门产生直接或间接的影响。赫希曼认为后向关联效应是指每一种非初级经济活动将导致作为原材料工业的产生和发展，前向关联效应是指任何性质上并非最终需求的活动，将导致利用产品作为某种新生产活动的投入的意图。[①] 后向关联方式是产业部门通过需求关系与其他产业产生的联系，而前向关联方式则是产业通过供给关系与其他产业部门发生的关联，即通过对其产品的应用会导致产生一系列新生产部门和产业。传媒产业的后向关联产业部门是指为传媒产业提供生产原材料的产业部门，传媒产业的前向关联产业部门则是指应用传媒产品和服务的产业部门。本书将直接消耗系数高于平均系数的产业部门归为传媒产业及细分产业主要的直接后向关联产业，具体见表4-4。

---

① ［美］艾伯特·赫希曼：《经济发展战略》，潘照东、曹征海译，经济科学出版社1991年版，第88页。

表4-4　　传媒产业及细分产业主要的直接后向关联产业

产业部门	传媒产业及细分产业主要的直接后向关联产业
新闻和出版 ($a_{ij}>0.004466$)	1. 印刷品和记录媒介复制品（0.147227）2. 造纸和纸制品（0.114285）3. 批发和零售（0.061598）4. 专用化学产品和炸药、火工、焰火产品（0.039869）5. 道路运输（0.031257）6. 仓储（0.025140）7. 餐饮（0.016043）8. 货币金融和其他金融服务（0.014667）9. 软件和信息技术服务（0.012578）10. 住宿（0.011794）11. 商务服务（0.011630）12. 电力、热力生产和供应（0.010987）13. 其他制造产品（0.010156）14. 建筑装饰和其他建筑服务（0.010149）15. 其他服务（0.008863）16. 航空运输（0.008183）17. 新闻和出版（0.008091）18. 铁路运输（0.007803）19. 房地产（0.007238）20. 娱乐（0.006167）21. 邮政（0.005927）22. 文教、工美、体育和娱乐用品（0.005512）23. 电信和其他信息传输服务（0.004688）
广播、电视、电影和影视录音制作 ($a_{ij}>0.003293$)	1. 纺织服装服饰（0.066866）2. 批发和零售（0.038049）3. 广播、电视、电影和影视录音制作（0.033836）4. 餐饮（0.030852）5. 航空运输（0.028099）6. 商务服务（0.027376）7. 印刷品和记录媒介复制品（0.027007）8. 专用化学产品和炸药、火工、焰火产品（0.022542）9. 住宿（0.020022）10. 电信和其他信息传输服务（0.015725）11. 货币金融和其他金融服务（0.013555）12. 其他服务（0.013296）13. 道路运输（0.013294）14. 建筑装饰和其他建筑服务（0.010521）15. 居民服务（0.008894）16. 石墨及其他非金属矿物制品（0.008845）17. 电线、电缆、光缆及电工器材（0.008370）18. 租赁（0.007079）19. 铁路运输（0.006427）20. 房地产（0.006055）21. 其他交通运输设备（0.004254）22. 精炼石油和核燃料加工品（0.003909）23. 电力、热力生产和供应（0.003537）24. 烟草制品（0.003441）

续表

产业部门	传媒产业及细分产业主要的直接后向关联产业
传媒产业 （a_{ij} > 0.003903）	1. 印刷品和记录媒介复制品（0.086725） 2. 造纸和纸制品（0.056859） 3. 批发和零售（0.049746） 4. 纺织服装服饰（0.034616） 5. 专用化学产品和炸药、火工、焰火产品（0.031149） 6. 餐饮（0.023496） 7. 道路运输（0.022217） 8. 传媒产业（0.021267） 9. 商务服务（0.019555） 10. 航空运输（0.018206） 11. 住宿（0.015935） 12. 货币金融和其他金融服务（0.014107） 13. 仓储（0.012704） 14. 其他服务（0.011094） 15. 建筑装饰和其他建筑服务（0.010337） 16. 电信和其他信息传输服务（0.010242） 17. 电力、热力生产和供应（0.007238） 18. 铁路运输（0.007111） 19. 房地产（0.006643） 20. 软件和信息技术服务（0.006262） 21. 居民服务（0.006098） 22. 其他制造产品（0.005085） 23. 石墨及其他非金属矿物制品（0.004789） 24. 租赁（0.004746） 25. 电线、电缆、光缆及电工器材（0.004232） 26. 精炼石油和核燃料加工品（0.003948）

注：本表根据表4-3的直接消耗系数数据整理得出。

如表4-3所示，a_{ij} > 0 的有87个产业部门，a_{ij} = 0 的有52个产业部门，这说明新闻和出版与这52个产业无直接关联。与新闻和出版无直接关联的产业包括：畜牧产品，渔产品，农、林、牧、渔服务，开采辅助服务和其他采矿产品，糖及糖制品，调味品，发酵制品，毛纺织及染整精加工品，麻、丝绢纺织及加工品，炼焦产品，基础化学原料，肥料，化学纤维制品，陶瓷制品，化工、木材、非金属加工专用设备，广播电视设备和雷达及配套设备，废弃资源和废旧材料回收加工品，房屋建筑，土木工程建筑，建筑安装，科技推广和应用服务，水利管理，社会工作，体育等产业部门。

87个产业部门中，新闻和出版对其中23个产业部门的直接消耗系数高于139个产业部门的平均值（0.004466），这些产业部门分别是印刷品和记录媒介复制品，造纸和纸制品，批发和零售，专用化学产品和炸药、火工、焰火产品，道路运输，仓储，餐饮，货币金融和其他金融服务，软件和信息技术服务，住宿，商务服务，电力、热力生产和供应，铁路运输，房地产，娱乐，邮政，文教、工美、体育和娱乐用品，电信和其他信息服务等。这些产业部门是新闻和出版业重要的原材料来源部门，新闻和出版业对其生产依赖程较高。

在139个产业部门中，广播、电视、电影和影视录音制作与99个产业产生直接后向关联，与其他的40个产业无直接后向关联。这40个无直接关联的产业包括：农药，电池，泵、阀门、压缩机及类似机械，输配电及控制设备，渔产品，农、林、牧、渔服务，谷物磨制品，饲料加工品，植物油加工品，乳制品，炼焦产品，基础化学原料，肥料，化学纤维制品，铁合金产品，有色金属及其合金和铸件，废弃资源和废旧材料回收加工品，房屋建筑，土木工程建筑，建筑安装，科技推广和应用服务，水利管理，社会工作，体育等产业部门。

广播、电视、电影和影视录音制作对24个产业部门的直接消耗系数值高于139个产业部门的平均系数（0.003293），说明这24个产业部门与广播、电视、电影和影视录音制作后向直接关联效应比较明显，是其重要的生产原材料提供部门。能否得到这些产业部门足够的产品和服务，关系到广播、电视、电影和影视录音制作自身的生产能否正常进行。这24个产业部门除广播、电视、电影和影视录音制作自身外，还包括纺织服装服饰，批发和零售，商务服务，货币金融和其他金融服务，其他服务，道路运输，建筑装饰和其他建筑服务，居民服务，印刷品和记录媒介复制品，专用化学产品和炸药、火工、焰火产品，住宿，餐饮，航空运输，电信和其他信息传输服务，电线、电缆、光缆及电工器材，房地产，其他交通运输设备，精炼石油和核燃料加工品，电力、热力生产和供应，石墨及其他非金属矿物制品，租赁，铁路运输，烟草制品等产业部门。

将新闻和出版，与广播、电视、电影和影视录音制作合并，制成传媒产业投入产出表，在此基础上进行关联效应分析发现，传媒产业与所有产业部门中的102个产业部门有直接后向关联关系，与其他36个产业部门无直接后向关联关系。这36个产业部门包括渔产品，农、林、牧、渔服务，石油和天然气开采产品，汽车整车，化工、木材、非金属加工专用设备，黑色金属矿采选产品，开采辅助服务和其他采矿产品，谷物磨制品，饲料加工品，植物油加工品，乳制品，基础化学原料，肥料，化学纤维制品，石膏、水泥制品及类似制品，船舶及相关装置，玻璃和玻璃制品，钢、铁及其铸件，铁合金产品，有色金属及其合金和铸件，废弃资源和废旧材料回收加工品，房屋建筑，土木工程建筑，建筑安装，科技推广和应用服务，水利管理，社会工作，体育等产业部门。这些产业部门不直接给传媒产业提供生产原材料。

有 26 个产业部门的直接消耗系数高于所有产业部门的平均系数 (0.003903)，这 26 个产业部门分别是印刷品和记录媒介复制品，造纸和纸制品，批发和零售，纺织服装服饰，专用化学产品和炸药、火工、焰火产品，餐饮，道路运输，传媒，商务服务，航空运输，仓储，其他服务，建筑装饰和其他建筑服务，电信和其他信息传输服务，货币金融和其他金融服务，铁路运输，房地产，电线、电缆、光缆及电工器材，租赁，软件和信息技术服务，居民服务，其他制造产品，电力、热力生产和供应，住宿，石墨及其他非金属矿物制品，精炼石油和核燃料加工品。这些产业部门是传媒产业重要的直接后向关联产业，对传媒产业的稳定发展起着重要作用。

传媒产业及其细分产业对自身的直接消耗系数分别为 0.021267、0.008091、0.033836，均高于对其他产业部门的平均直接消耗系数 0.003903、0.004466、0.003293，这说明传媒产业对自身的生产依赖程度较高，特别是广播、电视、电影和影视录音制作，每万元产品生产需要消耗自身 338.36 元的产品和服务。

直接消耗系数能够考察产业部门间联系的广度，当 $a_{ij}>0$ 时，且涉及的 j 产业部门越多，说明第 i 产业关联的部门越广，反之亦然。从消耗系数的横行考察，有 139 个产业部门对新闻和出版的直接消耗系数大于 0，131 个产业部门对广播、电视、电影和影视录音制作的直接消耗系数大于 0，所有产业部门对传媒产业的直接消耗系数大于 0。传媒产业与所有产业部门存在着直接联系，是产业体系中重要的产业部门。

各产业在生产过程中与相关产业部门除了发生直接消耗关系外，还存在间接消耗。完全消耗系数将产业部门之间的间接联系反映出来，它比直接消耗系数更加深入地反映产业部门之间的经济数量关系。

对比表 4-3 与表 4-5 的数据，新闻和出版对其他产业的完全消耗系数与直接消耗系数大致呈现出一致的消耗规律。新闻和出版与 137 个产业相关，平均完全消耗系数为 0.013236，有 31 个产业部门的完全消耗系数高于平均值，这 31 个产业部门分别是造纸和纸制品，批发和零售，基础化学原料，专用化学产品和炸药、火工、焰火产品，仓储，塑料制品，印刷品和记录媒介复制品，电力、热力生产和供应，货币金融和其他金融服务，道路运输，精炼石油和核燃料加工品，商务服务，石油和天然气开采产品，合成材料，房地产，农产品，煤炭采选产品，餐饮，有色金属及其合金和铸件，废弃资源和废旧材料回收加工品，电子元器件，棉、化纤纺织及印染精加工品，金属制品，其他服务，建筑装饰和其他建筑服务，住宿，钢压延产品，软件和信息技术服务，航空运输，汽车零部件及配件，木材加工品和木、竹、藤、棕、草制品产业部门。这些产业是新闻和出版重要的原材料来源部门，新闻和出版对其生产依赖程度较高。新闻和出版对社会工作、体育这两个产业部门的完全消耗系数均为 0。本书将完全消耗系数高于平均完全消耗系数的产业部门归为传媒产业及细分产业主要的完全后向关联产业，具体见表 4-6。

表 4-5　　传媒产业及细分产业对其他产业的完全消耗系数

产业名称	产业代码	新闻和出版	广播、电视、电影和影视录音制作	传媒产业
农产品	01001	0.042205	0.032053	0.037162
林产品	02002	0.012766	0.003515	0.008170
畜牧产品	03003	0.006532	0.011424	0.008962
渔产品	04004	0.003320	0.005743	0.004524
农、林、牧、渔服务	05005	0.002441	0.004054	0.003242
煤炭采选产品	06006	0.037911	0.018754	0.028395
石油和天然气开采产品	07007	0.042631	0.032926	0.037810
黑色金属矿采选产品	08008	0.005624	0.004304	0.004968
有色金属矿采选产品	09009	0.006435	0.005099	0.005772
非金属矿采选产品	10010	0.003442	0.002997	0.003221
开采辅助服务和其他采矿产品	11011	0.004646	0.003556	0.004104
谷物磨制品	13012	0.002863	0.003934	0.003395

续表

产业名称	产业代码	新闻和出版	广播、电视、电影和影视录音制作	传媒产业
饲料加工品	13013	0.002404	0.004130	0.003262
植物油加工品	13014	0.007973	0.006029	0.007007
糖及糖制品	13015	0.001020	0.001380	0.001199
屠宰及肉类加工品	13016	0.003872	0.006062	0.004960
水产加工品	13017	0.002081	0.004751	0.003407
蔬菜、水果、坚果和其他农副食品加工品	13018	0.003167	0.004168	0.003664
方便食品	14019	0.000496	0.001513	0.001002
乳制品	14020	0.000770	0.000768	0.000769
调味品、发酵制品	14021	0.000684	0.001109	0.000895
其他食品	14022	0.001413	0.001676	0.001543
酒精和酒	15023	0.007824	0.007428	0.007627
饮料和精制茶加工品	15024	0.010246	0.007528	0.008896
烟草制品	16025	0.008499	0.007892	0.008197
棉、化纤纺织及印染精加工品	17026	0.017479	0.056979	0.037100
毛纺织及染整精加工品	17027	0.001291	0.008324	0.004785
麻、丝绢纺织及加工品	17028	0.000821	0.006188	0.003487
针织或钩针编织及其制品	17029	0.000966	0.005903	0.003418
纺织制成品	17030	0.002193	0.003308	0.002747
纺织服装服饰	18031	0.006141	0.074038	0.039868
皮革、毛皮、羽毛及其制品	19032	0.001198	0.004255	0.002716
鞋	19033	0.000315	0.000827	0.000570
木材加工品和木、竹、藤、棕、草制品	20034	0.014058	0.007370	0.010736
家具	21035	0.000989	0.001090	0.001039
造纸和纸制品	22036	0.254801	0.025507	0.140903
印刷品和记录媒介复制品	23037	0.159690	0.033925	0.097219
文教、工美、体育和娱乐用品	24038	0.010683	0.004532	0.007628
精炼石油和核燃料加工品	25039	0.056816	0.046248	0.051567

续表

产业名称	产业代码	新闻和出版	广播、电视、电影和影视录音制作	传媒产业
炼焦产品	25040	0.004179	0.002784	0.003486
基础化学原料	26041	0.061963	0.027940	0.045063
肥料	26042	0.006078	0.004354	0.005222
农药	26043	0.002700	0.001162	0.001936
涂料、油墨、颜料及类似产品	26044	0.012888	0.005155	0.009047
合成材料	26045	0.023193	0.013781	0.018518
专用化学产品和炸药、火工、焰火产品	26046	0.083765	0.041753	0.062896
日用化学产品	26047	0.002913	0.002525	0.002720
医药制品	27048	0.001570	0.001085	0.001329
化学纤维制品	28049	0.006234	0.012367	0.009280
橡胶制品	29050	0.006111	0.003930	0.005028
塑料制品	29051	0.029867	0.013999	0.021985
水泥、石灰和石膏	30052	0.001285	0.002599	0.001938
石膏、水泥制品及类似制品	30053	0.000639	0.000568	0.000603
砖瓦、石材等建筑材料	30054	0.001736	0.001467	0.001602
玻璃和玻璃制品	30055	0.002843	0.002683	0.002763
陶瓷制品	30056	0.000817	0.001152	0.000984
耐火材料制品	30057	0.001793	0.001524	0.001659
石墨及其他非金属矿物制品	30058	0.003015	0.012669	0.007810
钢、铁及其铸件	31059	0.006032	0.004562	0.005302
钢压延产品	31060	0.015502	0.011954	0.013740
铁合金产品	31061	0.001058	0.000892	0.000975
有色金属及其合金和铸件	32062	0.020515	0.018293	0.019411
有色金属压延加工品	32063	0.011923	0.011722	0.011823
金属制品	33064	0.016592	0.012417	0.014519
锅炉及原动设备	34065	0.000971	0.001081	0.001026
金属加工机械	34066	0.000847	0.000814	0.000831
物料搬运设备	34067	0.001325	0.000629	0.000979

续表

产业名称	产业代码	新闻和出版	广播、电视、电影和影视录音制作	传媒产业
泵、阀门、压缩机及类似机械	34068	0.002385	0.001573	0.001982
文化、办公用机械	34069	0.000614	0.000140	0.000379
其他通用设备	34070	0.009005	0.007847	0.008430
采矿、冶金、建筑专用设备	35071	0.003100	0.002207	0.002657
化工、木材、非金属加工专用设备	35072	0.001316	0.000663	0.000992
农、林、牧、渔专用机械	35073	0.000746	0.000487	0.000617
其他专用设备	35074	0.006753	0.004026	0.005398
汽车整车	36075	0.000993	0.000568	0.000782
汽车零部件及配件	36076	0.014573	0.011134	0.012865
铁路运输和城市轨道交通设备	37077	0.001110	0.000853	0.000982
船舶及相关装置	37078	0.000537	0.000433	0.000485
其他交通运输设备	37079	0.003568	0.011175	0.007347
电机	38080	0.001297	0.001754	0.001524
输配电及控制设备	38081	0.006116	0.004007	0.005068
电线、电缆、光缆及电工器材	38082	0.007231	0.016362	0.011767
电池	38083	0.002194	0.001959	0.002077
家用器具	38084	0.001721	0.001179	0.001452
其他电气机械和器材	38085	0.001135	0.001091	0.001113
计算机	39086	0.007508	0.004948	0.006237
通信设备	39087	0.001990	0.001875	0.001933
广播电视设备和雷达及配套设备	39088	0.000067	0.000650	0.000356
视听设备	39089	0.001025	0.001026	0.001025
电子元器件	39090	0.017590	0.013161	0.015390
其他电子设备	39091	0.001218	0.000845	0.001032
仪器仪表	40092	0.005007	0.003436	0.004227
其他制造产品	41093	0.012321	0.001976	0.007182
废弃资源和废旧材料回收加工品	42094	0.018384	0.004480	0.011477
金属制品、机械和设备修理服务	43095	0.001418	0.001211	0.001315
电力、热力生产和供应	44096	0.076722	0.042080	0.059514
燃气生产和供应	45097	0.003190	0.001757	0.002478

续表

产业名称	产业代码	新闻和出版	广播、电视、电影和影视录音制作	传媒产业
水的生产和供应	46098	0.001689	0.000973	0.001333
房屋建筑	47099	0.000087	0.000070	0.000079
土木工程建筑	48100	0.000003	0.000002	0.000002
建筑安装	49101	0.000118	0.000045	0.000082
建筑装饰和其他建筑服务	50102	0.016263	0.015075	0.015673
批发和零售	51103	0.108767	0.077238	0.093106
铁路运输	53104	0.013012	0.009911	0.011472
道路运输	54105	0.062659	0.031606	0.047234
水上运输	55106	0.005537	0.004019	0.004783
航空运输	56107	0.014608	0.037152	0.025807
管道运输	57108	0.001191	0.000833	0.001013
装卸搬运和运输代理	58109	0.009035	0.005736	0.007396
仓储	59110	0.032708	0.004511	0.018702
邮政	60111	0.008054	0.002266	0.005179
住宿	61112	0.015806	0.023758	0.019756
餐饮	62113	0.025397	0.038513	0.031912
电信和其他信息传输服务	63114	0.012763	0.022744	0.017721
软件和信息技术服务	65115	0.015080	0.001440	0.008305
货币金融和其他金融服务	66116	0.066705	0.048124	0.057475
资本市场服务	67117	0.003131	0.002364	0.002750
保险	68118	0.005068	0.004167	0.004620
房地产	70119	0.022222	0.018023	0.020136
租赁	71120	0.004628	0.009190	0.006894
商务服务	72121	0.047965	0.054075	0.051000
研究和试验发展	73122	0.003231	0.001945	0.002592
专业技术服务	74123	0.005249	0.002804	0.004034
科技推广和应用服务	75124	0.003623	0.002329	0.002980
水利管理	76125	0.002062	0.000767	0.001419
生态保护和环境治理	77126	0.000899	0.000956	0.000927
公共设施管理	78127	0.000480	0.002156	0.001312
居民服务	79128	0.004444	0.010223	0.007315
其他服务	80129	0.016479	0.018660	0.017563
教育	82130	0.002707	0.002669	0.002688

续表

产业名称	产业代码	新闻和出版	广播、电视、电影和影视录音制作	传媒产业
卫生	83131	0.000378	0.000520	0.000449
社会工作	84132	0.000000	0.000000	0.000000
新闻和出版	85133	0.008881	0.000838	/
广播、电视、电影和影视录音制作	86134	0.000840	0.035572	/
文化艺术	87135	0.000114	0.000087	0.000101
体育	88136	0.000000	0.000000	0.000000
娱乐	89137	0.007853	0.002660	0.005273
公共管理和社会组织	90139	0.001876	0.001819	0.001847
社会保障	93138	0.000320	0.000242	0.000281
传媒产业	00000	/	/	0.022978
平均值		0.013236	0.009483	0.011454

注：本表采用2012年中国投入产出表数据，运用完全消耗系数模型计算得出。

表4-6　传媒产业及细分产业主要的完全后向关联产业

产业部门	传媒产业及细分产业主要的完全后向关联产业
新闻和出版 ($b_{ij} > 0.013236$)	1. 造纸和纸制品（0.254801）2. 印刷品和记录媒介复制品（0.159690）3. 批发和零售（0.108767）4. 专用化学产品和炸药、火工、焰火产品（0.083765）5. 电力、热力生产和供应（0.076722）6. 货币金融和其他金融服务（0.066705）7. 道路运输（0.062659）8. 基础化学原料（0.061963）9. 精炼石油和核燃料加工品（0.056816）10. 商务服务（0.047965）11. 石油和天然气开采产品（0.042631）12. 农产品（0.042205）13. 煤炭采选产品（0.037911）14. 仓储（0.032708）15. 塑料制品（0.029867）16. 餐饮（0.025397）17. 合成材料（0.023193）18. 房地产（0.022222）19. 有色金属及其合金和铸件（0.020755）20. 废弃资源和废旧材料回收加工品（0.018384）21. 电子元器件（0.017590）22. 棉、化纤纺织及印染精加工品（0.017479）23. 金属制品（0.016592）24. 其他服务（0.016479）25. 建筑装饰和其他建筑服务（0.016263）26. 住宿（0.015806）27. 钢压延产品（0.015502）28. 软件和信息技术服务（0.015080）29. 航空运输（0.014608）30. 汽车零部件及配件（0.014573）31. 木材加工品和木、竹、藤、棕、草制品（0.014058）

续表

产业部门	传媒产业及细分产业主要的完全后向关联产业
广播、电视、电影和影视录音制作 （$b_{ij} > 0.009483$）	1. 批发和零售（0.077238）2. 纺织服装服饰（0.074038）3. 棉、化纤纺织及印染精加工品（0.056979）4. 商务服务（0.054075）5. 货币金融和其他金融服务（0.048124）6. 精炼石油和核燃料加工品（0.046248）7. 电力、热力生产和供应（0.042080）8. 专用化学产品和炸药、火工、焰火产品（0.041753）9. 餐饮（0.038513）10. 航空运输（0.037152）11. 广播、电视、电影和影视录音制作（0.035572）12. 印刷品和记录媒介复制品（0.033925）13. 石油和天然气开采产品（0.032926）14. 农产品（0.032053）15. 道路运输（0.031606）16. 基础化学原料（0.027940）17. 造纸和纸制品（0.025507）18. 住宿（0.023758）19. 电信和其他信息传输服务（0.022744）20. 煤炭采选产品（0.018754）21. 其他服务（0.018660）22. 有色金属及其合金和铸件（0.018293）23. 房地产（0.018023）24. 电线、电缆、光缆及电工器材（0.016362）25. 建筑装饰和其他建筑服务（0.015075）26. 塑料制品（0.013999）27. 合成材料（0.013781）28. 电子元器件（0.013161）29. 石墨及其他非金属矿物制品（0.012669）30. 金属制品（0.012417）31. 化学纤维制品（0.012367）32. 钢压延产品（0.011954）33. 有色金属压延加工品（0.011722）34. 畜牧产品（0.011424）35. 其他交通运输设备（0.011175）36. 汽车零部件及配件（0.011134）37. 居民服务（0.010223）38. 铁路运输（0.009911）
传媒产业 （$b_{ij} > 0.011454$）	1. 造纸和纸制品（0.140903）2. 印刷品和记录媒介复制品（0.097219）3. 批发和零售（0.093106）4. 专用化学产品和炸药、火工、焰火产品（0.062896）5. 电力、热力生产和供应（0.059514）6. 货币金融和其他金融服务（0.057475）7. 精炼石油和核燃料加工品（0.051567）8. 商务服务（0.051000）9. 道路运输（0.047234）10. 基础化学原料（0.045063）11. 纺织服装服饰（0.039868）12. 石油和天然气开采产品（0.037810）13. 农产品（0.037162）14. 棉、化纤纺织及印染精加工品（0.037100）15. 餐饮（0.031912）16. 煤炭采选产品（0.028395）17. 航空运输（0.025807）18. 传媒产业（0.022978）19. 塑料制品（0.021985）20. 房地产（0.020136）21. 住宿（0.019756）22. 有色金属及其合金和铸件（0.019411）23. 仓储（0.018702）24. 合成材料（0.018518）25. 电信和其他信息传输服务（0.017721）26. 其他服务（0.017563）27. 建筑装饰和其他建筑服务（0.015673）28. 电子元器件（0.015390）29. 金属制品（0.014519）30. 钢压延产品（0.013740）31. 汽车零部件及配件（0.012865）32. 有色金属压延加工品（0.011823）33. 电线、电缆、光缆及电工器材（0.011767）34. 废弃资源和废旧材料回收加工品（0.011477）35. 铁路运输（0.011472）

注：本表根据表4-5的完全消耗系数数据整理得出。

传媒产业包括新媒体产业和传统媒体产业，这使得传媒产业既具有传统产业的特性，也具有新技术产业拥有的高技术与高创新性的产业特性。如表4-5所示，新闻和出版对广播、电视、电影和影视录音制作的完全消耗系数为0.000840，远低于平均完全消耗系数0.013236。而广播、电视、电影和影视录音制作对新闻和出版的完全消耗系数为0.000838，也低于平均完全消耗系数0.009483，说明传媒产业的这两大类产业部门间的经济技术并不紧密，相互依赖与相互投入的程度不高。传媒产业间这种不密切的经济技术联系不利于传媒产业各子产业间的技术与创新在产业间的溢出与扩充，不利于形成产业集聚优势和高技术产业群，最终影响传媒产业的整体技术提升以及产业结构优化与升级。

广播、电视、电影和影视录音制作对其他产业完全消耗系数的计算结果与直接消耗系数大致呈现出一致的消耗规律。广播、电视、电影和影视录音制作与139个产业部门中的137个产业部门完全消耗系数大于0，其中有38个产业的完全消耗系数高于平均值0.009483，这38个产业部门是批发和零售，纺织服装服饰，棉、化纤纺织及印染精加工品，商务服务，货币金融和其他金融服务，精炼石油和核燃料加工品，电力、热力生产和供应，专用化学产品和炸药、火工、焰火产品，餐饮，航空运输，广播、电视、电影和影视录音制作，印刷品和记录媒介复制品，住宿，道路运输，基础化学原料，钢压延产品，电信和其他信息传输服务，煤炭采选产品，造纸和纸制品，其他服务，房地产，有色金属及其合金和铸件，农产品，电线、电缆、光缆及电工器材，石油和天然气开采产品，建筑装饰和其他建筑服务，塑料制品，合成材料，电子元器件，石墨及其他非金属矿物制品，畜牧产品，其他交通运输设备，汽车零部件及配件，居民服务，铁路运输，金属制品，化学纤维制品等产业部门。它们是广播、电视、电影和影视录音制作重要的原材料来源部门，广播、电视、电影和影视录音制作对其生产依赖程较高。广播、电视、电影和影视录音制作对社会工作、体育这两个产业的完全消耗系数均为0。

如表4-5所示，传媒产业对其他产业的完全消耗系数大于0的产业有137个，平均完全消耗系数为0.011454，有35个产业的完全消耗系数高于平均值，这35个产业分别是批发和零售，专用化学产品和炸药、火工、焰火产品，电力、热力生产和供应，货币金融和其他金融服务，精炼石油和核燃料加工品，商务服务，道路运输，基础化学原料，纺织服装服饰，石油和天然气开采产品，农产品，棉、化纤纺织及印染精加工品，餐饮，煤炭采选产品，造纸和纸制品，航空运输，传媒，有色金属及其合金和铸件，塑料制品，印刷品和记录媒介复制品，房地产，住宿，仓储，电信和其他信息传输服务，其他服务，合成材料，建筑装饰和其他建筑服务，电子元器件，金属制品，钢压延制品，汽车零部件及配件，有色金属压延制品，电线、电缆、光缆及电工器材，废弃资源和废旧材料回收加工品，铁路运输等产业部门。传媒产业只对两个产业部门的完全消耗系数为0，分别是社会工作和体育。

传媒产业及细分产业对其他产业的完全消耗系数与直接消耗系数呈现相似的消耗规律，但对少数产业的完全消耗系数和直接消耗系数差别较大。如传媒产业对基础化学原料、石油和天然气开采产品的直接消耗均为0，但完全消耗系数分别为0.045063和0.037810，均高于平均完全消耗系数0.011454。这说明基础化学原料、石油和天然气开采产品不直接提供生产原材料给传媒产业，但通过其他产业，间接对传媒产业产生重要影响。传媒产业每生产万元单位的产品需要分别消耗450.63元的基础化学原料产品和378.10元的石油和天然气产品。传媒产业对农产品的直接消耗系数低，但完全关联系数高，分别为0.000247和0.037162，农产品主要通过其他产业对传媒产业产生影响。新闻和出版对基础化学原料、石油和天然气开采产品、有色金属及其合金和铸件、废弃资源和废旧材料回收加工品、钢压延产品的直接消耗系数为0，但完全消耗系数较大，分别为0.061963、0.042631、0.020515、0.018384、0.015502，这些产业通过其他产业部门为新闻和出版提供生产原材料。新闻和出版每万元产品的生产需要分别消耗619.63元、426.31元、205.15元、183.84元和155.02元的这些产业部门的产品和服务。广播、电视、电影和影视录音制作对石油和天然气开采产品、有色金属及其合金和铸件、基础化学原料的直接消耗系数为0，但完全消耗系数分别为0.032926、0.018293和0.027940，广播、电视、电影和影视录音每生产万元单位产品对上述产业部门的最终消耗量分别是329.26元、182.93元和279.40元。

二 传媒产业的前向关联产业部门

本书运用2012年中国投入产出表以及编制的传媒产业投入产出表,根据直接分配系数公式,计算出2012年中国139个产业部门直接分配系数矩阵和传媒产业直接分配系数矩阵,然后对直接分配系数矩阵进行处理,整理出传媒产业以及传媒产业细分产业对其他产业的直接分配系数表,即表4-7。根据分配系数大小进行排序,将高于平均分配系数的产业部门选取出来,制作出传媒产业及细分产业主要的直接前向关联产业表,即表4-8。

表4-7数据表明,新闻和出版业的产品销往139个产业中的所有的产业部门,其中,高于平均直接分配系数(0.003589)的有26个产业部门,这些产业分别是公共管理和社会组织,教育,电信和其他信息传输服务,货币金融和其他金融服务,道路运输,卫生,房地产,土木工程建筑,电力、热力生产和供应,商务服务,居民服务,建筑安装,房屋建筑,新闻和出版,黑色金属矿采选产品,医药制品,研究和试验发展,其他通用设备,专业技术服务,金属制品,批发和零售,仓储,煤炭采选产品,蔬菜、水果、坚果和其他农副食品加工品,科技推广和应用服务,餐饮业等。这说明新闻和出版与这26个产业部门的关联度比较高,这些产业部门需要消耗大量新闻和出版的产品,是新闻出版产品的重要销售对象。新闻和出版每万元单位的产出,分配到这些产业部门的份额分别为:1184.40元、391.15元、280.47元、231.26元、208.30元、132.41元、130.02元、128.98元、128.19元、119.75元、114.09元、108.59元、105.13元、80.91元、69.29元、66.96元、66.60元、61.67元、60.36元、56.86元、55.98元、52.10元、50.21元、47.58元、44.46元、39.08元。这26个产业部门是新闻和出版重要的直接前向关联产业,对新闻和出版产品需求最多,带动作用最大。

广播、电视、电影和影视录音制作的产品销往139个产业中的131个产业部门,仅有8个产业与它不存在关联,即开采辅助服务和其他采矿产品,汽车零部件及配件,土木工程建筑,金属制品,建筑安装,电池,废弃资源和废旧材料回收加工品,建筑装饰和其他建筑服务,金属制品、机械和设备修理服务等产业部门。

其中，广播、电视、电影和影视录音制作与 139 个产业部门的平均直接分配系数为 0.002772，有 43 个产业关联系数达到均值以上，这些产业部门分别是：广播、电视、电影和影视录音制作，电力、热力生产和供应，公共管理和社会组织，钢压延产品，房屋建筑，电信和其他信息传输服务，房地产，塑料制品，汽车整车，保险，货币金融和其他金融服务，教育，通信设备，纺织服装服饰，其他通用设备，批发和零售，医药制品，住宿，金属制品，有色金属及其合金和铸件，娱乐，计算机，水泥、石灰和石膏，电子元器件，砖瓦、石材等建筑材料，其他专用设备，专用化学产品和炸药、火工、焰火产品，电线、电缆、光缆及电工器材，商务服务，航空运输，有色金属压延加工品，家用器具，物料搬运设备，棉、化纤纺织及印染精加工品，输配电及控制设备，金属加工机械，锅炉及原动设备，其他电气机械和器材，煤炭采选产品，印刷品和记录媒介复制品，木材加工品和木、竹、藤、棕、草制品，玻璃和玻璃制品，铁路运输等产业部门。广播、电视、电影和影视录音制作每万元单位的产出，分配到这些产业部门的份额分别为：338.36 元、301.99 元、205.07 元、102.48 元、98.26 元、94.57 元、94.48 元、90.20 元、82.39 元、82.16 元、76.57 元、74.84 元、73.46 元、72.38 元、71.70 元、69.96 元、69.92 元、64.98 元、63.59 元、51.68 元、51.04 元、50.61 元、49.93 元、46.30 元、42.44 元、39.86 元、39.28 元、38.44 元、37.11 元、36.24 元、35.92 元、33.69 元、33.40 元、32.87 元、31.28 元、30.95 元、30.90 元、30.21 元、28.73 元、28.72 元、28.53 元、28.08 元、27.92 元。

这说明广播、电视、电影和影视录音制作与这 43 个产业部门的关联度较高，这些产业部门的产品生产需要使用大量的广播、电视、电影和影视录音制作的产品和服务，是广播、电视、电影和影视录音制作产品的重要销售对象和主要直接前向关联产业。其中广播、电视、电影和影视录音制作对自身的产品和服务的依赖较大，直接分配系数为 0.033836，排序为 139 个产业部门的第一位。这反映了广播、电视、电影和影视录音制作内部部门之间的相互依赖与协作关系。

传媒产业的产品分配到所有产业部门，传媒产业与其他产业部门的平均分配系数为 0.003201，有 31 个产业位于均值以上，具体如下：公共管理和社会组织，教育，电力、热力生产和供应，传媒产业，电信和其他信息传输服务，货币金融和其他金融服务，道路运输，房地产，房屋建筑，商务服务，卫生，医药制品，其他通用设备，土木工程建筑，批发和零售，塑料制品，钢压延产品，金属制品，居民服务，建筑安装，保险，汽车整车，通信设备，纺织服装服饰，煤炭采选产品，黑色金属矿采选产品，住宿，蔬菜、水果、坚果和其他农副食品加工品，娱乐，研究和试验发展，砖瓦、石材等建筑材料等产业部门。传媒产业每万元单位的产出，分配到这些产业部门的份额分别是：691.54元、231.96元、215.66元、212.67元、186.91元、153.41元、112.79元、112.14元、101.67元、78.16元、77.22元、68.45元、66.72元、64.07元、63.02元、61.83元、60.99元、60.25元、57.53元、53.94元、52.79元、46.07元、44.48元、41.32元、39.40元、38.56元、37.88元、34.46元、34.41元、34.32元、32.74元。

这些产业部门对传媒产业的拉动作用明显，能够有效带动传媒产业的发展壮大。其中公共管理和社会组织对传媒产业的关联度最高，分配系数为0.069154，远高于其他产业部门。教育与传媒产业的关联度排在了第二位，分配系数为0.023196。公共管理和社会组织、教育都主要依靠政府财政拨款购买产品，这说明传媒产业发展对政府财政支出依赖程度较大。

表4-7　　传媒产业及细分产业对其他产业的直接分配系数

产业部门	产业代码	新闻和出版	广播、电视、电影和影视录音制作	传媒产业
农产品	01001	0.000060	0.000034	0.000047
林产品	02002	0.000070	0.000043	0.000056
畜牧产品	03003	0.000006	0.000016	0.000011
渔产品	04004	0.000040	0.000005	0.000023
农、林、牧、渔服务	05005	0.000095	0.000352	0.000224
煤炭采选产品	06006	0.005021	0.002873	0.003940
石油和天然气开采产品	07007	0.000927	0.001740	0.001336
黑色金属矿采选产品	08008	0.006929	0.000823	0.003856
有色金属矿采选产品	09009	0.001093	0.000545	0.000818

续表

产业部门	产业代码	新闻和出版	广播、电视、电影和影视录音制作	传媒产业
非金属矿采选产品	10010	0.000807	0.000765	0.000786
开采辅助服务和其他采矿产品	11011	0.000333	0.000000	0.000165
谷物磨制品	13012	0.000526	0.000702	0.000614
饲料加工品	13013	0.000307	0.000356	0.000331
植物油加工品	13014	0.000088	0.000276	0.000183
糖及糖制品	13015	0.000042	0.000201	0.000122
屠宰及肉类加工品	13016	0.000603	0.000440	0.000521
水产加工品	13017	0.000548	0.000507	0.000527
蔬菜、水果、坚果和其他农副食品加工品	13018	0.004758	0.002152	0.003446
方便食品	14019	0.000036	0.000591	0.000315
乳制品	14020	0.000438	0.001161	0.000802
调味品、发酵制品	14021	0.000377	0.000837	0.000609
其他食品	14022	0.000959	0.002721	0.001846
酒精和酒	15023	0.000606	0.000378	0.000491
饮料和精制茶加工品	15024	0.000378	0.001557	0.000971
烟草制品	16025	0.000616	0.000155	0.000384
棉、化纤纺织及印染精加工品	17026	0.001906	0.003287	0.002601
毛纺织及染整精加工品	17027	0.000082	0.000819	0.000453
麻、丝绢纺织及加工品	17028	0.000233	0.000506	0.000370
针织或钩针编织及其制品	17029	0.000385	0.000963	0.000676
纺织制成品	17030	0.000203	0.002274	0.001245
纺织服装服饰	18031	0.000986	0.007238	0.004132
皮革、毛皮、羽毛及其制品	19032	0.000410	0.001255	0.000836
鞋	19033	0.001260	0.001107	0.001183
木材加工品和木、竹、藤、棕、草制品	20034	0.001734	0.002853	0.002297
家具	21035	0.000800	0.001889	0.001348
造纸和纸制品	22036	0.000980	0.000988	0.000984
印刷品和记录媒介复制品	23037	0.001962	0.002872	0.002420

续表

产业部门	产业代码	新闻和出版	广播、电视、电影和影视录音制作	传媒产业
文教、工美、体育和娱乐用品	24038	0.001033	0.001967	0.001503
精炼石油和核燃料加工品	25039	0.000498	0.002624	0.001568
炼焦产品	25040	0.000090	0.000684	0.000389
基础化学原料	26041	0.002065	0.002066	0.002066
肥料	26042	0.000453	0.001951	0.001207
农药	26043	0.000352	0.000695	0.000525
涂料、油墨、颜料及类似产品	26044	0.000454	0.001535	0.000998
合成材料	26045	0.000208	0.001755	0.000986
专用化学产品和炸药、火工、焰火产品	26046	0.001720	0.003928	0.002831
日用化学产品	26047	0.000423	0.000143	0.000282
医药制品	27048	0.006696	0.006992	0.006845
化学纤维制品	28049	0.000176	0.000330	0.000254
橡胶制品	29050	0.000414	0.000339	0.000376
塑料制品	29051	0.003308	0.009020	0.006183
水泥、石灰和石膏	30052	0.000984	0.004993	0.003001
石膏、水泥制品及类似制品	30053	0.000803	0.002750	0.001783
砖瓦、石材等建筑材料	30054	0.002292	0.004244	0.003274
玻璃和玻璃制品	30055	0.000643	0.002808	0.001732
陶瓷制品	30056	0.000527	0.001809	0.001172
耐火材料制品	30057	0.001477	0.000446	0.000958
石墨及其他非金属矿物制品	30058	0.000510	0.000388	0.000448
钢、铁及其铸件	31059	0.000974	0.002111	0.001546
钢压延产品	31060	0.001894	0.010248	0.006099
铁合金产品	31061	0.000720	0.000442	0.000580
有色金属及其合金和铸件	32062	0.000991	0.005168	0.003093
有色金属压延加工品	32063	0.000641	0.003592	0.002126
金属制品	33064	0.005686	0.006359	0.006025
锅炉及原动设备	34065	0.001917	0.003090	0.002507
金属加工机械	34066	0.000397	0.003095	0.001755

续表

产业部门	产业代码	新闻和出版	广播、电视、电影和影视录音制作	传媒产业
物料搬运设备	34067	0.000516	0.003340	0.001937
泵、阀门、压缩机及类似机械	34068	0.000898	0.002128	0.001517
文化、办公用机械	34069	0.000088	0.000371	0.000230
其他通用设备	34070	0.006167	0.007170	0.006672
采矿、冶金、建筑专用设备	35071	0.001015	0.002596	0.001811
化工、木材、非金属加工专用设备	35072	0.000675	0.001204	0.000941
农、林、牧、渔专用机械	35073	0.000263	0.000723	0.000494
其他专用设备	35074	0.001440	0.003986	0.002721
汽车整车	36075	0.000927	0.008239	0.004607
汽车零部件及配件	36076	0.001090	0.000000	0.000541
铁路运输和城市轨道交通设备	37077	0.000431	0.001227	0.000832
船舶及相关装置	37078	0.000247	0.000322	0.000285
其他交通运输设备	37079	0.000325	0.000477	0.000402
电机	38080	0.000547	0.001374	0.000963
输配电及控制设备	38081	0.001251	0.003128	0.002195
电线、电缆、光缆及电工器材	38082	0.001959	0.003844	0.002908
电池	38083	0.000215	0.000000	0.000107
家用器具	38084	0.002979	0.003369	0.003175
其他电气机械和器材	38085	0.000350	0.003021	0.001694
计算机	39086	0.000315	0.005061	0.002704
通信设备	39087	0.001512	0.007346	0.004448
广播电视设备和雷达及配套设备	39088	0.000315	0.002546	0.001438
视听设备	39089	0.000072	0.000724	0.000400
电子元器件	39090	0.000775	0.004630	0.002715
其他电子设备	39091	0.000287	0.000140	0.000213
仪器仪表	40092	0.000979	0.000530	0.000753
其他制造产品	41093	0.000282	0.001012	0.000649
废弃资源和废旧材料回收加工品	42094	0.000967	0.000000	0.000480
金属制品、机械和设备修理服务	43095	0.000192	0.000000	0.000095

续表

产业部门	产业代码	新闻和出版	广播、电视、电影和影视录音制作	传媒产业
电力、热力生产和供应	44096	0.012819	0.030199	0.021566
燃气生产和供应	45097	0.000268	0.001533	0.000905
水的生产和供应	46098	0.000865	0.002053	0.001463
房屋建筑	47099	0.010513	0.009826	0.010167
土木工程建筑	48100	0.012898	0.000000	0.006407
建筑安装	49101	0.010859	0.000000	0.005394
建筑装饰和其他建筑服务	50102	0.002354	0.000000	0.001169
批发和零售	51103	0.005598	0.006996	0.006302
铁路运输	53104	0.003033	0.002792	0.002912
道路运输	54105	0.020830	0.001852	0.011279
水上运输	55106	0.000392	0.000811	0.000603
航空运输	56107	0.000763	0.003624	0.002202
管道运输	57108	0.000124	0.000076	0.000100
装卸搬运和运输代理	58109	0.000182	0.000609	0.000397
仓储	59110	0.005210	0.000064	0.002620
邮政	60111	0.003033	0.001964	0.002495
住宿	61112	0.001042	0.006498	0.003788
餐饮	62113	0.003908	0.000682	0.002285
电信和其他信息传输服务	63114	0.028047	0.009457	0.018691
软件和信息技术服务	65115	0.000371	0.000801	0.000588
货币金融和其他金融服务	66116	0.023126	0.007657	0.015341
资本市场服务	67117	0.002170	0.000713	0.001436
保险	68118	0.002304	0.008216	0.005279
房地产	70119	0.013002	0.009448	0.011214
租赁	71120	0.000021	0.000131	0.000076
商务服务	72121	0.011975	0.003711	0.007816
研究和试验发展	73122	0.006660	0.000245	0.003432
专业技术服务	74123	0.006036	0.000108	0.003053
科技推广和应用服务	75124	0.004446	0.000847	0.002635
水利管理	76125	0.000920	0.000140	0.000528
生态保护和环境治理	77126	0.000530	0.000032	0.000279
公共设施管理	78127	0.003328	0.001826	0.002572
居民服务	79128	0.011409	0.000170	0.005753

续表

产业部门	产业代码	新闻和出版	广播、电视、电影和影视录音制作	传媒产业
其他服务	80129	0.002619	0.000267	0.001436
教育	82130	0.039115	0.007484	0.023196
卫生	83131	0.013241	0.002274	0.007722
社会工作	84132	0.000247	0.000591	0.000420
新闻和出版	85133	0.008091	0.000108	/
广播、电视、电影和影视录音制作	86134	0.000333	0.033836	/
文化艺术	87135	0.003070	0.000698	0.001876
体育	88136	0.000087	0.001638	0.000868
娱乐	89137	0.001756	0.005104	0.003441
公共管理和社会组织	90139	0.118440	0.020507	0.069154
社会保障	93138	0.000809	0.000352	0.000579
传媒产业	/	/	/	0.021267
平均值		0.003589	0.002772	0.003201

注：本表采用 2012 年中国投入产出表数据，运用直接分配系数模型计算得出。

表 4-8　传媒产业及细分产业主要的直接前向关联产业

产业部门	传媒产业及细分产业主要的直接前向关联产业
新闻和出版 ($k_{ij}>0.003589$)	1. 公共管理和社会组织（0.118440）2. 教育（0.039115）3. 电信和其他信息传输服务（0.028047）4. 货币金融和其他金融服务（0.023126）5. 道路运输（0.020830）6. 卫生（0.013241）7. 房地产（0.013002）8. 土木工程建筑（0.012898）9. 电力、热力生产和供应（0.012819）10. 商务服务（0.011975）11. 居民服务（0.011409）12. 建筑安装（0.010859）13. 房屋建筑（0.010513）14. 新闻和出版（0.008091）15. 黑色金属矿采选产品（0.006929）16. 医药制品（0.006696）17. 研究和试验发展（0.006660）18. 其他通用设备（0.006167）19. 专业技术服务（0.006036）20. 金属制品（0.005686）21. 批发和零售（0.005598）22. 仓储（0.005210）23. 煤炭采选产品（0.005021）24. 蔬菜、水果、坚果和其他农副食品加工品（0.004758）25. 科技推广和应用服务（0.004446）26. 餐饮（0.003908）

续表

产业部门	传媒产业及细分产业主要的直接前向关联产业
广播、电视、电影和影视录音制作 ($h_{ij} > 0.002772$)	1. 广播、电视、电影和影视录音制作（0.033836）2. 电力、热力生产和供应（0.030199）3. 公共管理和社会组织（0.020507）4. 钢压延产品（0.010248）5. 房屋建筑（0.009826）6. 电信和其他信息传输服务（0.009457）7. 房地产（0.009448）8. 塑料制品（0.009020）9. 汽车整车（0.008239）10. 保险（0.008216）11. 货币金融和其他金融服务（0.007657）12. 教育（0.007484）13. 通信设备（0.007346）14. 纺织服装服饰（0.007238）15. 其他通用设备（0.007170）16. 批发和零售（0.006996）17. 医药制品（0.006992）18. 住宿（0.006498）19. 金属制品（0.006359）20. 有色金属及其合金和铸件（0.005168）21. 娱乐（0.005104）22. 计算机（0.005061）23. 水泥、石灰和石膏（0.004993）24. 电子元器件（0.004630）25. 砖瓦、石材等建筑材料（0.004244）26. 其他专用设备（0.003986）27. 专用化学产品和炸药、火工、焰火产品（0.003928）28. 电线、电缆、光缆及电工器材（0.003844）29. 商务服务（0.003711）30. 航空运输（0.003624）31. 有色金属压延加工品（0.003592）32. 家用器具（0.003369）33. 物料搬运设备（0.003340）34. 棉、化纤纺织及印染精加工品（0.003287）35. 输配电及控制设备（0.003128）36. 金属加工机械（0.003095）37. 锅炉及原动设备（0.003090）38. 其他电气机械和器材（0.003021）39. 煤炭采选产品（0.002873）40. 印刷品和记录媒介复制品（0.002872）41. 木材加工品和木、竹、藤、棕、草制品（0.002853）42. 玻璃和玻璃制品（0.002808）43. 铁路运输（0.002792）
传媒产业 ($h_{ij} > 0.003201$)	1. 公共管理和社会组织（0.069154）2. 教育（0.023196）3. 电力、热力生产和供应（0.021566）4. 传媒产业（0.021267）5. 电信和其他信息传输服务（0.018691）6. 货币金融和其他金融服务（0.015341）7. 道路运输（0.011279）8. 房地产（0.011214）9. 房屋建筑（0.010167）10. 商务服务（0.007816）11. 卫生（0.007722）12. 医药制品（0.006845）13. 其他通用设备（0.006672）14. 土木工程建筑（0.006407）15. 批发和零售（0.006302）16. 塑料制品（0.006183）17. 钢压延产品（0.006099）18. 金属制品（0.006025）19. 居民服务（0.005753）20. 建筑安装（0.005394）21. 保险（0.005279）22. 汽车整车（0.004607）23. 通信设备（0.004448）24. 纺织服装服饰（0.004132）25. 煤炭采选产品（0.003940）26. 黑色金属矿采选产品（0.003856）27. 住宿（0.003788）28. 蔬菜、水果、坚果和其他农副食品加工品（0.003446）29. 娱乐（0.003441）30. 研究和试验发展（0.003432）31. 砖瓦、石材等建筑材料（0.003074）

注：本表根据表4-7的直接分配系数数据整理得出。

采用 2012 年中国投入产出表以及编制的传媒产业投入产出表，根据完全分配系数公式，计算出 2012 年中国 139 个产业部门完全分配系数矩阵和传媒产业与其他产业的完全分配系数矩阵，然后对完全分配系数矩阵进行处理，整理出传媒产业以及传媒产业细分产业对其他产业的完全分配系数表，即表 4-9。并根据完全分配系数大小进行排序，将高于平均完全分配系数的产业部门选取出来，制作出传媒产业及细分产业的主要完全前向关联产业表，即表 4-10。

表 4-9 数据表明，新闻和出版的产品销往 139 个产业中的所有产业部门，对比表 4-7，完全分配系数的计算结果与直接分配系数呈现大致的分配规律。其中，高于平均完全分配系数 0.008304 的产业部门有 36 个，这些产业分别是：公共管理和社会组织，房屋建筑，教育，货币金融和其他金融服务，钢压延产品，电力、热力生产和供应，电信和其他信息传输服务，道路运输，土木工程建筑，商务服务，金属制品，卫生，批发和零售，房地产，建筑安装，其他通用设备，汽车整车，医药制品，居民服务，煤炭采选产品，汽车零部件及配件，有色金属及其合金和铸件、基础化学原料，塑料制品，专业技术服务，电子元器件，钢、铁及其铸件，黑色金属矿采选产品，精炼石油和核燃料加工品，棉、化纤纺织及印染精加工品，专用化学产品和炸药、火工、焰火产品，家用器具，新闻和出版，研究和试验发展，计算机，电线、电缆、光缆及电工器材等。这说明新闻和出版与这 36 个产业部门的关联度比较高，这些产业部门需要消耗大量的新闻和出版产业的产品，是新闻和出版产品的重要销售对象。新闻和出版每万元单位的产出，对这些产业部门的完全分配额分别为：1306.65 元、539.37 元、443.34 元、387.55 元、379.32 元、373.28 元、354.26 元、337.42 元、293.78 元、263.81 元、234.94 元、228.61 元、223.48 元、210.18 元、162.64 元、155.39 元、142.18 元、138.85 元、137.79 元、126.89 元、126.63 元、126.40 元、125.29 元、122.69 元、122.69 元、119.76 元、119.36 元、115.80 元、115.20 元、100.13 元、94.13 元、88.94 元、88.81 元、88.20 元、86.37 元、83.09 元。

表 4-9 数据显示，广播、电视、电影和影视录音制作的产品分配到所有的产业部门。对比表 4-7，广播、电视、电影和影视录音制作对其他产业的完全分配系数的计算结果与直接分配系数呈现出一致。其中，广

播、电视、电影和影视录音制作与 139 个产业部门的平均完全分配系数为 0.007905，有 45 个产业完全分配系数达到均值以上，这些产业分别是电力、热力生产和供应，房屋建筑，钢压延产品，广播、电视、电影和影视录音制作，社会保障，金属制品，汽车整车，塑料制品，货币金融和其他金融服务，电子元器件，批发和零售，商务服务，其他通用设备，计算机，有色金属及其合金和铸件，土木工程建筑，通信设备，纺织服装服饰，精炼石油和核燃料加工品，房地产，电信和其他信息传输服务，基础化学原料，医药制品，有色金属压延加工品，棉、化纤纺织及印染精加工品，电线、电缆、光缆及电工器材，专用化学产品和炸药、火工、焰火产品，汽车零部件及配件，输配电及控制设备，道路运输，卫生，保险，教育，其他专用设备，水泥、石灰和石膏，砖瓦、石材等建筑材料，家用器具，农产品，煤炭采选产品，采矿、冶金、建筑专用设备，合成材料，钢、铁及其铸件，木材加工品和木、竹、藤、棕、草制品，石膏、水泥制品及类似制品，住宿。

这说明广播、电视、电影和影视录音制作与这 45 个产业部门的关联度较高，这些产业部门分配到较多的广播、电视、电影和影视录音制作的产品和服务，是广播、电视、电影和影视录音制作产品和服务的重要销售对象。广播、电视、电影和影视录音制作对这些产业每万元单位产出的完全分配额分别是：627.17 元、591.63 元、371.08 元、355.72 元、314.48 元、257.28 元、223.02 元、216.07 元、211.39 元、205.26 元、200.19 元、185.98 元、180.93 元、179.38 元、177.11 元、166.93 元、163.30 元、158.14 元、158.10 元、156.43 元、156.16 元、148.09 元、142.57 元、138.80 元、136.90 元、130.08 元、124.81 元、123.12 元、119.67 元、117.75 元、117.38 元、114.83 元、114.56 元、113.59 元、110.97 元、107.42 元、106.63 元、104.48 元、103.81 元、102.77 元、95.04 元、94.47 元、89.40 元、83.75 元、83.69 元。

表 4-9 数据表明，传媒产业的产品销往所有产业部门，对比表 4-7，完全分配系数的计算结果与直接分配系数呈现相似的分配规律。其中，高于平均完全分配系数 0.008165 的产业部门有 43 个，这些产业分别是：公共管理和社会组织，房屋建筑，电力、热力生产和供应，钢压延产品，货币金融和其他金融服务，教育，电信和其他信息传输服务，金属制品，

土木工程建筑，传媒，道路运输，商务服务，批发和零售，房地产，汽车整车，卫生，塑料制品，其他通用设备，电子元器件，有色金属及其合金和铸件，医药制品，基础化学原料，精炼石油和核燃料加工品，计算机，汽车零部件及配件，通信设备，棉、化纤纺织及印染精加工品，煤炭采选产品，纺织服装服饰，建筑安装，有色金属压延加工品，专用化学产品和炸药、火工、焰火产品，钢、铁及其铸件，电线、电缆、光缆及电工器材，输配电及控制设备，家用器具，其他专用设备，专业技术服务，砖瓦、石材等建筑材料，农产品，采矿、冶金、建筑专用设备，水泥、石灰和石膏，保险。

传媒产业每万元单位产出对这些产业的完全分配额分别是：813.81元、565.33元、499.39元、375.23元、300.04元、280.02元、255.85元、246.03元、230.77元、229.78元、228.30元、225.15元、211.91元、183.48元、182.34元、173.36元、169.07元、168.08元、162.23元、151.59元、140.70元、136.61元、136.51元、132.57元、124.89元、120.17元、118.40元、115.42元、114.05元、111.50元、110.10元、109.37元、107.00元、106.43元、101.16元、97.73元、94.02元、92.10元、92.07元、91.81元、89.77元、85.92元、83.80元。

表4-9　　传媒产业及细分产业与其他产业的完全分配系数

产业部门	产业代码	新闻和出版	广播、电视、电影和影视录音制作	传媒产业
农产品	01001	0.007931	0.010448	0.009181
林产品	02002	0.000651	0.000653	0.000652
畜牧产品	03003	0.003857	0.003999	0.003928
渔产品	04004	0.001358	0.001255	0.001307
农、林、牧、渔服务	05005	0.000981	0.001131	0.001055
煤炭采选产品	06006	0.012689	0.010381	0.011542
石油和天然气开采产品	07007	0.004107	0.005000	0.004550
黑色金属矿采选产品	08008	0.011580	0.004546	0.008086
有色金属矿采选产品	09009	0.002794	0.002432	0.002614

续表

产业部门	产业代码	新闻和出版	广播、电视、电影和影视录音制作	传媒产业
非金属矿采选产品	10010	0.002610	0.002784	0.002696
开采辅助服务和其他采矿产品	11011	0.000870	0.000635	0.000753
谷物磨制品	13012	0.002476	0.002914	0.002693
饲料加工品	13013	0.002423	0.002612	0.002517
植物油加工品	13014	0.001637	0.002044	0.001839
糖及糖制品	13015	0.000297	0.000501	0.000398
屠宰及肉类加工品	13016	0.003117	0.002875	0.002997
水产加工品	13017	0.001537	0.001406	0.001472
蔬菜、水果、坚果和其他农副食品加工品	13018	0.007017	0.004437	0.005735
方便食品	14019	0.000721	0.001334	0.001025
乳制品	14020	0.001405	0.002252	0.001826
调味品、发酵制品	14021	0.001172	0.001745	0.001456
其他食品	14022	0.004009	0.005852	0.004924
酒精和酒	15023	0.002222	0.002075	0.002149
饮料和精制茶加工品	15024	0.003001	0.004520	0.003755
烟草制品	16025	0.001563	0.001023	0.001295
棉、化纤纺织及印染精加工品	17026	0.010013	0.013690	0.011840
毛纺织及染整精加工品	17027	0.000747	0.001720	0.001230
麻、丝绢纺织及加工品	17028	0.000788	0.001225	0.001005
针织或钩针编织及其制品	17029	0.001495	0.002492	0.001990
纺织制成品	17030	0.001573	0.004188	0.002872
纺织服装服饰	18031	0.007054	0.015814	0.011405
皮革、毛皮、羽毛及其制品	19032	0.002335	0.003624	0.002975
鞋	19033	0.003377	0.003762	0.003568
木材加工品和木、竹、藤、棕、草制品	20034	0.006902	0.008940	0.007914
家具	21035	0.003401	0.005075	0.004233
造纸和纸制品	22036	0.006092	0.006146	0.006118
印刷品和记录媒介复制品	23037	0.004239	0.005450	0.004841

续表

产业部门	产业代码	新闻和出版	广播、电视、电影和影视录音制作	传媒产业
文教、工美、体育和娱乐用品	24038	0.005510	0.007792	0.006644
精炼石油和核燃料加工品	25039	0.011520	0.015810	0.013651
炼焦产品	25040	0.002195	0.002507	0.002350
基础化学原料	26041	0.012529	0.014809	0.013661
肥料	26042	0.003461	0.005785	0.004616
农药	26043	0.001376	0.001910	0.001641
涂料、油墨、颜料及类似产品	26044	0.003013	0.004566	0.003785
合成材料	26045	0.006535	0.009504	0.008010
专用化学产品和炸药、火工、焰火产品	26046	0.009413	0.012481	0.010937
日用化学产品	26047	0.001925	0.001623	0.001775
医药制品	27048	0.013885	0.014257	0.014070
化学纤维制品	28049	0.003049	0.003891	0.003468
橡胶制品	29050	0.003572	0.003922	0.003745
塑料制品	29051	0.012269	0.021607	0.016907
水泥、石灰和石膏	30052	0.006120	0.011097	0.008592
石膏、水泥制品及类似制品	30053	0.005066	0.008375	0.006709
砖瓦、石材等建筑材料	30054	0.007692	0.010742	0.009207
玻璃和玻璃制品	30055	0.003466	0.006303	0.004875
陶瓷制品	30056	0.001708	0.003055	0.002377
耐火材料制品	30057	0.002875	0.001792	0.002337
石墨及其他非金属矿物制品	30058	0.002165	0.002132	0.002148
钢、铁及其铸件	31059	0.011936	0.009447	0.010700
钢压延产品	31060	0.037932	0.037108	0.037523
铁合金产品	31061	0.002667	0.001890	0.002281
有色金属及其合金和铸件	32062	0.012640	0.017711	0.015159
有色金属压延加工品	32063	0.008178	0.013880	0.011010
金属制品	33064	0.023494	0.025728	0.024603
锅炉及原动设备	34065	0.004756	0.006443	0.005594
金属加工机械	34066	0.002983	0.006261	0.004611

续表

产业部门	产业代码	新闻和出版	广播、电视、电影和影视录音制作	传媒产业
物料搬运设备	34067	0.003924	0.007504	0.005702
泵、阀门、压缩机及类似机械	34068	0.004991	0.006994	0.005986
文化、办公用机械	34069	0.001121	0.001838	0.001477
其他通用设备	34070	0.015539	0.018093	0.016808
采矿、冶金、建筑专用设备	35071	0.007694	0.010277	0.008977
化工、木材、非金属加工专用设备	35072	0.003197	0.004057	0.003624
农、林、牧、渔专用机械	35073	0.001929	0.002657	0.002290
其他专用设备	35074	0.007470	0.011359	0.009402
汽车整车	36075	0.014218	0.022302	0.018234
汽车零部件及配件	36076	0.012663	0.012312	0.012489
铁路运输和城市轨道交通设备	37077	0.002200	0.003488	0.002840
船舶及相关装置	37078	0.003239	0.003912	0.003573
其他交通运输设备	37079	0.003269	0.003945	0.003604
电机	38080	0.003433	0.004961	0.004192
输配电及控制设备	38081	0.008290	0.011967	0.010116
电线、电缆、光缆及电工器材	38082	0.008309	0.013008	0.010643
电池	38083	0.001982	0.002118	0.002049
家用器具	38084	0.008894	0.010663	0.009773
其他电气机械和器材	38085	0.002212	0.005787	0.003988
计算机	39086	0.008637	0.017938	0.013257
通信设备	39087	0.007760	0.016330	0.012017
广播电视设备和雷达及配套设备	39088	0.001519	0.004144	0.002823
视听设备	39089	0.002309	0.003919	0.003109
电子元器件	39090	0.011976	0.020526	0.016223
其他电子设备	39091	0.001248	0.001361	0.001304
仪器仪表	40092	0.003682	0.003798	0.003740
其他制造产品	41093	0.001363	0.002371	0.001864
废弃资源和废旧材料回收加工品	42094	0.001532	0.000565	0.001052
金属制品、机械和设备修理服务	43095	0.000687	0.000598	0.000643
电力、热力生产和供应	44096	0.037328	0.062717	0.049939
燃气生产和供应	45097	0.001343	0.002866	0.002099
水的生产和供应	46098	0.001615	0.002953	0.002280
房屋建筑	47099	0.053937	0.059163	0.056533

续表

产业部门	产业代码	新闻和出版	广播、电视、电影和影视录音制作	传媒产业
土木工程建筑	48100	0.029378	0.016693	0.023077
建筑安装	49101	0.016264	0.005969	0.011150
建筑装饰和其他建筑服务	50102	0.007001	0.005875	0.006442
批发和零售	51103	0.022348	0.020019	0.021191
铁路运输	53104	0.005050	0.004776	0.004914
道路运输	54105	0.033742	0.011775	0.022830
水上运输	55106	0.003281	0.003084	0.003183
航空运输	56107	0.002821	0.006521	0.004659
管道运输	57108	0.000479	0.000412	0.000446
装卸搬运和运输代理	58109	0.002661	0.003417	0.003037
仓储	59110	0.007349	0.001875	0.004630
邮政	60111	0.004058	0.002939	0.003502
住宿	61112	0.002607	0.008369	0.005469
餐饮	62113	0.007873	0.004568	0.006231
电信和其他信息传输服务	63114	0.035426	0.015616	0.025585
软件和信息技术服务	65115	0.006355	0.005899	0.006128
货币金融和其他金融服务	66116	0.038755	0.021139	0.030004
资本市场服务	67117	0.002874	0.001335	0.002109
保险	68118	0.005317	0.011483	0.008380
房地产	70119	0.021018	0.015643	0.018348
租赁	71120	0.000654	0.000802	0.000728
商务服务	72121	0.026381	0.018598	0.022515
研究和试验发展	73122	0.008820	0.002309	0.005586
专业技术服务	74123	0.012269	0.006111	0.009210
科技推广和应用服务	75124	0.006950	0.002990	0.004983
水利管理	76125	0.001417	0.000569	0.000996
生态保护和环境治理	77126	0.000808	0.000311	0.000561
公共设施管理	78127	0.004924	0.003385	0.004159
居民服务	79128	0.013779	0.002327	0.008090
其他服务	80129	0.005140	0.003006	0.004080
教育	82130	0.044334	0.011456	0.028002
卫生	83131	0.022861	0.011738	0.017336
社会工作	84132	0.000354	0.000692	0.000522

续表

产业部门	产业代码	新闻和出版	广播、电视、电影和影视录音制作	传媒产业
新闻和出版	85133	0.008881	0.000829	/
广播、电视、电影和影视录音制作	86134	0.000849	0.035572	/
文化艺术	87135	0.003785	0.001180	0.002491
体育	88136	0.000208	0.001998	0.001097
娱乐	89137	0.002198	0.005706	0.003940
公共管理和社会组织	90139	0.130665	0.031448	0.081381
社会保障	93138	0.000902	0.000432	0.000669
传媒产业	/	/	/	0.022978
平均值		0.008304	0.007905	0.008165

注：本表采用 2012 年中国投入产出表数据，运用完全分配系数模型计算得出。

表 4 – 10　传媒产业及细分产业主要的完全前向关联产业

产业部门	传媒产业及细分产业主要的完全前向关联产业
新闻和出版 (g_{ij} > 0.008304)	1. 公共管理和社会组织（0.130665）2. 房屋建筑（0.053937）3. 教育（0.044334）4. 货币金融和其他金融服务（0.038755）5. 钢压延产品（0.037932）6. 电力、热力生产和供应（0.037328）7. 电信和其他信息传输服务（0.035426）8. 道路运输（0.033742）9. 土木工程建筑（0.029378）10. 商务服务（0.026381）11. 金属制品（0.023494）12. 卫生（0.022861）13. 批发和零售（0.022348）14. 房地产（0.021018）15. 建筑安装（0.016264）16. 其他通用设备（0.015539）17. 汽车整车（0.014218）18. 医药制品（0.013885）19. 居民服务（0.013779）20. 煤炭采选产品（0.012689）21. 汽车零部件及配件（0.012663）22. 有色金属及其合金和铸件（0.012640）23. 基础化学原料（0.012529）24. 塑料制品（0.012269）25. 专业技术服务（0.012269）26. 电子元器件（0.011976）27. 钢、铁及其铸件（0.011936）28. 黑色金属矿采选产品（0.011580）29. 精炼石油和核燃料加工品（0.011520）30. 棉、化纤纺织及印染精加工品（0.010013）31. 专用化学产品和炸药、火工、焰火产品（0.009413）32. 家用器具（0.008894）33. 新闻和出版（0.008881）34. 研究和试验发展（0.008820）35. 计算机（0.008637）36. 电线、电缆、光缆及电工器材（0.008309）

续表

产业部门	传媒产业及细分产业主要的完全前向关联产业
广播、电视、电影和影视录音制作 ($g_{ij}>0.007905$)	1. 电力、热力生产和供应（0.062717）2. 房屋建筑（0.059163）3. 钢压延产品（0.037108）4. 广播、电视、电影和影视录音制作（0.035572）5. 社会保障（0.000432）6. 金属制品（0.025728）7. 汽车整车（0.022302）8. 塑料制品（0.021607）9. 货币金融和其他金融服务（0.021139）10. 电子元器件（0.020526）11. 批发和零售（0.020019）12. 商务服务（0.018598）13. 其他通用设备（0.018093）14. 计算机（0.017938）15. 有色金属及其合金和铸件（0.017711）16. 土木工程建筑（0.016693）17. 通信设备（0.016330）18. 纺织服装服饰（0.015814）19. 精炼石油和核燃料加工品（0.015810）20. 房地产（0.015643）21. 电信和其他信息传输服务（0.015616）22. 基础化学原料（0.014809）23. 医药制品（0.014257）24. 有色金属压延加工品（0.013880）25. 棉、化纤纺织及印染精加工品（0.013690）26. 电线、电缆、光缆及电工器材（0.013008）27. 专用化学产品和炸药、火工、焰火产品（0.012481）28. 汽车零部件及配件（0.012312）29. 输配电及控制设备（0.011967）30. 道路运输（0.011775）31. 卫生（0.011738）32. 保险（0.011483）33. 教育（0.011456）34. 其他专用设备（0.011359）35. 水泥、石灰和石膏（0.011097）36. 砖瓦、石材等建筑材料（0.010742）37. 家用器具（0.010663）38. 农产品（0.010448）39. 煤炭采选产品（0.010381）40. 采矿、冶金、建筑专用设备（0.010277）41. 合成材料（0.009504）42. 钢、铁及其铸件（0.009447）43. 木材加工品和木、竹、藤、棕、草制品（0.008940）44. 石膏、水泥制品及类似制品（0.008375）45. 住宿（0.008369）
传媒产业 ($g_{ij}>0.008165$)	1. 公共管理和社会组织（0.081381）2. 房屋建筑（0.056533）3. 电力、热力生产和供应（0.049939）4. 钢压延产品（0.037523）5. 货币金融和其他金融服务（0.030004）6. 教育（0.028002）7. 电信和其他信息传输服务（0.025585）8. 金属制品（0.024603）9. 土木工程建筑（0.023077）10. 传媒产业（0.022978）11. 道路运输（0.022830）12. 商务服务（0.022515）13. 批发和零售（0.021191）14. 房地产（0.018348）15. 汽车整车（0.018234）16. 卫生（0.017336）17. 塑料制品（0.016907）18. 其他通用设备（0.016808）19. 电子元器件（0.016223）20. 有色金属及其合金和铸件（0.015159）21. 医药制品（0.014070）22. 基础化学原料（0.013661）23. 精炼石油和核燃料加

续表

产业部门	传媒产业及细分产业主要的完全前向关联产业
传媒产业 ($g_{ij} > 0.008165$)	工品（0.013651）24. 计算机（0.013257）25. 汽车零部件及配件（0.012489）26. 通信设备（0.012017）27. 棉、化纤纺织及印染精加工品（0.011840）28. 煤炭采选产品（0.011542）29. 纺织服装服饰（0.011405）30. 建筑安装（0.011150）31. 有色金属压延加工品（0.011010）32. 专用化学产品和炸药、火工、焰火产品（0.010937）33. 钢、铁及其铸件（0.010700）34. 电线、电缆、光缆及电工器材（0.010643）35. 输配电及控制设备（0.010116）36. 家用器具（0.009773）37. 其他专用设备（0.009402）38. 专业技术服务（0.009210）39. 砖瓦、石材等建筑材料（0.009207）40. 农产品（0.009181）41. 采矿、冶金、建筑专用设备（0.008977）42. 水泥、石灰和石膏（0.008592）43. 保险（0.008380）

注：本表根据表4-9的完全分配系数数据整理得出。

三 传媒产业的产业链分析

传媒产业受上游、下游产业共同影响，上游产业为传媒产业提供生产原料，是传媒产业发展的基础，下游产业则为传媒产业提供产品销售市场。本书所探讨的传媒产业链，是从产业间关联结构角度考量的，是指各产业部门与传媒产业的前向与后向产业联系。本书借助产业关联模型，从需求面和供给面两个方面来分析产业间的前向与后向联系，从而确定传媒产业的上游产业和下游产业，并在此基础上探析传媒产业链的特点。

Hill 和 Brennan 提出关联比例法来分析产业的上下游关系。关联比例法是对关联系数矩阵加以改进提出的，他们认为完整的上下游产业所产生的产业集聚一般有竞争优势，能够带动区域经济的发展，提升区域的竞争优势，通过促进区域内产业集聚的形成、发展和生产能够提升区域竞争力的关键环节。[①] 本书采用此关联比例法来分析传媒产业的上下游产业关系，相关系数在本书中称为 H 值。其计算模型如下：

---

① Hill E. W. and Brennan J. F., "A Methodology for Identifying the Drivers of Industrial Clusters: The Foundation of Regional Competitive Advantage", *Economic Development Quarterly*, Vol. 14, No. 1, February 2000, pp. 65-96.

$$H_D = \frac{b_{ij}}{\sum_{i=1}^{n} b_{ij}} \quad (i = 1, 2, \cdots, n),即为需求面 H 值。$$

$$H_S = \frac{g_{ij}}{\sum_{j=1}^{n} g_{ij}} \quad (j = 1, 2, \cdots, n),即为供给面 H 值。$$

其中,b_{ij} 为完全消耗系数,g_{ij} 为完全分配系数。H_D 值越高,产业间的完全后向关联强度越强,反之亦然。H_S 值越大,产业间的完全前向关联强度越强,反之亦然。

分析所涉及产业部门的数量,会影响产业关联程度研究的结果。Luukkainen 对上述模型进行了改进,在关联系数矩阵中,将产业对自身的关联系数设置为 0,[1] 相关系数记为 Y 值,其计算模型如下:

$$Y_D = \frac{b'_{ij}}{\sum_{i=1}^{n} b'_{ij}} \quad (i = 1, 2, \cdots, n)$$

Y_D 为需求面 Y 值;b'_{ij} 是完全消耗系数。

$$Y_S = \frac{g'_{ij}}{\sum_{j=1}^{n} g'_{ij}} \quad (j = 1, 2, \cdots, n)$$

Y_S 为供给面 Y 值;g'_{ij} 是完全分配系数。

参照以上计算模型,计算传媒产业需求面的 H 值和 Y 值,以及供给面的 H 值和 Y 值,并分别列出直接消耗系数 a_{ij} 和直接分配系数 h_{ij} 的值。依据关联比例法的筛选原则,首先将 Y 值大于或等于 3% 的产业部门纳入群聚,然后将 Y 值小于 3%,但 a_{ij} 或 h_{ij} 大于或等于 0.03 的产业部门也纳入群聚,最后根据 Y 值大小进行排序。本书首先计算新闻和出版,广播、电视、电影和影视录音制作的需求面和供给面,接下来将新闻和出版,广播、电视、电影和影视录音制作合并为传媒产业,在此基础上编制成 138 个产业部门[2]的投入产出表,计算传媒产业的需求面和供给面。筛选出的产业列入表 4-11 与表 4-12。本书也将与传媒产业未来发展密切联系的

---

[1] Luukkainen S., "Industrial Clusters in the Finish Economy", in Innovative Clusters: Drivers of National Innovation Systems, OECD, Paris, 2001.

[2] 将其中 2 个产业部门合成 1 个,因此由 139 个产业部门变成 138 个产业部门。

相关产业列入表 4-11 与表 4-12 中，并用星号标注。

表 4-11　　传媒产业及细分产业的需求面数据

产业名称		需求面 H 值 (%)	需求面 Y 值 (%)	a_{ij}
新闻和出版	造纸和纸制品	13.85	13.92	0.114285
	印刷品和记录媒介复制品	8.68	8.72	0.147227
	批发和零售	5.91	5.94	0.061598
	专用化学产品和炸药、火工、焰火产品	4.55	4.57	0.039869
	电力、热力生产和供应	4.17	4.19	0.010987
	货币金融和其他金融服务	3.63	3.64	0.014667
	道路运输	3.41	3.42	0.031257
	基础化学原料	3.37	3.38	0.000000
	精炼石油和核燃料加工品	3.09	3.10	0.003989
	电信和其他信息传输服务	1.28	0.70	0.004688
广播、电视、电影和影视录音制作	批发和零售	5.86	6.02	0.006996
	纺织服装服饰	5.62	5.77	0.007238
	棉、化纤纺织及印染精加工品	4.32	4.44	0.003287
	商务服务	4.10	4.22	0.003711
	货币金融和其他金融服务	3.65	3.75	0.007657
	精炼石油和核燃料加工品	3.51	3.61	0.002624
	电力、热力生产和供应	3.19	3.28	0.030199
	专用化学产品和炸药、火工、焰火产品	3.17	3.26	0.003928
	餐饮	2.92	3.00	0.000682
	广播、电视、电影和影视录音制作	2.70	0.00	0.033836
	电信和其他信息传输服务	1.73	1.77	0.015725
传媒产业	造纸和纸制品	8.91	9.05	0.056859
	印刷品和记录媒介复制品	6.15	6.24	0.086725
	批发和零售	5.89	5.98	0.049746
	专用化学产品和炸药、火工、焰火产品	3.98	4.04	0.031149
	电力、热力生产和供应	3.77	3.82	0.007238
	货币金融和其他金融服务	3.64	3.69	0.014107
	精炼石油和核燃料加工品	3.26	3.31	0.003948
	商务服务	3.23	3.27	0.019555

续表

	产业名称	需求面 H 值 (%)	需求面 Y 值 (%)	a_{ij}
传媒产业	道路运输	2.99	3.03	0.022217
	纺织服装服饰	2.52	2.56	0.034616
	电信和其他信息传输服务	1.12	1.14	0.010242

表 4-12　　传媒产业及细分产业的供给面数据

	产业部门	供给面 H 值 (%)	供给面 Y 值 (%)	h_{ij}
新闻和出版	公共管理和社会组织	11.32	11.41	0.118440
	房屋建筑	4.67	4.71	0.010513
	教育	3.84	3.87	0.039115
	货币金融和其他金融服务	3.36	3.38	0.023126
	钢压延产品	3.29	3.31	0.001894
	电力、热力生产和供应	3.23	3.26	0.012819
	电信和其他信息传输服务	3.07	3.09	0.028047
广播、电视、电影和影视录音制作	电力、热力生产和供应	5.71	5.90	0.030199
	房屋建筑	5.38	5.56	0.009826
	钢压延产品	3.38	3.49	0.010248
	广播、电视、电影和影视录音制作	3.24	0.00	0.033836
	公共管理和社会组织	2.86	2.96	0.020507
传媒产业	公共管理和社会组织	7.22	7.37	0.069154
	房屋建筑	5.02	5.12	0.010167
	电力、热力生产和供应	4.43	4.52	0.021566
	钢压延产品	3.33	3.40	0.006099
	货币金融和其他金融服务*	2.66	2.72	0.015341
	教育*	2.49	2.54	0.023196
	电信和其他信息传输服务*	2.27	2.32	0.018691
	商务服务*	2.00	2.04	0.007816
	批发和零售*	1.88	1.92	0.006302

注：*表示 Y 值小于 3% 但又与传媒产业未来发展密切关联的产业部门。

在表 4-11、表 4-12 数据及前文分析基础上，本书指出传媒产业的产业链现状与产业关联发展方向。以传媒产业为中心，上方放置传媒产业的上游关联产业，下方放置传媒产业的下游关联产业。产业间的关联以箭头表示，箭头方向表示"投入"。若 Y 值大于 5%，用粗实线表示；Y 值介于 3%—5% 之间，以细实线表示；若 Y 值小于 3% 但又与传媒产业未来发展关系密切的产业部门，以虚线表示（见图 4-1）。

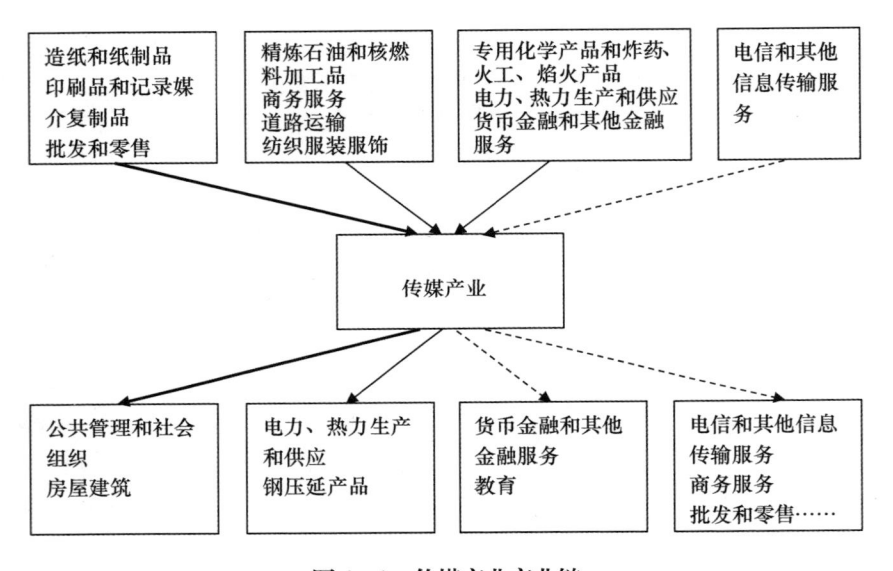

图 4-1 传媒产业产业链

传媒产业的需求面 H 值为 1.45%，供给面 H 值为 2.04%，均小于 3%，这说明传媒产业对自身的关联程度较弱，这意味着中国传媒产业的发展具有较强的依赖性，其产业需求和供给大多来自于其他相关联产业。这种产业特征也决定了传媒产业发展受国民经济的整体发展水平以及紧密关联的产业部门影响较大，在发展过程中，容易受到上游产业的原材料供给影响，产品销售市场也易受下游产业部门的限制，形成一定的路径依赖。

传媒产业上游产业包括造纸和纸制品，印刷品和记录媒介复制品，批发和零售，精炼石油和核燃料加工品，商务服务，道路运输，纺织服装服饰，专用化学产品和炸药、火工、焰火产品，电力、热力生产和供应，货币金融和其他金融服务。其上游产业中的造纸和纸制品,印刷品和记录媒介复制品,精炼石油和核燃料加工品,纺织服装服饰,专用化学产品和炸药、火工、焰火产品,电力、热力生产和供应属于第二产业的制造业;批发和零售、商务服务、道路运输、货币金融和其他金融服务则属于第三产业;这些产业部门主要是为传媒产业提供生产原材料和生产服务的部门。从分布的上游产业可以看出,传媒产业的上游产业链主要提供的是传统媒体产业生产所需的原材料和服务,未来发展应该将电信和其他信息传输服务纳入到上游产业链中,以加速传媒产品"载体"的升级,从而促进新媒体产业和传统媒体产业共同发展。传媒产业的下游产业包括公共管理和社会组织,房屋建筑,电力、热力生产和供应,钢压延产品;除去公共管理和社会组织属于第三产业,其他都属于第二产业的制造业。

如图4-1所示,传媒产业的下游产业链比较窄,涉及的产业部门较少,本书将供应面H值接近3%的产业也列入了传媒产业的下游产业链范畴,包括货币金融和其他金融服务、教育、电信和其他信息传输服务、商务服务及批发和零售。随着传媒产业的发展,以及传媒产业与这些产业关联性的增强态势,它们在未来创新发展中将被纳入传媒产业下游产业链的可能较大。根据供应面H值大小,除此之外,传媒产业应增强与文化艺术业、娱乐业、体育业以及旅游业的关联,以扩大传媒产业的产品销售市场,提升传媒产业的竞争力。

第三节 传媒产业的关联效应

一 传媒产业的前向关联效应和后向关联效应

传媒产业的前向关联效应是指其作为上游产业对下游产业所产生的效应,即通过供给传媒产品而与其他产业部门产生关联。传媒产业的后向关联效应则是指其作为下游产业对上游产业形成的效应,即通过需求联系而与其他产业产生的关联。

前向关联效应又被称作中间需求率,用前向关联指数进行计算,其计算模型如下:

$$L_i = \frac{\sum_{j=1}^{n} x_{ij}}{\sum_{j=1}^{n} x_{ij} + Y_i} \quad (i = 1, 2, \cdots, n)$$

这里用 L_i 表示第 i 产业的中间需求率即前向关联指数；x_{ij} 表示基本流量表矩阵中的第 i 行第 j 列元素，即被 i 部门生产的，被 j 部门消耗的产品数量价值；Y_i 表示第 i 部门提供的年最终产品价值。中间需求率越高，表明其产品和服务被其他产业部门使用越多，从而对其他相关产业部门产生影响。

后向关联效应也被称作中间投入率，用后向关联指数进行计算，计算模式如下：

$$L_j = \frac{\sum_{i=1}^{n} x_{ij}}{\sum_{i=1}^{n} x_{ij} + D_j + N_j} \quad (j = 1, 2, \cdots, n)$$

这里用 L_j 表示第 j 产业的中间投入率即后向关联指数；x_{ij} 表示基本流量表矩阵中的第 i 行第 j 列元素，即被 i 部门生产的，被 j 部门消耗的产品数量价值；D_j 表示第 j 产业部门全年提取的折旧基金；N_j 表示第 j 产业部门全年的国民收入。中间投入率越高，表明该产业所消耗其他产业所生产的原材料越多。中间投入率越高也意味着该产业的产业附加值越低而消耗水平越高，可增加该产业的投入，使其对其他产业部门所提供原材料的消耗增加，以此带动其他产业部门的发展。

运用 2007 年、2012 年我国投入产出表数据，结合以上计算模型，计算出中国传媒产业的前向关联指数和后向关联指数，以此考察中国传媒产业中间需求率和中间投入率的变动情况，具体数据如表 4-13 所示。

表 4-13　传媒产业及细分产业的前向关联指数和后向关联指数

部门	年份	前向关联指数	年份	后向关联指数
新闻和出版	2007	0.471997	2007	0.521016
	2012	0.438720	2012	0.620738
广播、电视、电影和影视录音制作	2007	0.417303	2007	0.618986
	2012	0.315210	2012	0.457664

续表

部门	年份	前向关联指数	年份	后向关联指数
传媒产业	2007	0.443910	2007	0.574109
	2012	0.374331	2012	0.538669

注：2007年前向关联指数均值0.616811，后向关联指数均值0.674572；2012年前向关联指数均值0.614024，后向关联指数均值0.685032。

表4-13显示，2007年、2012年中国传媒产业及细分产业的前向关联指数和后向关联指数均低于当年均值，这说明中国传媒产业不能对其下游产业和上游产业起到明显的拉动和推动作用，同时也不能通过相关产业的前向拉动和后向推动较大地促进自身的发展。新闻和出版的前向关联指数和后向关联指数都大于广播、电视、电影和影视录音制作，这说明新闻和出版向其他产业部门提供更多的中间产品，并且需要消耗更多其他产业部门的产品。在传媒产业中，应该优先发展新闻和出版产业。2012年传媒产业前向关联指数由2007年的0.443910降低至0.374331，说明其他产业部门在产品生产过程中，对传媒产业的产品需求量降低，意味着传媒产业对其他产业的制约作用降低。传媒产业属于最终产业，其生产的产品和服务可直接用于消费和投资，主要用于最终使用。2012年传媒产业后向关联指数由2007年的0.574109下降至0.538669，但都在0.5以上，说明中国传媒产业仍属于"高中间投入，低附加值"产业，通过增加对传媒产业的投入，使其对其他产业的消耗增加，以此带动相关产业部门的发展。

根据国家统计局2012年7月颁布实施的《文化及相关产业分类》，2012年中国投入产出表中的139个产业部门分类中有13个产业部门可归为文化产业部门，同时考虑到教育的属性，以及传媒产业与文化产业的密切联系，本书将其纳入文化产业部门进行分析，具体如表4-14和图4-2所示。中国传媒产业是文化产业的核心组成部分，与文化产业的其他产业部门联系密切。中国文化产业各部门的前向关联系数均值0.422389，低于全国139个产业部门的前向关联指数均值0.614024。中国文化产业各部门的后向关联系数均值为0.623691，低于全国139个产业部门后向关联系数的均值0.685032。其中前向关联系数最大的前三位分别是印刷品和记录媒介复制品，涂料、油墨、颜料及类似产品，造纸和纸制品，它们的前向关联指数分别为 0.956580、0.951660、0.944514。说明这三个产业为其他产业部门提供大量的中间产品，属于高中间需求产业，是文化产业中的基础产业部门和原材料提供产业部门。体育、广播电视设备和雷达及配套设备与教育的前向关联指数均低于 0.1，分别为 0.080506、0.076026、0.062802。

结合前面传媒产业与其他产业的直接消耗系数分析，本书认为印刷品和记录媒介复制品，涂料、油墨、颜料及类似产品，造纸和纸制品等产业部门的发展将成为制约传媒产业整体发展的瓶颈，其产品短缺将会严重影响传媒产业的进一步发展，只有大力发展这些产业部门才能为传媒产业发展提供坚实保障。

中国文化产业各部门中的后向关联指数排前三位的分别是文化、办公用机械，涂料、油墨、颜料及类似产品，视听设备。它们的后向关联指数分别是 0.843083、0.840855、0.839286。说明这三个部门产业的后向关联效应强，属于高中间投入的部门，需要消耗较多的其他产业部门的产品和服务来发展自身，这也说明这三个部门产业对其他产业部门的依赖程度较高，并在一定程度上可以增加对其他文化产业部门的需求并带动起发展。

表4-14　　文化产业部门前向关联和后向关联指数及排序

产业部门	前向关联指数	排序	后向关联指数	排序
文化、办公用机械 H1	0.100358	11	0.843083	1
广播电视设备和雷达及配套设备 H2	0.076026	13	0.800499	4
视听设备 H3	0.281498	9	0.839286	3
涂料、油墨、颜料及类似产品 H4	0.951660	2	0.840855	2
文教、工美、体育和娱乐用品 H5	0.371433	7	0.773009	6
造纸和纸制品 H6	0.944514	3	0.782601	5
印刷品和记录媒介复制品 H7	0.956580	1	0.697053	7
广播、电视、电影和影视录音制作 H8	0.315210	8	0.457664	10
新闻和出版 H9	0.438720	6	0.620738	8
文化艺术 H10	0.137035	10	0.461045	9
体育 H11	0.080506	12	0.449214	12

续表

产业部门	前向关联指数	排序	后向关联指数	排序
娱乐 H12	0.590451	5	0.454321	11
教育 H13	0.062802	14	0.265916	14
电信和其他信息传输服务 H14	0.606658	4	0.446390	13
平均关联系数	0.422389	/	0.623691	/

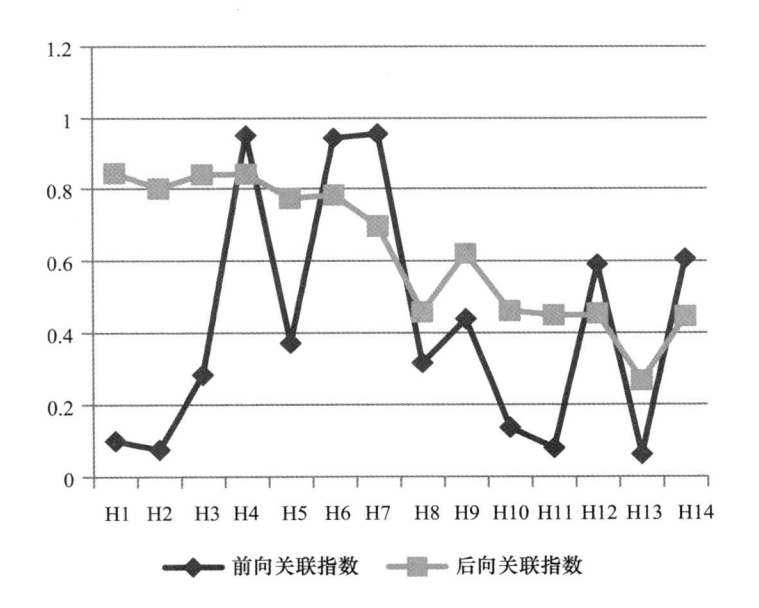

图 4-2　文化产业各部门的前向关联和后向关联

注：H1 代表文化、办公用机械；H2 代表广播电视设备和雷达及配套设备；H3 代表视听设备；H4 代表涂料、油墨、颜料及类似产品；H5 代表文教、工美、体育和娱乐用品；H6 代表造纸和纸制品；H7 代表印刷品和记录媒介复制品；H8 代表广播、电视、电影和影视录音制作；H9 代表新闻和出版；H10 代表文化艺术；H11 代表体育；H12 代表娱乐；H13 代表教育；H14 代表电信和其他信息传输服务。

二　传媒产业与其他产业的关联效应

近年来，中国传媒产业发展态势良好，与其他产业的联系也日趋紧密。新媒体产业和传统媒体产业使得传媒产业既具有传统产业的基本特点，又具备新兴产业的特征。一方面，传媒产业的发展能够像传统产业一样为高新技术产业提供产品和服务；另一方面，也能够为其他传统产业部门提供技术装备，改造和提升传统产业。传媒产业对高技术产业的产品和服务需求增加，同时也需要消耗大量传统产业部门提供的产品和服务。大力发展中国传媒产业，能够带动中国经济增长和促进产业结构升级，考察中国传媒产业与其他产业的产业关联关系并进行实证研究，能够揭示传媒产业带动经济增长和升级产业结构的内在机制。

前文计算了中国传媒产业及细分产业对其他产业的直接消耗系数和完全消耗系数，这些数据反映了传媒产业及细分产业与其他产业的技术经济联系，也反映了传媒产业的投入结构和对其他产业的消耗规律。本节则是计算其他产业对传媒产业及细分产业的直接消耗系数与完全消耗系数。其他产业部门对传媒产业的直接消耗系数和完全消耗系数越大，则表明其他产业部门对传媒产业的需求和关联作用越大。

采用139个产业部门投入产出表，运用消耗系数模型分别计算出其他产业部门对新闻和出版，广播、电视、电影和影视录音制作的直接消耗系数和完全消耗系数，然后将新闻和出版，广播、电视、电影和影视录音制作合并成传媒产业，制成传媒产业与其他产业投入产出表，计算出138个产业部门对传媒产业的直接消耗系数和完全消耗系数。

总体上看，中国其他产业部门整体对传媒产业的消耗偏低，直接消耗系数 a_{ij} 均大于0，这表明所有产业部门都与传媒产业存在直接联系。如图4-3所示，其他产业部门整体对新闻出版的直接总消耗系数为0.079626，完全总消耗系数为0.175353，对广播、电视、电影和影视录音制作的直接总消耗系数为0.107304，完全总消耗系数为0.217212，对传媒产业的直接总消耗系数为0.165830，完全总消耗系数为0.369250。这说明中国传媒产业对其他产业的前向效应不明显，这意味着传媒产业对其他产业的推动作用不突出，未能发挥其对其他产业部门的关联带动作用。

在对传媒产业及细分产业部门的横向比较中发现，中国139个产业部门整体对广播、电视、电影和影视录音制作的平均直接消耗系数为0.000772，平均完全消耗系数为0.001563，这说明每生产其他产业万元的产品，需要直接消耗7.772元和完全消耗15.63元的广播、电视、电影和影视录音制作产品（见图4-4）。相对于新闻和出版，广播、电视、电

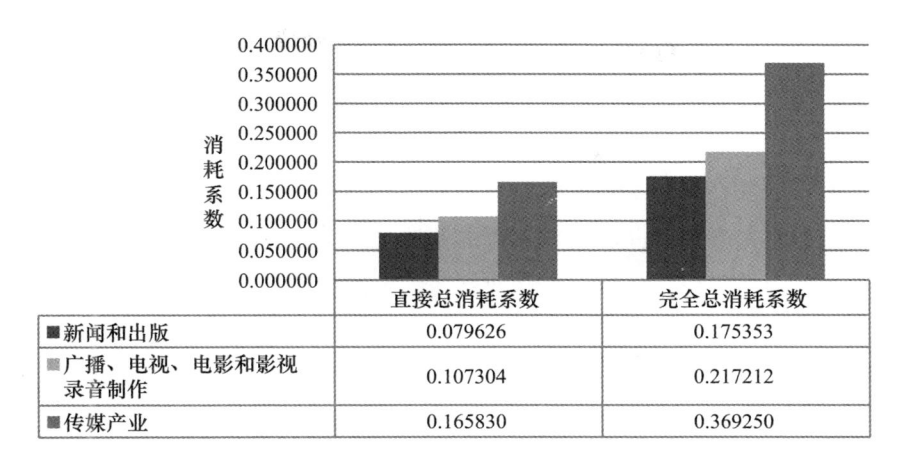

	直接总消耗系数	完全总消耗系数
■ 新闻和出版	0.079626	0.175353
■ 广播、电视、电影和影视录音制作	0.107304	0.217212
■ 传媒产业	0.165830	0.369250

图 4-3　其他产业部门整体对传媒产业及细分产业的总消耗

影和影视录音制作与其他产业的关联更紧密，其他产业部门对广播、电视、电影和影视录音制作的依赖程度更高，拉动作用更强。在产业关联作用下，广播、电视、电影和影视录音制作的发展更加有优势，影响也更大。传媒产业是由新媒体产业和传统媒体产业共同组成的，具有新兴产业和传统产业的双重属性，需要利用新媒体技术对传统媒体产业进行融合和改造，提升传统媒体产业的技术层次，从而提高传统媒体产业的竞争力。

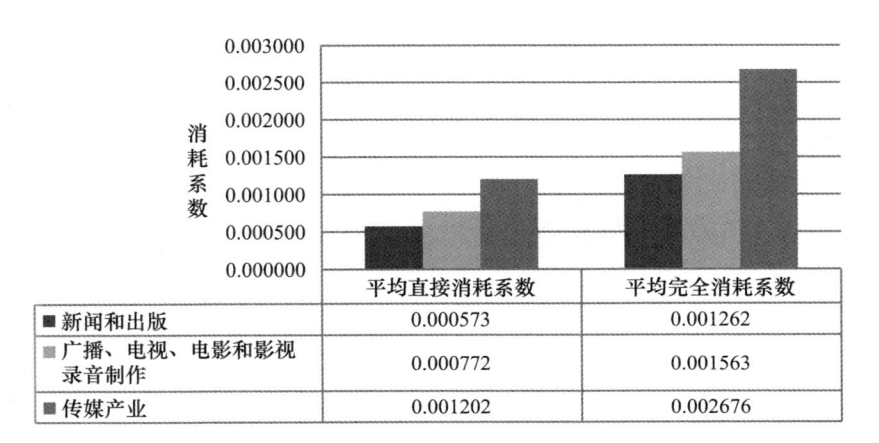

	平均直接消耗系数	平均完全消耗系数
■ 新闻和出版	0.000573	0.001262
■ 广播、电视、电影和影视录音制作	0.000772	0.001563
■ 传媒产业	0.001202	0.002676

图 4-4　其他产业部门整体对传媒产业及细分产业的平均消耗

第四节 传媒产业的产业波及效应

本章上部分考察了传媒产业与其相关产业的产业关联效应,产业关联效应是静态考察产业间的关联,而产业波及效应则是对产业关联的动态分析。在产业体系中,任何一个产业部门的生产活动都会影响其他产业的生产活动,反之,也会受其他产业部门的生产活动所影响,通过复杂的方式无限传递和扩展。产业波及是指在整体产业体系中,其中某一产业部门的生产投入或最终需求等发生变化会引起其相关产业部门发生变化,这种变化会随着波及路径即不同的产业关联方式进行传递,随之这些变化又会引起其他相关产业部门的变化。产业波及效应随波及路径依次传递,影响则依次递减。分析产业波及效应,能够了解某一产业部门的发展与变化对整体国民经济的影响,以及对其他产业部门的影响。通常用产业的影响力系数和感应度系数来考察产业波及效果。

一 产业波及效应的模型及分析

(1) 影响力系数

影响力系数是指某一产业部门增加一个单位最终需求时,对国民经济各个产业部门所产生的生产需求波及程度。用 F_j 表示影响力系数,其计算模型为:

$$F_j = \frac{\sum_{i=1}^{n} \bar{b}_{ij}}{\frac{1}{n} \sum_{i=1}^{n} \sum_{j=1}^{n} \bar{b}_{ij}} \quad (i, j = 1, 2, \cdots, n)$$

F_j 越大,说明第 j 部门对其他部门所产生的波及影响程度越大,反之亦然;当 $F_j = 1$ 时,表示第 j 部门的生产对其他部门所产生的波及影响程度等于社会平均影响水平。

(2) 感应度系数

感应度系数是反映国民经济各部门均增加一个单位最终使用时,某一部门由此而受到的需求感应程度。感应度系数 E_i 计算模型为:

$$E_i = \frac{\sum_{j=1}^{n} \overline{g_{ij}}}{\frac{1}{n} \sum_{i=1}^{n} \sum_{j=1}^{n} \overline{g_{ij}}} \quad (i, j = 1, 2, \cdots, n)$$

当 $E_i > 1$ 时，表示第 i 部门受到的感应程度高于社会平均感应度水平，反之亦然；当 $E_i = 1$ 时，表示第 i 部门受到的感应程度等于社会平均感应度水平。

（3）生产诱发系数

生产诱发系数是某产业的各种最终需求项目的生产诱发产值除以相应的最终需求项目的合计所得，最终生产诱发系数计算模型如下：

$$U_i^k = \frac{X_i^k}{\sum_{j=1}^{n} F_j^k} \quad (j = 1, 2, \cdots, n; k = 1, 2, 3)$$

x_i^k 表示第 i 产业由第 k 项最终需求所诱发的产值额；F_j^k 表示最终需求额；k 表示最终需求项目。

（4）生产最终依赖度系数

生产最终依赖度系数反映产业部门生产对最终需求三项的依赖程度，即对消费、投资和出口的依赖程度。生产最终依赖度系数的计算公式如下：

$$Z_i^k = \frac{X_i^k}{\sum_{k=1}^{n} X_i^k} \quad (i = 1, 2, \cdots, n; k = 1, 2, 3)$$

公式中，Z_i^k 表示第 i 产业对第 k 项最终需求项目的依赖度系数；$\sum_{k=1}^{n} X_i^k$ 表示第 i 产业各最终需求项生产诱发额之和。

二 传媒产业波及效应分析

本书选取中国 2007 年和 2012 年投入产出表，运用影响力系数模型和感应度模型，计算中国传媒产业的影响力系数和感应度系数，计算结果如表 4-15 所示。

表 4-15　中国传媒产业及细分产业的影响力系数和感应度系数

部门	年份	新闻和出版	广播、电视、电影和影视录音制作	传媒产业
影响力系数（F_j）	2007	0.855954	0.951100	0.905643
	2012	0.914191	0.746247	0.829737
感应度系数（E_i）	2007	0.681747	0.732458	0.706976
	2012	0.695564	0.677826	0.685101

由表 4-15 看出，中国传媒产业及细分产业的影响力系数均小于 1，低于全产业的平均水平，这说明传媒产业对其他产业的波及效应不强，不能有效带动其他产业的发展。2012 年传媒产业的影响力系数为 0.829737，较 2007 年（0.905643）有所下降，这说明中国传媒产业对其他产业的拉动作用有下降的趋势。2007 年和 2012 年中国传媒产业及细分产业的感应度系数均小于 1，低于全产业的平均水平，这说明传媒产业受其他产业的带动作用不明显。传媒产业 2012 年的感应度系数为 0.685101，低于 2007 年的感应度系数（0.706976），传媒产业对其他产业的整体推动作用降低。

表 4-16　139 个产业部门中影响力系数大于 1 的产业部门

产业部门	影响力系数	排序
计算机	1.333168	1
文化、办公用机械	1.306764	2
视听设备	1.300809	3
通信设备	1.298514	4
化学纤维制品	1.284308	5
家用器具	1.281023	6
其他交通运输设备	1.278316	7
电子元器件	1.274653	8
输配电及控制设备	1.267165	9
电线、电缆、光缆及电工器材	1.263057	10
其他电气机械和器材	1.252587	11

续表

产业部门	影响力系数	排序
电机	1.239033	12
电池	1.236355	13
泵、阀门、压缩机及类似机械	1.234255	14
塑料制品	1.233225	15
广播电视设备和雷达及配套设备	1.232652	16
涂料、油墨、颜料及类似产品	1.231385	17
针织或钩针编织及其制品	1.222887	18
物料搬运设备	1.222783	19
汽车整车	1.221761	20
汽车零部件及配件	1.220971	21
铁路运输和城市轨道交通设备	1.212683	22
金属制品、机械和设备修理服务	1.199075	23
农、林、牧、渔专用机械	1.198444	24
有色金属压延加工品	1.197358	25
其他专用设备	1.195151	26
仪器仪表	1.193520	27
采矿、冶金、建筑专用设备	1.191148	28
合成材料	1.186025	29
其他电子设备	1.182440	30
金属制品	1.179582	31
农药	1.176372	32
其他通用设备	1.174325	33
纺织服装服饰	1.174006	34
专用化学产品和炸药、火工、焰火产品	1.170697	35
锅炉及原动设备	1.169721	36
橡胶制品	1.165484	37
化工、木材、非金属加工专用设备	1.163457	38
纺织制成品	1.158405	39
金属加工机械	1.155156	40
其他制造产品	1.147040	41
肥料	1.146580	42

续表

产业部门	影响力系数	排序
基础化学原料	1.144407	43
文教、工美、体育和娱乐用品	1.143837	44
船舶及相关装置	1.141623	45
棉、化纤纺织及印染精加工品	1.135180	46
钢压延产品	1.134581	47
建筑安装	1.130756	48
石膏、水泥制品及类似制品	1.118873	49
土木工程建筑	1.108873	50
鞋	1.106496	51
家具	1.097032	52
毛纺织及染整精加工品	1.096770	53
日用化学产品	1.093003	54
房屋建筑	1.089423	55
有色金属及其合金和铸件	1.087586	56
砖瓦、石材等建筑材料	1.080474	57
木材加工品和木、竹、藤、棕、草制品	1.079973	58
玻璃和玻璃制品	1.078372	59
皮革、毛皮、羽毛及其制品	1.075440	60
航空运输	1.071708	61
造纸和纸制品	1.068011	62
铁合金产品	1.063778	63
陶瓷制品	1.061786	64
印刷品和记录媒介复制品	1.050507	65
水泥、石灰和石膏	1.046579	66
钢、铁及其铸件	1.044647	67
麻、丝绢纺织及加工品	1.040098	68
建筑装饰和其他建筑服务	1.029757	69
电力、热力生产和供应	1.019997	70
方便食品	1.018436	71
乳制品	1.017828	72
其他食品	1.015559	73

续表

产业部门	影响力系数	排序
屠宰及肉类加工品	1.012182	74
仓储	1.009272	75
科技推广和应用服务	1.003444	76
调味品、发酵制品	1.000596	77

注：本表采用2012年中国投入产出表数据，运用影响力系数模型计算得出。

在2012年中国投入产出表的数据基础上，运用影响力系数模型，计算出139个产业部门的影响力系数。其中有77个产业部门的影响力系数大于1，说明这77个产业部门的影响力高于全部产业的平均水平。新闻和出版的影响力系数为0.914191，排序为第97位，广播、电视、电影和影视录音制作的影响力系数为0.746247，排序为第121位。这说明中国传媒产业在全部产业部门中处于平均水平之下，对其他产业的带动作用有限，后向关联效应不明显。产业影响力表4-16列出了影响力系数大于1的产业部门。

由表4-16可以看出，在影响力系数大于1的77个产业部门中，除去金属制品、机械和设备修理服务，航空运输，建筑装饰和其他建筑服务，仓储，科技推广和应用服务属于第三产业外，其他的72个产业部门都属于第二产业。这说明中国工业中制造业是主导产业。

文化产业部门中的文化、办公用机械与视听设备在所有产业部门中分别排在第2位和第3位，影响力系数分别为1.306764和1.300809。这两个产业在中国产业体系中占有重要的位置。

作为文化产业的重要组成部分，传媒产业需要在文化产业框架内进行具体分析。表4-17中列出了中国文化产业各个产业部门的影响力系数以及在139个产业部门中的排名。整体而言，中国文化产业的平均影响力系数为0.960167，略低于139个产业部门的平均水平。其中，文化、办公用机械与视听设备，影响力系数排在139个产业部门的前三位之列，这两个产业部门对国民经济的拉动作用明显。新闻和出版的影响力系数和广播、电视、电影和影视录音制作的影响力系数均低于文化产业的平均水平，整体上看，传媒产业的影响力在文化产业中处于中等偏下的位置。

表4-17　　　　　　　　　　文化产业部门的影响力系数

产业部门	影响力系数	排序	所属产业
文化、办公用机械 H1	1.306764	2	2
视听设备 H3	1.300809	3	2
广播电视设备和雷达及配套设备 H2	1.232652	16	2
涂料、油墨、颜料及类似产品 H4	1.231385	17	2
文教、工美、体育和娱乐用品 H5	1.143837	44	2
造纸及纸制品 H6	1.068011	62	2
印刷品和记录媒介的复制品 H7	1.050507	65	2
新闻和出版 H9	0.914191	97	3
电信和其他信息传输服务 H14	0.747045	120	3
广播、电视、电影和影视录音制作 H8	0.746247	121	3
文化艺术 H10	0.732224	122	3
体育 H11	0.719234	123	3
娱乐 H12	0.695791	126	3
教育 H13	0.553634	135	3
平均影响力系数	0.960167	/	/

利用2012年中国投入产出表计算得出139个产业部门的感应度系数，平均感应度系数为1，其中有60个产业部门的感应度系数大于1，说明这60个产业部门对国民经济发展的制约作用明显。新闻和出版的感应度系数为0.695564，排序为第96位，广播、电视、电影和影视录音制作的感应度系数为0.677626，排序为第98位。这说明中国传媒产业的感应度系数在全部产业部门中处于靠后的位置，不能有效带动其他产业部门的发展，对国民经济发展的制约作用不大。产业感应度系数表4-18列出了感应度系数大于1的产业部门。

表4-18　　　　139个产业部门中感应度系数大于1的产业部门

产业部门	感应度系数	排序
开采辅助服务和其他采矿产品	3.771372	1
石油和天然气开采产品	3.611078	2
有色金属矿采选产品	3.022050	3
黑色金属矿采选产品	2.640474	4

续表

产业部门	感应度系数	排序
废弃资源和废旧材料回收加工品	2.593041	5
基础化学原料	1.985973	6
煤炭采选产品	1.946812	7
有色金属及其合金和铸件	1.847208	8
电子元器件	1.742113	9
林产品	1.722305	10
合成材料	1.662901	11
电力、热力生产和供应	1.651915	12
专用化学产品和炸药、火工、焰火产品	1.636581	13
炼焦产品	1.597773	14
金属制品、机械和设备修理服务	1.572151	15
精炼石油和核燃料加工品	1.565943	16
铁合金产品	1.460834	17
造纸和纸制品	1.446003	18
肥料	1.442068	19
仪器仪表	1.433129	20
石墨及其他非金属矿物制品	1.413195	21
有色金属压延加工品	1.409783	22
非金属矿采选产品	1.391176	23
钢、铁及其铸件	1.382166	24
化学纤维制品	1.358645	25
管道运输	1.340820	26
耐火材料制品	1.297958	27
仓储	1.290370	28
农药	1.288734	29
其他电子设备	1.234123	30
塑料制品	1.231093	31
水利管理	1.219632	32
铁路运输	1.214970	33
航空运输	1.212743	34
租赁	1.202513	35

续表

产业部门	感应度系数	排序
涂料、油墨、颜料及类似产品	1.197930	36
印刷品和记录媒介复制品	1.185397	37
农、林、牧、渔服务	1.180058	38
橡胶制品	1.173778	39
货币金融和其他金融服务	1.172392	40
其他通用设备	1.171208	41
商务服务	1.168364	42
装卸搬运和运输代理	1.166630	43
木材加工品和木、竹、藤、棕、草制品	1.148855	44
电池	1.132321	45
棉、化纤纺织及印染精加工品	1.108544	46
其他服务	1.103451	47
汽车零部件及配件	1.079068	48
生态保护和环境治理	1.067556	49
科技推广和应用服务	1.063079	50
农产品	1.060247	51
住宿	1.054718	52
邮政	1.047846	53
玻璃和玻璃制品	1.046708	54
钢压延产品	1.035602	55
饲料加工品	1.021723	56
植物油加工品	1.018367	57
金属制品	1.006554	58
电线、电缆、光缆及电工器材	1.006266	59
资本市场服务	1.005650	60

注：本表采用2012年中国投入产出表数据，运用感应度系数模型计算得出。

表4-18列出了中国139个产业部门中感应度系数大于1的60个产业部门，这60个产业部门具有基础产业和瓶颈产业的属性，可以通过其前向效应带动整个国民经济的发展。如表4-18所示，感应度排前三位的分别是开采辅助服务和其他采矿产品、石油和天然气开采产品、有色金属

矿采选产品。这三个产业部门的感应度系数分别为 3.771372、3.611078、3.022050。这些产业部门位于产业链的上游，主要为国民经济的其他产业部门提供中间消耗的产品和服务，对其他产业部门的发展起着较大的制约作用。发展这些产业部门能够较大地推动国民经济发展，创造更多的需求。这些产业是其他产业发展的瓶颈，且自身的产业成长容易受到其他产业成长的影响，有着较强的前向关联效应。当社会产品均增加一个单位时，客观上就需要开采辅助服务和其他采矿产品、石油和天然气开采产品、有色金属矿采选产品分别增加 3.771372 个、3.611078 个、3.022050个产值，并且这三个产业部门的发展速度必须是其他产业部门平均增速的3.78 倍、3.62 倍、3.02 倍，才能够满足发展需求。

表 4 - 19　　　　　　　文化产业部门的感应度系数

产业部门	感应度系数	排序	所属产业
造纸及纸制品 H6	1.446003	18	2
涂料、油墨、颜料及类似产品 H4	1.197930	36	2
印刷品和记录媒介复制品 H7	1.185397	37	2
娱乐 H12	0.998052	64	3
电信和其他信息传输服务 H14	0.755244	85	3
新闻和出版 H9	0.695564	96	3
广播、电视、电影和影视录音制作 H8	0.677626	98	3
文教、工美、体育和娱乐用品 H5	0.640252	105	2
视听设备 H3	0.530890	116	2
文化艺术 H10	0.403870	127	3
文化、办公用机械 H1	0.403799	128	2
广播电视设备和雷达及配套设备 H2	0.379209	131	2
教育 H13	0.368755	132	3
体育 H11	0.357572	133	3
平均感应度系数	0.717154	/	/

由表 4 - 19 可见，中国文化产业各子产业的平均感应度系数为0.717154，低于 139 个产业部门的平均水平。这与将中国文化产业作为支柱产业来发展的目标不符。广播、电视、电影和影视录音制作的感应度系

数为 0.677626，新闻和出版的感应度系数为 0.695564，二者均低于文化产业的平均感应度，这说明传媒产业的感应度系数低于文化产业的均值。造纸及纸制品，涂料、油墨、颜料及类似产品，印刷品和记录媒介复制品的感应度系数超过平均水平 1，分别为 1.446003、1.197930、1.185397。除去造纸及纸制品，涂料、油墨、颜料及类似产品，印刷品和记录媒介复制品外，娱乐及电信和其他信息传输服务的感应度系数高于文化产业的均值，它们的感应度系数分别是 0.998052、0.755244。这些产业易受文化产业中其他产业部门最终需求变化的影响，是其他产业部门发展的瓶颈，它们可以通过前向关联作用对文化产业整体起到较大的推动作用，因此应优先发展，以此带动包括传媒产业在内的文化产业整体发展。

根据表 4-17 和表 4-19 数据，分别以感应度系数为横坐标，以影响力系数为纵坐标，将感应度系数和影响力系数的均值 1 作为临界划分成四个象限，文化产业归类为以下四个类别。第一类是感应度系数和影响力系数均大于 1，属于第 I 象限，即敏感波及型产业。处于第 I 象限的产业部门具有强辐射性和强制约性的双重属性，对国民经济的拉动和推动作用都大，这些产业部门的前向关联效应和后向关联效应也都较大。第二类是感

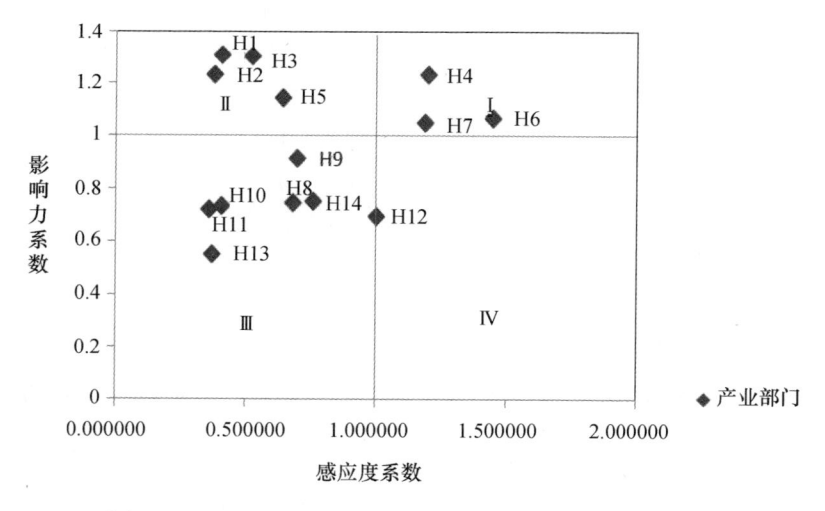

图 4-5　按照影响力系数和感应度系数划分的文化产业群

注：H1-H14 见本书第 131 页图 4-2。

应度系数小于1，影响力系数大于1，属于第Ⅱ象限，这些产业部门具有强辐射性和低制约性的属性，对国民经济的拉动作用较强，而推动作用不明显。第三类是感应度系数小于1，影响力系数小于1，属于第Ⅲ象限，这类产业属于弱辐射、弱制约性产业。第四类是感应度系数大于1，影响力系数小于1，位于第Ⅳ象限，这类产业属于弱辐射、强制约性的产业。

如图4-5所示，涂料、油墨、颜料及类似产品，造纸及纸制品，以及印刷品和记录媒介复制品处于第Ⅰ象限的位置，这三个产业的影响力系数和感应度系数均大于1，说明这三个产业部门属于文化产业中的关键部门，对文化产业具有较高的拉动和推动作用，应给予一定的产业扶持和优先发展。

文化、办公用机械，视听设备，文教、工美、体育和娱乐用品，广播电视设备和雷达及配套设备处于第Ⅱ象限的位置，这些部门处于文化产业链的上游，能够对文化产业的其他部门起到推动作用，受其他文化产业部门的影响较小。

广播、电视、电影和影视录音制作，文化艺术，体育，新闻和出版，娱乐，教育，电信和其他信息传输服务归入第Ⅲ象限，这几个产业部门的影响力系数和感应度系数均小于平均水平，这类产业部门的波及影响不显著，多属于最终需求部门。传媒产业属于第Ⅲ象限，对其他文化产业部门的波及影响有限，同时对文化产业其他产业部门的影响不敏感。

第五节　传媒产业生产诱发效应和最终依赖度

一　传媒产业生产诱发效应

传媒产业的关联效应不仅体现在直接关联和波及关联效应上，也体现在最终需求的诱发效应上。传媒产业的消费、出口和投资会通过产业间的经济技术联系和关联作用诱发传媒产业的发展。最终需求对生产的诱发系数是指包括消费、投资以及出口在内的最终需求每增加一个单位时，将诱发第j产业部门多少单位的生产。消费、投资和出口被称作拉动经济的"三驾马车"，能够通过产业间的波及作用诱发产业间的成长，进而影响整个国民经济的健康发展。

本书研究传媒产业的生产诱发效应，旨在揭示传媒产业对各最终需求项目的直接和间接依赖程度，为传媒产业发展的路径选择提供相关理论依据。目前，中国经济面临着转型期，中国的消费、投资和出口等最终需求在结构和规模上都发生了较大的变化，而传媒产业也面临着产业转型和升级，研究传媒产业最终需求的产业诱发效应具有重要的现实意义。

根据方程 $X = (I - A)^{-1}Y$，用列昂惕夫逆矩阵 $(I - A)^{-1}$ 中 i 行的数值分别乘以列向量（投资、消费、出口），得到最终需求生产诱发的产值，即由各种最终需求所诱发的各部门产业的生产值，记做 X_i^k。

$$X_i^k = \sum_{j=1}^n \bar{b}_{ij} F_j^k \quad (i = 1, 2, \cdots, n; k = 1, 2, 3)$$

X_i^k 表示第 i 产业由第 k 项最终需求所诱发的产值额；$\bar{b}_{ij}$ 表示 $(I - A)^{-1}$ 中的元素；F_j^k 表示最终需求额；k 表示最终需求项目。

生产诱发系数计算模型如下：

$$U_i^k = \frac{X_i^k}{\sum_{j=1}^n F_j^k} \quad (i = 1, 2, \cdots, n; k = 1, 2, 3)$$

本书根据 2012 年全国 139 个产业部门投入产出表，运用生产诱发系数模型，计算各产业最终消费、投资和出口的生产诱发值 X_i^k，并在此基础上计算了生产诱发系数 U_i^k。

根据各产业部门的各项生产诱发系数大小，将高于平均值的产业部门进行归类，最终消费项中生产诱发系数的均值为 0.018083，有 41 个产业部门的值高于均值。投资项中生产诱发系数的均值为 0.024197，有 40 个产业部门的值高于均值。最终出口项中生产诱发系数的均值为 0.024978，有 35 个产业部门的诱发系数值高于均值，具体如表 4 - 20 所示。

农产品，公共管理和社会组织，批发和零售，房地产，货币金融和其他金融服务，教育，卫生，电力、热力生产和供应，畜牧产品，精炼石油和核燃料加工品，商务服务，医药制品，餐饮，道路运输，石油和天然气开采产品等，这些产业具有明显的消费拉动特征，其生产主要是由最终消费需求引起的。最终消费能够对这类产业产生较强影响，例如最终消费对农产品、公共管理和社会组织、批发和零售的生产诱发系数分别为 0.141372、0.120334、0.115724，这意味着社会最终消费每增加 1 亿元，将会诱发 1414 万元的农产品产出、1203

万元的公共管理和社会组织业产出以及 1157 万元的批发和零售产出。最终消费对这些产业部门的生产诱发效应明显，可以通过刺激最终消费来促进这些产业的发展。

房屋建筑，钢压延产品，土木工程建筑，电力、热力生产和供应，批发和零售，货币金融和其他金融服务，汽车整车，金属制品，有色金属及其合金和铸件，精炼石油和核燃料加工品，电子元器件，煤炭采选产品，汽车零部件及配件，道路运输，石油和天然气开采产品，房地产，基础化学原料，黑色金属矿采选产品等产业部门属于投资拉动型产业部门，投资能够对这些产业产生较强的生产诱发效应。其中，投资对房屋建筑，钢压延产品，土木工程建筑，电力、热力生产和供应，批发和零售的生产诱发系数最大，分别为 0.339951、0.171669、0.126971、0.118801、0.100307，能够分别诱发这些产业部门 3400 万元、1717 万元、1270 万元、1188 万元和 1003 万元的产出。投资对这类产业部门的生产诱发效应较强，加大投资力度可明显促进这类产业部门的发展。

电子元器件，批发和零售，电力、热力生产和供应，计算机，基础化学原料，有色金属及其合金和铸件，棉、化纤纺织及印染精加工品，精炼石油和核燃料加工品，商务服务，钢压延产品，货币金融和其他金融服务，金属制品，石油和天然气开采产品，通信设备，塑料制品，有色金属压延加工品，合成材料，纺织服装服饰等产业部门属于出口拉动型产业，出口能够对这些产业部门产生较强的生产诱发效应和波及效应。其中出口对电子元器件，批发和零售，电力、热力生产和供应，计算机，基础化学原料，有色金属及其合金和铸件，棉、化纤纺织及印染精加工品业的生产诱发系数最大，分别为 0.286440、0.182942、0.119920、0.106658、0.101440、0.101312、0.100089，这意味着出口需求每增加 1 亿元，能够分别拉动这些产业部门 2864 万元、1829 万元、1199 万元、1067 万元、1014 万元、1013 万元和 1001 万元的产值额，可以通过刺激出口来促进这类产业部门的发展。

表 4-20 基于最终需求生产诱发系数划分的产业分类

类型	产业部门
消费拉动型	农产品（0.141372），公共管理和社会组织（0.120334），批发和零售（0.115724），房地产（0.099747），货币金融和其他金融服务（0.091661），教育（0.079848），卫生（0.074474），电力、热力生产和供应（0.074468），畜牧产品（0.074053），精炼石油和核燃料加工品（0.062245），商务服务（0.058308），医药制品（0.054399），餐饮（0.054064），道路运输（0.053760），石油和天然气开采产品（0.047447），屠宰及肉类加工品（0.039739），电信和其他信息传输服务（0.037473），棉、化纤纺织及印染精加工品（0.037020），基础化学原料（0.036927），电子元器件（0.032912），纺织服装服饰（0.030830），谷物磨制品（0.030052），其他食品（0.029983），煤炭采选产品（0.029746），汽车零部件及配件（0.028519），塑料制品（0.028306），居民服务（0.028277），植物油加工品（0.026188），渔产品（0.024675），蔬菜、水果、坚果和其他农副食品加工品（0.024418），有色金属及其合金和铸件（0.024086），饲料加工品（0.023682），汽车整车（0.023658），造纸和纸制品（0.023229），专业技术服务（0.022784），专用化学产品和炸药、火工、焰火产品（0.022717），金属制品（0.021307），合成材料（0.020961），钢压延产品（0.020298），饮料和精制茶加工品（0.019893），肥料（0.018758）
投资拉动型	房屋建筑（0.339951），钢压延产品（0.171669），土木工程建筑（0.126971），电力、热力生产和供应（0.118801），批发和零售（0.100307），货币金融和其他金融服务（0.091619），汽车整车（0.090319），金属制品（0.086278），有色金属及其合金和铸件（0.084773），精炼石油和核燃料加工品（0.079124），电子元器件（0.072311），煤炭采选产品（0.066699），汽车零部件及配件（0.062862），道路运输（0.061113），石油和天然气开采产品（0.059134），房地产（0.055241），基础化学原料（0.055002），黑色金属矿采选产品（0.053547），钢、铁及其铸件（0.053355），其他通用设备（0.051941），商务服务（0.051640），有色金属压延加工品（0.049170），采矿、冶金、建筑专用设备（0.045508），砖瓦、石材等建筑材料（0.041422），水泥、石灰和石膏（0.040869），建筑安装（0.040296），专用化学产品和炸药、火工、焰火产品（0.039722），合成材料（0.039596），输配电及控制设备（0.039143），塑料制品（0.038175），电线、电缆、光缆及电工器材（0.036700），专业技术服务（0.036208），软件和信息技术服务（0.036066），农产品（0.035633），石膏、水泥制品及类似制品（0.034453），建筑装饰和其他建筑服务（0.034060），木材加工品和木、竹、藤、棕、草制品（0.028870），计算机（0.025681），畜牧产品（0.024290）

续表

类型	产业部门
出口拉动型	电子元器件（0.286440），批发和零售（0.182942），电力、热力生产和供应（0.119920），计算机（0.106658），基础化学原料（0.101440），有色金属及其合金和铸件（0.101312），棉、化纤纺织及印染精加工品（0.100089），精炼石油和核燃料加工品（0.098422），商务服务（0.091144），钢压延产品（0.088631），货币金融和其他金融服务（0.088443），金属制品（0.084820），石油和天然气开采产品（0.073939），通信设备（0.071944），塑料制品（0.070790），有色金属压延加工品（0.062357），合成材料（0.061696），纺织服装服饰（0.058668），道路运输（0.058478），专用化学产品和炸药、火工、焰火产品（0.058107），煤炭采选产品（0.057843），农产品（0.054761），其他通用设备（0.052575），输配电及控制设备（0.047646），文教、工美、体育和娱乐用品（0.045197），造纸和纸制品（0.036373），汽车零部件及配件（0.035923），钢、铁及其铸件（0.033332），木材加工品和木、竹、藤、棕、草制品（0.032007），电线、电缆、光缆及电工器材（0.031248），黑色金属矿采选产品（0.030771），仪器仪表（0.027421），化学纤维制品（0.027258），有色金属矿采选产品（0.026479），橡胶制品（0.026165）

将新闻和出版，广播、电视、电影和影视录音制作合并成为传媒产业，制成138个产业部门投入产出表，根据生产诱发系数模型，计算出生产诱发系数，以此分析传媒产业及细分产业最终需求的生产诱发系数，具体结果如表4-21所示。

表4-21　　传媒产业及细分产业最终需求的生产诱发系数

产业部门	生产诱发系数 U_i^k					
	最终消费	排序	投资	排序	出口	排序
广播、电视、电影和影视录音制作	0.005269	91	0.001145	127	0.002322	119
新闻和出版	0.006338	85	0.001200	125	0.001660	126
传媒产业	0.011594	55	0.002345	111	0.003990	109

如表4-21所示，传媒产业属于消费拉动型产业，消费需求刺激其生

产，最终消费需求通过生产诱发效应拉动其发展。从数据上看，最终消费对传媒产业整体的生产诱发系数为 0.011594。对广播、电视、电影和影视录音制作的生产诱发系数达到 0.005269，排在 139 个产业部门的第 91 位，对新闻和出版的生产诱发系数为 0.006338，排第 85 位。这意味着社会最终消费每增加 1 亿元，传媒产业整体将被诱发 0.0116 亿元的产出。投资和出口这两项的生产诱发系数则远低于均值，在所有产业中排在靠后的位置，这说明，投资和出口对传媒产业的推动作用不明显，不能有效地促进传媒产业的发展。

如表 4-22 所示，中国文化产业各部门最终消费项的生产诱发系数均值为 0.014433，低于 139 个产业部门的均值 0.018083，投资项的生产诱发系数均值为 0.006365，低于 139 个产业部门的均值 0.024197，出口项的生产诱发系数均值为 0.012059，低于 139 个产业部门的均值 0.024978。整体上看，消费、投资和出口对文化产业的诱发效应不明显，低于社会平均值，但最终消费对文化产业的拉动作用明显高于投资和出口，特别是教育、电信和其他信息传输服务，它们的最终消费项的诱发系数分别为 0.079848、0.037473，高于社会平均值，消费对其诱发效应明显，属于消费拉动型产业，可以通过刺激最终消费的途径，促进教育以及电信和其他信息传输服务的发展，从而带动包括传媒产业在内的整个文化产业部门的发展。出口项对造纸和纸制品，文教、工美、体育和娱乐用品的生产诱发系数分别为 0.036373、0.045197，均高于社会平均值，这两个部门属于出口拉动型产业，出口需求每增加 1 亿元，可分别拉动 364 万元和 452 万元的产值额。通过刺激出口能够加快这两个产业的发展。

表 4-22　　　　　　文化产业部门的生产诱发系数

部门	生产诱发系数 U_i^k					
	最终消费	排序	投资	排序	出口	排序
造纸和纸制品	0.023229	34	0.020605	46	0.036373	26
印刷品和记录媒介复制品	0.010994	57	0.009264	74	0.011374	66
文教、工美、体育和娱乐用品	0.013715	49	0.009646	69	0.045197	25
涂料、油墨、颜料及类似产品	0.005032	93	0.012853	59	0.014100	56
文化、办公用机械	0.000859	133	0.003131	103	0.011522	64

续表

部门	生产诱发系数 U_i^k					
	最终消费	排序	投资	排序	出口	排序
广播电视设备和雷达及配套设备	0.000226	137	0.004863	94	0.013693	57
视听设备	0.007148	80	0.004797	95	0.014730	54
电信和其他信息传输服务	0.037473	17	0.017416	49	0.011174	67
教育	0.079848	6	0.001627	118	0.001807	123
新闻和出版	0.005269	91	0.001145	127	0.002322	119
广播、电视、电影和影视录音制作	0.006338	85	0.001200	125	0.001660	126
文化艺术	0.004758	96	0.000103	137	0.000542	134
体育	0.001780	120	0.000000	139	0.000381	136
娱乐	0.005385	89	0.002455	108	0.003956	109
平均生产诱发系数	0.014433	/	0.006365	/	0.012059	/

二 传媒产业最终依赖度

生产最终依赖度的经济含义是指各产业受到了来自各项最终需求的影响，与生产诱发系数相比，它侧重比较消费、投资和出口对各产业的影响程度。

根据2012年中国139个产业部门的投入产出表，运用生产最终依赖度系数模型，计算出139个产业部门的生产最终依赖度系数。在此基础上，本书根据各产业部门的各项依赖度系数值，来确定其生产主要依赖消费、投资和出口中的哪一项。根据研究结果，将这些产业部门划分为三类产业部门，分别为依赖消费型、依赖投资型和依赖出口型产业部门，具体如表4-23所示。

表4-23　　　　　基于最终需求依赖度系数划分的产业分类

类型	产业部门
依赖消费型	社会工作（1.000000），卫生（0.986092），公共管理和社会组织（0.977209），教育（0.970872），公共设施管理（0.948111），乳制品（0.937895），文化艺术（0.928484），居民服务（0.918490），体育（0.902708），其他食品（0.866315），医药制品（0.853060），屠宰及肉类加工品（0.845464），谷物磨制品（0.829658），方便食品（0.829016），调味品、发酵制品（0.805060），蔬菜、水果、坚果和其他农副食品加工品（0.798343），广播、电视、电影和影视录音制作（0.766375），社会保障（0.759885），日用化学产品（0.751814），糖及糖制品（0.744265）

续表

类型	产业部门
依赖投资型	土木工程建筑（0.997676）、建筑安装（0.992190）、房屋建筑（0.990963）、石膏、水泥制品及类似制品（0.951326）、水泥、石灰和石膏（0.927710）、砖瓦、石材等建筑材料（0.865026）、金属加工机械（0.829775）、铁路运输和城市轨道交通设备（0.813046）、软件和信息技术服务（0.793984）、物料搬运设备（0.791989）、采矿、冶金、建筑专用设备（0.781223）、化工、木材、非金属加工专用设备（0.773465）、汽车整车（0.740380）、农、林、牧、渔专用机械（0.726844）、钢压延产品（0.707509）、黑色金属矿采选产品（0.683154）、建筑装饰和其他建筑服务（0.682711）、锅炉及原动设备（0.676970）、钢、铁及其铸件（0.662534）、非金属矿采选产品（0.661211）
依赖出口型	其他电气机械和器材（0.658481）、通信设备（0.641730）、文化、办公用机械（0.608959）、计算机（0.606751）、纺织制成品（0.603363）、广播电视设备和雷达及配套设备（0.595845）、电子元器件（0.592674）、针织或钩针编织及其制品（0.504888）、文教、工美、体育和娱乐用品（0.502206）、麻、丝绢纺织及加工品（0.497432）、电池（0.492062）、棉、化纤纺织及印染精加工品（0.491614）、化学纤维制品（0.478677）、毛纺织及染整精加工品（0.471719）、家具（0.460396）、皮革、毛皮、羽毛及其制品（0.458841）、船舶及相关装置（0.458502）、水上运输（0.446962）、纺织服装服饰（0.434946）、鞋（0.414767）

如表4-23所示，社会工作，卫生，公共管理和社会组织，教育，公共设施管理，乳制品，文化艺术，居民服务，体育，其他食品，医药制品，屠宰及肉类加工品，谷物磨制品，方便食品，调味品、发酵制品，蔬菜、水果、坚果和其他农副食品加工品，广播、电视、电影和影视录音制作，社会保障，日用化学产品，糖及糖制品业等属于典型的依赖消费型产业部门。这些产业部门对消费的依赖性较大，其发展主要依靠消费来推动。其中，社会工作的最终消费依赖度系数为1，属于完全依赖消费的产业部门，其增加值完全依靠满足消费需求来实现。依赖消费型产业主要集中在第三产业，如社会工作、卫生、公共管理和社会组织、教育、公共设施管理、文化艺术、居民服务、体育等。

依赖投资型产业部门包括土木工程建筑，建筑安装，房屋建筑，石膏、水泥制品及类似制品，水泥、石灰和石膏，砖瓦、石材等建筑材料、金属加工机械，铁路运输和城市轨道交通设备，软件和信息技术服务，物料搬运设备，采矿、冶金、建筑专用设备，化工、木材、非金属加工专用设备，汽车整车，农、林、牧、渔专用机械，钢压延产品，黑色金属矿采选产品，建筑装饰和其他建筑服务，锅炉及原动设备，钢、铁及其铸件，非金属矿采选产品等产业部门。这些产业部门主要集中在第二产业，依赖度系数均超过了0.6，这意味着这些产业部门总产出的增加值中有60%以上是通过满足投资需求来实现的，这些产业对投资的依赖比较大。其中土木工程建筑、建筑安装、房屋建筑对投资的依赖度系数分别为0.997676、0.992190、0.990963，均超过99%，这说明建筑业对投资有着严重的依赖。

依赖出口型产业包括其他电气机械和器材，通信设备，文化、办公用机械，计算机，纺织制成品，广播电视设备和雷达及配套设备，电子元器件，针织或钩针编织及其制品，文教、工美、体育和娱乐用品，麻、丝绢纺织及加工品，电池，棉、化纤纺织及印染精加工品，化学纤维制品，毛纺织及染整精加工品，家具，皮革、毛皮、羽毛及其制品，船舶及相关装置，水上运输，纺织服装服饰，鞋等产业部门。这些部门多属于制造业，这说明中国制造业对出口的依赖程度较大，其中其他电气机械和器材、通信设备，文化、办公用机械，计算机、纺织制成品对出口的依赖度系数都超过了0.6，属于典型的依赖出口型产业。

从139个产业部门对不同最终需求（消费、投资、出口）依赖程度的横向比较发现，有46个产业部门对消费的依赖度系数大于50%，有41个产业部门对投资的消费系数大于50%，有9个产业部门对出口的依赖度系数大于50%，整体而言，大多数产业部门对消费和投资的需求较大，而对于出口的需求则相对较弱。

新闻和出版，广播、电视、电影和影视录音制作合并成为传媒产业，制成138个产业部门投入产出表，根据最终需求依赖度系数模型计算出传媒产业的最终需求依赖度系数，并结合前文的计算结果来分析传媒产业及细分产业最终需求依赖度系数，具体结果如表4-24所示。

表4-24　　　传媒产业及细分产业最终需求依赖度系数

产业部门	最终需求依赖度系数 Z_i^k					
	最终消费	排序	投资	排序	出口	排序
广播、电视、电影和影视录音制作	0.766375	17	0.132695	115	0.100929	111
新闻和出版	0.704127	26	0.139836	114	0.156038	91
传媒产业	0.73640	20	0.136134	114	0.127466	98

由表4-24可知，传媒产业及细分产业对最终消费的依赖度系数最大，均超过了0.7。其中，新闻和出版最终消费的依赖度系数为0.704127，位于139个产业部门中的第26位；广播、电视、电影和影视录音制作最终消费依赖度系数为0.766375，位于139个产业部门中的第17位；传媒产业对最终消费的依赖度系数为0.73640，位于139个产业部门中的第20位。这说明传媒产业及细分产业属于依赖消费型产业部门，最终消费对传媒产业及细分产业发展具有重要的意义。相对而言，投资和出口对传媒产业及细分产业的推动作用不明显，依赖度系数均小于0.2。

本书根据2012年中国139个产业部门的投入产出表，结合生产最终依赖度系数模型，计算出传媒产业以及文化产业各产业部门的生产对最终需求项（消费、投资、出口）的依赖程度，如表4-25所示。

在文化产业中，教育，文化艺术，体育，广播、电视、电影和影视录音制作，新闻和出版，电信和其他信息传输服务，娱乐这7个产业部门对消费的依赖程度较大。依赖度系数分别是0.970872、0.928484、0.902708、0.766375、0.704127、0.634982、0.559869。这些产业的增加值主要依靠满足消费需求来实现，可以说，消费支撑这些产业部门的发展。

文教、工美、体育和娱乐用品，文化、办公用机械，广播电视设备和雷达及配套设备这3个产业部门属于依赖出口型产业部门，它们对出口的依赖度系数分别是0.502206、0.608959、0.595845，这说明出口需求对这3个产业部门的影响程度较大。这3个产业部门均属于制造业，结合139个产业部门中的其他制造业的出口依赖度系数可以发现，出口依赖型产业多集中于制造业，这说明出口需求对中国的制造业影响程度较大，容易受国际市场影响。

表 4-25　　　　　　　　文化产业部门生产依赖度系数

部门	最终消费	排序	投资	排序	出口	排序
造纸和纸制品	0.384844	62	0.312066	73	0.303090	42
印刷品和记录媒介复制品	0.436556	51	0.336270	68	0.227174	69
文教、工美、体育和娱乐用品	0.302996	78	0.194799	100	0.502206	9
涂料、油墨、颜料及类似产品	0.210775	92	0.492167	43	0.297058	46
文化、办公用机械	0.090235	124	0.300807	76	0.608959	3
广播电视设备和雷达及配套设备	0.019577	136	0.384578	59	0.595845	6
视听设备	0.377380	64	0.231493	93	0.391127	21
电信和其他信息传输服务	0.634982	34	0.269782	82	0.095236	116
教育	0.970872	4	0.018079	135	0.011049	133
新闻和出版	0.704127	26	0.139836	114	0.156038	91
广播、电视、电影和影视录音制作	0.766375	17	0.132695	115	0.100929	111
文化艺术	0.928484	7	0.018356	134	0.053159	125
体育	0.902708	9	0.000000	139	0.097292	115
娱乐	0.559869	43	0.233293	92	0.206838	78

表头：最终需求依赖度系数 Z_i^k

第六节　本章小结

本章依据产业关联理论以及投入产出表，运用投入产出模型和相关数据，编制了传媒产业投入产出表。在此基础上，对传媒产业及细分产业与其他产业的关联效应进行实证分析，重点考察了传媒产业与文化产业、高技术产业之间的相关关系，整体分析了传媒产业对其他产业的关联带动效应，以及其他产业对传媒产业的推动和拉动作用，为传媒产业与其他产业通过关联效应取得进一步发展提供分析框架和实证依据。产业间除了波及效应之外，还有动态波及效应和诱发关联效应，通过波及效应分析，本章分析了传媒产业在发展中受到其关联产业的波及作用以及传媒产业对其他产业的波及影响，为传媒产业成长关联机制的研究提供实证基础。

本章分为两大部分，第一部分是运用产业关联模型和理论，分析传媒产业与其他产业的关联效应。首先，考察了传媒产业的前向关联产业和后向关联产业，传媒产业的后向关联产业是为传媒产业提供原材料的产业部门，主要包括造纸和纸制品，货币金融和其他金融服务，印刷品和记录媒介复制品，批发和零售，电力、热力生产和供应等产业部门。传媒产业的前向关联产业是传媒产业产品和服务的主要销售对象，主要包括公共管理和社会组织，房屋建筑，电力、热力生产和供应，钢压延产品，货币金融和其他金融服务，教育，电信和其他信息传输服务等产业部门。本书中不仅分析了传媒产业与其他产业间的直接关联关系，也通过完全消耗系数和完全分配系数考察了传媒产业与其他产业的间接关联关系，通过分析发现传媒产业通过间接关联对其他产业的需求拉动和供给推动作用较大幅度增加。传媒产业与国民经济中的大多数产业部门存在经济技术联系，与其他产业部门的联系较广，但联系较深的产业部门不多。其次，对传媒产业链进行了分析，通过关联比例法分析发现，传媒产业的上游产业主要集中在一些高耗能、高污染的产业部门，为传统媒体产业提供生产所需的原材料和服务。传媒产业的下游产业链比较窄，涉及的产业部门较少，需要扩大传媒产业的下游产业链，以增加传媒产业的竞争力。最后，对传媒产业与其他产业的整体关联效应进行了考量，中国其他产业部门整体对传媒产业的消耗偏低，这说明中国传媒产业对其他产业的前向效应不明显，意味着传媒产业对其他产业的推动作用不突出，没能发挥对其他产业部门的关联带动作用。通过对历年传媒产业的中间投入率和中间需求率进行分析发现，传媒产业及细分产业属于"高中间投入，低附加值"产业部门，传媒产业的中间需求率逐年降低，传媒产业属于生活服务型产业，是最终产业。2007年、2012年中国传媒产业及细分产业的前向关联指数和后向关联指数均低于当年均值，这说明中国传媒产业不能对其下游产业和上游产业起到明显的拉动和推动作用，同时也不能通过相关产业的前向拉动和后向推动较大地促进自身的发展。

　　本章第二部分分析了传媒产业和其他产业的动态波及效应和诱发关联效应。首先，运用影响力系数和感应度系数分析了传媒产业如何波及影响其他产业以及如何受其他产业的影响，结合本章的前部分内容，对波及的路径及效果进行了分析。结果显示，中国传媒产业及细分产业的影响力系数均小于1，低于全产业的平均水平，这说明传媒产业对其他产业的带动作用较小，对其他产业的波及效应仍然较弱。传媒产业2012年的影响力系数为 0.829737，较 2007 年（0.905643）有所下降，这说明中国传媒产业对其他产业的拉动作用有下降的趋势。2007 年和 2012 年中国传媒产业及细分产业的感应度系数均小于 1，低于全产业的平均水平，说明传媒产业受其他产业的推动作用不明显，传媒产业对其他产业发展的制约作用较小。传媒产业 2012 年的感应度系数为 0.685101，低于 2007 年的感应度系数（0.706976），传媒产业对其他产业的整体推动作用降低。其次，因传媒产业是文化产业的重要组成部分，本章还在文化产业框架内分析产业波及效应。整体而言，中国文化产业的平均影响力系数为 0.960167，略低于 139 个产业部门的平均水平。传媒产业的影响力在文化产业中处于中等偏下的位置。中国文化产业各子产业的平均感应度系数为 0.717154，低于 139 个产业部门的平均水平，中国文化产业对国民经济的制约作用不明显，这与将中国文化产业作为支柱产业来发展的目标不符。广播、电视、电影和影视录音制作，新闻和出版的感应度系数均低于文化产业的平均感应度，这说明传媒产业对其他文化产业部门的波及影响有限，同时对文化产业其他产业部门的影响不敏感。造纸及纸制品，涂料、油墨、颜料及类似产品，印刷品和记录媒介复制品的感应度系数超过平均水平 1，娱乐及电信和其他信息传输服务的感应度系数高于文化产业的均值，这些产业是文化产业中其他产业部门的发展瓶颈，易受文化产业中其他产业部门的最终需求变化的影响。这些产业可以通过前向关联作用对文化产业整体起到较大的推动作用，因此应优先发展，以此带动包括传媒产业在内的文化产业整体发展。

最后，本章综合生产诱发效应和最终依赖度指标分析，指出传媒产业属于消费拉动型产业，其生产主要是靠消费需求引发的，即最终消费需求通过生产诱发效应拉动其发展。投资和出口这两项的生产诱发系数远低于均值，在所有产业中排在靠后位置，这说明投资和出口对传媒产业的推动作用不明显，不能有效地促进传媒产业的发展。传媒产业对最终消费的依赖度系数最大，属于依赖消费型产业部门，最终消费对传媒产业发展具有重要的意义。相对而言，投资和出口对传媒产业及细分产业的促进作用不明显。

第 五 章

传媒产业融合发展研究

近年来,随着信息技术的发展,传媒产业融合趋势明显,范围也逐渐扩大。传媒产业融合发展是一个长期的、动态的过程,涉及多个层面。中国传媒产业融合发展的动因、趋势、存在问题以及未来融合发展路径选择等,需要进一步探索。本章将在分析传媒产业融合发展现状、影响因素以及产业关联与融合关系基础上,结合上一章关于传媒产业关联效应与波及效应分析的结论,探索传媒产业关联与融合整体发展模型,并对该模型进行实证研究。

第一节 产业融合趋势下的中国传媒产业

一 中国传媒产业融合发展的动因

产业融合是技术进步催生的结果,新技术创新与扩散推动了产业融合,构成了产业融合发展的重要动因。技术创新能够创造出新的产品和服务,并将新技术和新工艺渗透到其他产业中,从而改变原有产业的生产技术路线,扩充产业经营的形式和内容,最终改变原有产业的消费特征和生产成本,为原有产业开创新的市场需求。

从世界范围来看,传媒产业融合始于 20 世纪 90 年代,信息技术的创新与扩散为传媒产业、电信产业和互联网产业的融合奠定了基础。新技术催生了新的媒介形式,同时也改变着传统媒介的形态。融合使传媒子产业间的力量对比发生了变化,新媒体产业和传统媒体产业在市场秩序、市场结构等方面发生了巨大的变化。近年来,伴随着中国新媒体产业与传统媒体产业实力的变化,中国传媒产业的竞争格局发生改变,传统媒体产业和新媒体产业进入竞争共赢的产业融合发展期。[①]

以报纸、广播、电视为代表的传统媒体产业开始主动寻求与新媒体产业的融合，它们之间的边界不断趋于模糊，传媒产业子产业间的结构发生了变化。同时传媒产业与其相关联产业通过产业渗透、产业交叉的融合方式导致了传媒产业结构的变化，传媒产业与其相关联产业间的边界不断消融。融合重塑了传媒产业的发展路径，并为传媒产业发展带来新的机遇，彰显了它对传媒产业发展的巨大推动力，该推动力源自于产业融合发展对产业形态、产业组织和产业结构的创新。

（1）产业形态的创新

传媒产业借助产业交叉、产业渗透和产业重组，能够形成融合型新产业。信息技术的应用孵化出新的传媒产业形态，并引起传统媒体产业形态的变革。一方面，随着数字技术、网络技术、通信技术的应用，新媒体不断产生，进而出现了新的传媒产业形态，互联网产业和移动互联网产业即是两种有代表性的新传媒产业形态。在"互联网＋"时代，互联网产业在国民经济中的地位越来越凸显，是推动社会发展和促进创新的重要力量。另一方面，传媒产业融合开启了以电视、报刊为代表的传统媒体数字化转型之路，而传统媒体的数字化和网络化转型正是传媒产业形态创新的重要表现。信息技术为传统媒体产业的形态创新提供了技术支持，在大众传播时代，传统媒体的信息承载量有限，传播方式单一，传播范围有限。传统媒体产业的信息化改造，突破了以往的发展瓶颈，使得上述问题迎刃而解，如数字电视的出现，使得频道资源大幅增加；网络报纸则突破了版面的限制，使得报纸的信息容量剧增。信息技术改变了单一的传播方式，交互式的传播为受众提供了更高的自由度和更大的选择空间，逐渐导致了市场权力的转移，即信息消费的主动权由媒介转向受众。

（2）产业组织的创新

产业融合模糊了传媒产业与其他产业间的边界，形成了新的融合型传媒产业。可竞争性市场理论认为，新产业的出现没有沉没成本，潜在竞争者在生产技术、生产成本和人才等方面不存在竞争劣势，新的融合型产业

[①] 赵文晶、王馨慧：《中国传媒产业转型期发展的新模式研究》，《现代传播（中国传媒大学学报）》2013年第2期。

体系能够有效降低产业进入和退出壁垒，融合型产业体系是维持高效率的市场组织。因此，融合能够促成传媒产业竞争优势，获取更大的经济效益。

融合使得产业间的边界逐渐消失，传媒产业与其他关联产业建立横向联系并形成新的协同效应，以渗透性的逻辑呈现出产业组织创新。根据SCP 分析理论，企业行为和绩效由产业结构决定，竞争存在于同一产业内部的企业之间，不存在于不同产业部门的企业之间。但产业融合改变了这种情况，通过产业间的交叉、渗透以及重组，传媒产业与其他产业的边界被打破，产生了竞争协同关系。如网络电视和数字报纸，作为媒体融合产生的新媒体，改变了电视、报纸与互联网产业分立状态，相互之间产生了竞争协同关系，实现了产业组织的创新。

相较于以往的传媒产业，融合背景下的传媒产业各子产业间的横向联系更加密切，彼此之间的作用力更强，从而使得传媒产业的整体实力不断增强。产业融合使传媒产业与其关联产业形成网络型的关联关系，区别于之前的纵向关联关系。网络型的关联关系加深了传媒产业与其他产业间的联系，也使得传媒产业各子产业间的联系更加密切。

（3）产业结构的创新

传媒产业融合发展是建立在技术创新与应用基础上的传媒产业革新，体现了信息时代产业结构变革的趋势，使得传媒产业内部各子产业间结构趋于柔性化，传媒产业与其关联产业的边界变得模糊。传统的产业边界是由于不同产业间存在着进入与退出壁垒而产生的，产业边界的存在使得产业分立，由此形成纵向一体化产业结构。[1] 然而，信息技术基础上的产业融合，使产业间形成新的产业分工以及横向一体化。[2]

在产业融合过程中，传媒产业各子产业之间在数字化技术基础上发生融合，同时传媒产业与其他产业的技术互相渗透，传媒产业与其他产业之间的技术边界逐渐消解。由于国家对传媒产业管制的放松，传媒企业积极扩大经营范围，生产和推出多样化产品和服务，使得传媒产业各子产业间

---

[1] Mueller M. , *Telecom Policy and Digital Convergence*, Hong Kong: City University of Hong Kong Press, 1997.

[2] 周振华：《信息化进程中的产业融合研究》，《经济学动态》2002 年第 6 期。

以及传媒产业与其关联产业间的业务边界逐渐模糊。技术和业务的融合造成了传媒产业各子产业以及传媒产业的关联产业产品和服务差异逐渐缩小和模糊，逐渐演变成全新的融合型传媒产业，产业结构及其理论体系也随之发生重大改变。

传媒产业融合发展过程中，新的传媒技术、传媒产品和服务吸引大量的消费群体，原有的技术、产品和服务已不能满足受众的消费需求，造成了新媒体产业市场需求的迅速增长和传统媒体产业市场需求的逐渐萎缩，改变了新媒体产业和传统媒体产业的力量对比。传统媒体产业在整体传媒产业结构中的地位和作用不断下降，与此同时，新媒体产业在传媒产业结构中逐渐取得优势地位。新技术融合改变了传统媒体产业的生产与服务方式，传媒产品和服务不断升级，从而引发了需求结构的相应调整，最终引发了传媒产业结构的变革与创新。

二　中国传媒产业融合发展的趋势

产业融合涉及多个层面，包括产业结构、相关政策、技术水平、创新人才、产业规模等，并牵涉多个利益群体。当前，中国传媒产业的产业结构与融合的技术、市场、需求不相容，融合发展过程中存在着诸多问题，需要运用政府、市场和企业的力量，使传媒资源优化配置，最终促进传媒产业的融合发展。

（1）从技术融合到业务融合，再到产业融合

技术壁垒是产业间分立的一个重要因素，不同的技术壁垒能划分并强化产业边界，产业融合的第一步就是打破技术壁垒实现技术融合。从技术角度看，信息技术整合了原本分立的信息传输平台，随着信息技术的创新扩散，原来各产业分立的传输平台由专用性变为非专用性。

信息技术的应用消除了传媒产业与其关联产业之间的技术壁垒，也促成了传媒产业各子产业的数字化转型，这些产业也能够生产出可替代或相同的产品。信息技术的发展使原本相互独立的产业联系起来，如电信与广播电视业，通过信息技术创新与扩散，二者所生产的产品和提供的服务差异化降低，可替代性增强。信息技术瓦解了传媒产品和服务的专属性，市场上出现的可替代性产品和服务增多，传媒产业内部各子产业之间的竞争加剧。与此同时，传媒产业也不得不与其他关联产业展开市场争夺，寻求

增量缓解。在竞争加剧的过程中,产业间的业务互相拓展,难免交叉和导致业务融合,这种技术和业务的融合,使得传媒产业原有的生产方式、销售方式、盈利模式等发生了改变。随着旧有价值链解体,新的价值链建立起来,传媒产业的价值创造和传递不再是单向的模式,而是一个复杂的网状模式。

从技术、产品再到业务的融合,传媒产业原有的内容生产方式、传播模式、管理方式、产业规制发生改变,传媒产业的产品更加多元化,内容生产和加工的能力提升,实力不断增强,业务范围也不断拓宽。产业间的竞争日趋激烈,传媒产业各子产业间,以及传媒产业与其他产业之间通过并购与重组,实现产业间的融合。

(2)传媒产业的并购与重组

传媒产业通过并购与重组来实现资源优化配置,维系其独特的市场空间并提升核心竞争力。传媒产业并购形式包括兼并与收购,具体而言,兼并就是一家以上的传媒企业通过产权交易获取其他传媒企业的产权,最终获取被并购企业一方的控制权的经济行为,该过程中被并购传媒企业的法人资格丧失;收购是一家传媒企业以资产或股票购买的形式,去争取其他传媒企业的所有权或控制权。重组是指传媒企业重新调整控制权或所有权,因重组内容的不同,形成股权重组、资产重组、负债重组等重组类型。

自2010年开始,并购与重组在中国传媒产业发展中逐渐形成潮流,呈现出加速推进态势,且跨行业、跨地域、跨所有制的特征突出。信息技术的日新月异,全球经济一体化以及产业融合的大趋势,构成了传媒企业并购与重组的重要经济环境,并且影响了传媒企业并购与重组的战略选择。从体量上看,传媒企业并购与重组的过程是实现企业规模化的过程,也是融合的过程。在并购与重组推进的基础上,传媒产业的内向融合与外向融合得以开展,传媒企业通过规模扩张,提高生产和经营效率,降低各项成本,有助于实现内部经济。另一方面,通过产业集聚,与外部资源进行整合,提升整个传媒产业的实力,有助于实现外部经济。

近年来,中国传媒产业的并购与重组范围逐渐扩大,从国内走向了国际。例如2009年时代出版收购安徽人民出版社100%股权,2011年凤凰传媒与天舟文化合作,成立江苏凤凰天舟新媒体发展有限公司,该公司经营理念在于打造一个全产业链发展模式，经营范围跨越多个产业部门。2012 年大连万达集团斥资 26 亿美元收购全球排名第 2 位的院线集团 AMC 集团。2013 年蓝色光标收购了英国 WAVS 公司，2014 年收购了全球排名靠前的国际营销传播机构 Visi07。2015 年阿里巴巴集团收购《南华早报》以及南华早报集团的其他资产，涵盖杂志出版、招聘、户外媒体、活动及会议、教育及数码媒体等业务。

（3）从前"互联网+"时代到传媒"互联网+"时代

2015 年 3 月，李克强总理在政府工作报告中首次提出"互联网+"计划，指出要将现代制造业与移动互联网、物联网、云计算、大数据等结合起来，共同推进行业发展。这意味着"互联网+"已成为国家发展的一个重要战略目标。

自 1994 年中国接入互联网以来，互联网对传媒业的渗透和影响程度日益彰显。中国传媒产业与互联网融合发展起步最早，但从整体来看，早期传媒业与互联网的融合大体上停留在浅层次和局部。

"互联网+"战略提出以后，越来越多的传统媒体积极探索各种深度转型融合的可能性，而互联网企业的"倒融合"也逐渐形成规模化。有学者将 2014 年起互联网推动媒体深度融合、传统媒体实质性开展"互联网+"转型的阶段定义为传媒"互联网+"时代，将之前的阶段称为前"互联网+"时代。[①]

在前"互联网+"时代，传统媒体产业在探索与互联网融合发展过程中，仅停留在技术和业务层面的融合，较少涉及产业融合的层面。传统媒体产业自身没有改变，只是利用互联网技术来拓展传播渠道、增加信息载荷、提高产品和服务质量以及提升经营效率。这种融合方式，不能促使传统媒体产业发展的转型升级，也不利于新媒体产业的培育与发展。而"互联网+"计划的提出，对传媒产业与互联网产业的融合发展过程提出了更高的要求，在这一过程中，互联网与传统媒体产业要进行更大范围、更深层次的融合，以实现资源共享与优化配置，整合传媒资源，塑造新的产业价值链，提升产业竞争力，从而完成对传统媒体产业的升级转型以及

[①] 张鸿飞、李宁：《"互联网+"时代传媒产业生态结构的变迁》，《编辑之友》2017 年第 5 期。

对新媒体产业的培育与发展。

"互联网+"本质就是联系和整合，将包括传媒产业在内的多个产业联结起来，以实现资源共享、产业价值链整合再造，从而构建出一个新型的生态环境。传媒产业在这个新的环境中完成深层次的大融合，从而实现产业的新生。传媒产业与互联网进行内容、渠道、技术、数据等各项资源的整合，实现与其相关产业的资源共享、业务整合，从而建立共享经济平台，最终实现循环发展的目标。

三 中国传媒产业融合发展的困境

（1）相应制度供给不足

充足有效的制度供给能够为传媒产业发展提供重要的保障，制度供给跟不上传媒产业发展的形势，会严重影响传媒产业融合发展的进程。中国传媒产业融合发展过程中会面临诸多问题，需要协调多方利益。处理传媒产业各子产业间的关系，以及传媒产业与其他关联产业之间的关系，需要相应的制度保障。

近年来，中国传媒产业相关制度不断完善，但仍然跟不上传媒产业融合发展的进度，在设置上也未能完全契合中国传媒产业的双重属性。在现有的传媒制度结构中，对传统媒体规制过多，而新媒体规制处于结构的边缘地带，制度成本相对较低。这种结构的不平衡，导致了资本更多地流向制度成本更低、回报率更高的新媒体产业，从而不利于传统媒体产业的发展。同时，新媒体的相关规则尚不成熟，不能长远地保证新媒体产业沿着健康轨道发展。整体上看，既有的传媒制度供给状况对传媒产业融合发展的推动力减少，而约束力在逐渐增强，难以为传媒产业融合发展提供持续的动力。

制度供给不足已成为制约传媒产业融合发展的一个重要因素，制度建设的成本过高是制度供给不足的重要原因，解决该问题需要加大制度建设资金投入，同时可以适度颁布一些地域性的办法或条例，从媒介组织内部推行非正式的规制，作为正式制度的有效补充。

（2）技术、资本的竞争劣势

产业发展水平受其所拥有的资源要素影响，技术和资本是决定产业发展最为关键的要素。以信息技术为代表的新兴技术已经广泛渗透到当今社会生活的各个层面，传媒产业的技术水平以及创新速率，对传统媒体产业的转型升级以及新媒体产业的培育和发展至关重要。传统媒体产业需要依靠技术来实现产品和服务的创新与升级，采用新技术来实现数字化转型，提高产业管理水平和盈利能力，提升产业整体的竞争力。新媒体产业的培育与发展同样依赖新技术的应用与开发，新媒体的产生和发展得益于技术的更新换代，新技术应用是新媒体的重要特征之一，不仅使新媒体产业获得巨大的发展动能，也为新媒体产业赢得了广大的市场和大量的受众群体。最终新媒体产业对传统媒体产业带来巨大的冲击，改变了传媒产业的竞争格局。

技术对传媒产业的融合发展至关重要，但技术仍然是阻碍传媒产业融合发展的重要短板。与其他相关产业比较而言，中国传媒产业整体技术仍处于中低端水平，特别是与信息产业等高新技术产业相比，传媒产业的技术创新和应用能力明显不足，在这种状况下，传媒产业在与这些关联产业的融合发展过程中是处于被动的位置。

传媒产业属于高投入、高竞争的产业部门，对资本的需求量较大。传媒产业的基础设备维护、人员投入、技术革新、产业升级、新产品研发、市场调研等都离不开资金的投入。传媒产业融合发展过程中涉及的技术、人才、设备都需要巨大的资金支持。相比新媒体产业，传统媒体产业的资本流入有限，充足的资本能为传统媒体产业转型升级提供保障，为数字化转型提供必要的物质支撑，从而确保传统媒体产业融合发展顺利进行。为了满足传媒产业融合发展的资本需求，一方面，传媒产业需要稳定而健全的金融体系和融资渠道，多方投入；另一方面，需要增强传媒产业的盈利能力，通过传媒产业自身的发展获取足够的资金，从根本上解决传媒产业融合发展资本短板问题。

技术和资本是中国传媒产业融合发展的短板，限制了传媒产业的进一步发展，削弱了传媒产业的国际竞争力。

（3）融合导致传媒产业核心优势的消失与价值的转移

信息技术是产业融合的基础动力，数字技术和网络技术在推进传媒产业与其他产业融合发展的同时，也孕育了传媒产品的替代品，这些替代品的出现打破了传媒市场的垄断，使得传媒产业的价值不断流向其他产业，从而导致传媒产业核心优势的逐渐瓦解。数字技术将所有传媒内容产品转换为数字产品，网络技术使得这些数字产品无限复制和广泛传播。海量的信息导致传媒内容产品稀缺性的降低，从而压缩了传媒产业的利润，资本的逐利性驱使资本流向获利更高的产业。受众信息消费习惯的改变，导致了受众的分流，传媒市场出现了萎缩，价值的转移也发生在传媒产业内部，传统媒体产业的价值正流向新媒体产业。

以报业为例，报业消费群体不断减少，报业的广告收入锐减，近年来持续下滑。自 2008 年以来，报业出现停刊潮，《纽约太阳报》《西雅图邮报》《基督教科学箴言报》《安娜堡新闻报》等百年老报相继停刊，一些老牌报纸纷纷被出售，具有 140 年历史的《波士顿环球报》被纽约时报公司低价转让，《华盛顿邮报》也宣告易主，被电子商务巨头亚马逊收购，这成为纸媒衰败的标志性事件。在数字化时代，报纸业迅速溃败，一些报纸"弃纸从网"，转战网络。

中国传媒企业纷纷开启数字化之路，但效果并不明显，面临着多重困难。一是既有的管理体制不能适应传媒产业进一步融合发展的需求。产业融合背景下，产业间界限被消融，逐渐形成多种产业资源流通共享的新环境，因此迫切需要一个新的管理体制来适应融合后的产业形态。二是传媒产业的盈利模式单一，过于依赖广告收入，特别是传统媒体，在广告收入持续下滑的情况下仍不能找到合适的盈利模式。三是中国传媒产业在国民经济中的实力偏弱，在与其相关联产业的竞争中优势不明显。

（4）传媒产业的双重属性的限制

中国传媒产业具有事业性与产业性的双重属性，政府在传媒产业管理上也演绎着双重性，政治性与经济性并存。中国传媒产业的制度也应体现这种双重属性，事业逻辑和产业逻辑同时存在。传媒产业的双重属性意味着传媒产业融合之路的双重制约与限制。一方面，传媒机构占有巨大的社会资源，具有重要的舆论导向功能和巨大的社会影响力，需要承担相应的社会责任。另一方面，产业生存和发展需要必要的物质保障和大量的资金投入，为实现可持续发展，传媒产业需要追求经济利益。如何平衡社会功能与经济功能，既充分发挥传媒机构的舆论引导作用和社会效益，又能实现传媒产业的可持续发展，这是中国传媒产业融合发展过程中不能回避的重要现实问题。

第二节 传媒产业融合模式选择

产业以融合方式成长,已经成为产业成长的一种重要趋势。本书将传媒产业融合发展划分为外向融合和内向融合,传媒产业的外向融合是指传媒产业与其相关联产业的融合,传媒产业的内向融合则是指传媒产业内部各子产业间融合。

在融合对象、方式和目标上,传媒产业内向融合与外向融合存在明显的不同,具体如表 5-1 所示。

表 5-1　　　　传媒产业的外向融合与内向融合模式

融合模式	融合对象	融合方式	融合目标
外向融合	与传媒产业密切相关联产业、高技术产业、文化产业内部各子产业	渗透融合、重组融合、交叉融合	1. 升级产业结构,提升传媒产业在国民经济中的影响力。2. 与高新技术产业融合,提高生产效率,促进产业成长。3. 扩大产业规模,提高国际竞争力。4. 整合外部资源,构建良好的外部生态环境
内向融合	传媒产业内部各子产业	内容跨越型融合、规模扩张型融合	1. 打造高品质的传媒内容产品,提高媒体的创新创意能力,从而提升传媒产业的核心竞争力。2. 传统媒体产业的升级转型以及新媒体产业的培育与发展。3. 整合传媒产业内部资源,打造资源共享平台,构建良好的内部生态环境

一　传媒产业外向融合模式

传媒产业通过产业间相互渗透、交叉和重组等横向产业关联扩张方式,与其相关联产业融合,实现产业创新和拓展。融合发展能使产业部门获取范围经济效应和规模经济效应,从而推动产业发展。传媒产业的外向融合发生在传媒产业与其密切关联产业部门之间,主要包括高技术产业部门、文化产业的子产业部门,以及为传媒产业提供生产原材料的能源产业部门。

高技术产业意味着高成长率和高创新率，代表了产业的发展方向，拥有极强的产业带动作用，具有渗透性、关联性和倍增性等特点。目前，传媒产业与高技术产业的融合，主要发生在传媒产业与信息产业部门之间，信息产业通过渗透的形式与传媒产业相融合。传媒产业是文化产业的核心部门产业，传媒产业与文化产业内部的其他子产业主要通过重组的方式进行产业融合。根据本书上一章分析结论，传媒产业的关联产业包括造纸和纸制品，印刷品和记录媒介复制品，批发和零售，精炼石油和核燃料加工品，商务服务，道路运输，纺织服装服饰，专用化学产品和炸药、火工、焰火产品，电力、热力生产和供应，货币金融和其他金融服务，教育，电信和其他信息传输服务等产业。传媒产业与这些产业通过相互渗透、交叉和重组的方式进行产业融合。

（1）传媒产业的渗透型融合

产业渗透型融合，是指产业间采用相同技术，使原本相互独立、不相关联的产业产生竞争关系，形成横向联系。传媒产业的外向融合发展重点发生在传媒产业与高技术产业之间，主要是通过技术融合。以信息技术为代表的高技术产业具有渗透性、关联性特点，使其容易渗透到传统媒体产业部门。正是由于信息技术、数字技术、网络技术的融入，传媒产业得以融合发展，产业的属性被改变，生产效率也得到了极大提高。

例如，传统媒体产业与互联网产业融合产生了电子图书、数字出版、数字电影等新型产业。传媒产业与其他相关产业，特别是高技术产业的融合不仅能够提高传媒产业的竞争力，提升整体传媒产业在国民经济中的地位，也能开拓传媒市场和领域，推进传媒产业较快发展。

在过去，传媒产业与汽车产业相互独立，鲜有交集，随着数字技术的突破和快速发展，汽车产业对移动数字电视、移动多媒体产生了较大的需求，逐步形成了汽车产业与传媒产业的良性互动。随着中国汽车产业的迅速发展，对移动数字电视、广播的需求急剧增加，规模效应开始显现，对传媒产业的带动作用明显。

传媒产业与其他产业的融合能够影响和改变传媒产业的产品和服务、市场竞争及价值创造，从而改变传媒产业原有的产业边界、市场范围和核心能力。传媒产业与其他相关产业的融合进一步催生新的产业，导致了新产品和新服务的出现，开拓了新的市场，使得新的竞争者进入，促进资源的整合，并塑造了新的市场结构。同时，传媒产业的外向融合给传媒产业带来了巨大的增长效应，传媒产业与其相关产业的融合使得传媒产业的结构演变、传媒产业与其他相关产业的关联效应、传媒产业的组织形态和传媒产业的区域布局都发生了变化。如由于信息技术具有广泛的渗透和扩散特点，传媒产业与信息产业的融合，能够促进传媒产业的数字化进程，促进传媒产业的新技术、新业务、新形态的产生与发展。

（2）传媒产业的重组型融合

产业重组是实现产业融合的重要方式。重组型融合一般发生在某一大类产业部门内部的子产业之间，由这些产业间业务相互延伸而来，重组融合所产生的产品或服务不同于原有产品或服务。产业内部相关联的产业通过统合提高竞争力，适应市场新需求，形成新的形态。传媒产业是文化产业的一个主要子产业，文化产业为了进一步发展需要重新整合，通过上下游产业链将造纸和纸制品，印刷品和记录媒介复制品，涂料、油墨、颜料及类似产品，以及文化、办公用机械，视听设备，广播电视设备和雷达及配套设备，传媒产业，教育，文化艺术，体育，电信和其他信息传输服务，娱乐等产业融合起来，形成新的业态，以适应新的需求，并且提高了生产效率。

传媒产业是文化产业的核心部门，通过文化产业内部各子产业之间的重组融合，调整传媒产业上游产业部门的组合，降低对造纸和纸制品，印刷品和记录媒介复制品，涂料、油墨、颜料及类似产品等低环保产业的依赖，提高与电信和其他信息传输服务这一高技术产业联系，使传媒产业的上游产业链得以重组与整合，融合后的传媒产品和服务具有更鲜明的网络化、数字化和智能化特征。重组融合能够使文化产业内部产生明显的融合经济效应，使包括传媒产业在内的产业价值链发生变化，产业的生产效率和产品替换率提高，收入弹性增加。

一方面，传媒产业在文化产业内部重组融合中，要加强与电信和其他信息传输服务这一高技术产业的融合，从而生产更多的具有网络化、数字化和智能化特征的产品，为传媒产业的下游产业，如教育、娱乐、体育等产业部门提供新的融合型产品和服务，通过供应链将传媒产业的上下游产业联系起来，形成新的纵向一体化发展模式。另一方面，文化产业部门的内部重组融合，能够加强传媒产业与娱乐、体育、教育等产业部门的横向联系，从而促进传媒产业的发展，如视听产业就是整合了传媒产业与娱乐、体育、教育、视听设备、电信和其他信息传输服务、计算机等产业的资源而形成的新的产业形态。这种新产业形态代表传媒产业发展的方向，满足受众媒体产品消费的新需求，开拓新的市场，提升传媒产业的综合竞争实力。

（3）传媒产业的交叉型融合

产业交叉型融合是产业融合的重要途径之一，通过产业间的功能互补以及延伸完成，一般发生在与产业部门有前向、后向关联产业之间。这种产业间的融合会引起产业边界的模糊或消失，在产业交叉的范围形成新的产业形态。这类融合使得原有产业被赋予新的功能，形成新的产业体系，同时又保留了原有产业，改变了原有的产业结构。广播电视、出版和电信的三网融合就是典型的产业交叉融合。

三网融合使得传媒产业能消除与电信、信息产业间的边界，通过交叉平台，整合产业资源以开发新产品和服务，通过重塑和延伸价值链扩大传媒产业收益。传媒产业通过与其他高技术产业的融合催生出新的融合型产业，如与计算机、互联网产业融合，产生了全媒体产业，同时，使得新媒体技术与计算机技术和互联网技术在各自的领域中融合升级，形成了多媒体信息技术。

传媒产业与相关产业通过渗透、重组、交叉的方式融合，提高产业的技术水平，采用先进的管理模式，提高产品质量，延伸和重塑产业链，增加产品附加值，从而升级产业结构，提升传媒产业在国民经济中的影响力。高技术产业中的电子信息产业与传统产业的关联性最强，这说明电子信息产业最易向包括传媒产业在内的传统产业渗透，能够通过融合赋予传媒产业新的功能，带动传媒产业的发展。

由此看来，外向融合能够提高传媒产业的创新能力和生产效率，增加新的产业形态，从而扩大产业规模，提高传媒产业的国际竞争力。通过与相关产业间进行内容、渠道、技术、数据资源的整合，实现资源共享、业务整合，建立共享经济平台，以实现循环发展，从而构建传媒产业发展良好的外部生态环境。

二 传媒产业内向融合模式

传媒产业是由电视、报纸、期刊、图书、音像、广播、电影、互联网和移动增值等多个子产业组成，传媒产业的内向融合主要发生在传统媒体产业和新媒体产业之间。传媒的核心竞争力是内容，坚持内容的原创性是关键。如何创造丰富的原创性内容产品是传媒产业发展的关键，因此传媒产业的内向融合的主要目标是通过优化资源配置，打造高品质的传媒内容产品，提高传媒的创新、创意能力。依托传统媒体产业与新媒体产业的融合发展实践，实现传统媒体产业的升级转型以及新媒体产业的培育与发展。整合传媒产业内部资源，打造资源共享平台，构建良好的内部生态环境。

（1）内容跨越型融合

随着信息技术的不断进步，传媒产业与其他产业融合产生了新的媒介形态，不仅催生了新媒体产业，也产生了新媒体技术。新媒体产业的不断发展壮大已严重威胁到传统媒体产业的生存发展，融合发展是传统媒体产业应对新媒体产业挑战的重要途径。新媒体产业也需要通过融合发展来借助传统媒体产业的优势，从而扩大市场，增强实力。本书将传媒产业内向融合模式划分为内容跨越型融合与规模扩张型融合。内容跨越型融合是指传媒产业各子产业采用新技术呈现出自己的内容产品，使其内容产品能够转移到其他媒体上进行传播和表达，并在此基础上实现与其他传媒产业在内容、技术、渠道资源的整合，从而扩展产业的产品、业务和市场。

内容产品跨越型融合是传统媒体产业与新媒体产业融合的主要形式。如图5-1所示，报纸、图书、杂志、电视、广播、电影、互联网、移动增值，以及其他各种终端的内容产品，运用各种媒介技术进行编码，使之能够在其他媒体上展现。跨越式融合不仅存在于传统媒体与新媒体之间，也存在于传统媒体之间。在媒介发展历程中，每当新媒体出现时，传统媒体大都坚持以内容为本，在面对新媒体挑战时，大多尝试采用新技术来展现内容产品，即同一内容在不同媒体技术条件下的再现。报业使用广播电台发布报纸新闻和广告，广播电台向电视台出售其加工后的节目，互联网时代传统媒体内容产品的数字化，均属内容产品跨媒介跃迁。新兴媒体产业与传统媒体产业融合的基础是内容资源再编码，是按照新兴媒体产业的技术标准开展的。①

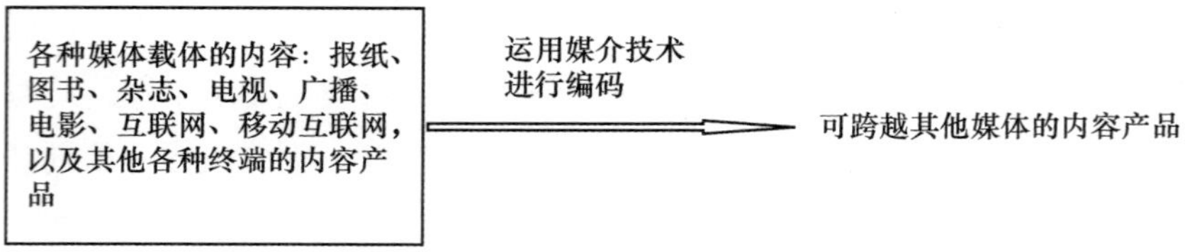

```
┌─────────────────────────┐
│ 各种媒体载体的内容：报纸、│   运用媒介技术
│ 图书、杂志、电视、广播、 │   进行编码
│ 电影、互联网、移动互联网，├──────────────→  可跨越其他媒体的内容产品
│ 以及其他各种终端的内容产 │
│ 品                       │
└─────────────────────────┘
```

图 5-1　内容跨越型融合

新媒体产业凭借技术优势实现了内容生产的规模化，打破了传统媒体产业对内容生产的垄断。报纸与互联网的融合，催生了传统媒体与新媒体产业内容产品的融合，它把报纸的内容信息与互联网的信息融合在一起。目前，大多数报纸都有一个甚至多个相应的报纸网站，有些报纸甚至"弃报从网"，2017 年初，《东方早报》和《京华时报》这两家曾经颇具影响力的报纸停刊，再一次引发了业内对传统媒体转型的讨论。《东方早报》团队提前布局互联网业务，在 2014 年就推出了澎湃新闻网站，为转型发展做好准备。澎湃新闻正是传统媒体与新媒体融合发展的产物，由《东方早报》团队打造运营，二者从一开始就在内容采编上高度融合。2017 年《东方早报》正式告别纸质版宣布停刊，原有的新闻资源转移到澎湃新闻，实现向互联网新媒体的转型。现如今，澎湃新闻客户端下载量已超 6900 万，移动端日活跃用户超过 500 万，已位列国内新闻客户端的第一阵营。② 凭借优质的原创性内容和深度报道，澎湃新闻已成为我国新闻网站原创新闻内容的重要供应商。澎湃新闻在原创能力、传播能力以及影响力等媒体核心竞争力指标上已经不输甚至是超越了《东方早报》。与《东方早报》的成功转型不同，《京华时报》的停刊则是转型失败的一个典型案例。

报业与互联网产业融合发展是共赢的。对报业而言，能够即时传递信

---

① 罗青林：《媒体融合背景下传媒企业经营管理模式分析——基于传媒史的视角》，《江西财经大学学报》2016 年第 3 期。
② 刘永钢：《澎湃新闻：三个坚持实现跨越发展》，http://www.cac.gov.cn/2017-04/17/c_1120824110.htm，2017 年 4 月 17 日。

息，提高新闻的时效性，也能够整合网上的新闻线索和信息，丰富传播内容。同时能够增强与受众群体的互动交流，得到更多的反馈信息，从而吸引更多的受众群体。对互联网络来说，能够借助报纸的公信力和影响力来增加自身的可信度，从而吸引更多的受众接受其提供的内容信息。

广播、电视也在积极与互联网产业融合，推出一系列融合内容产品。大多数广播电台制作的节目可以实时在线收听，广播电台也可以根据市场需求，将其制作的广播节目内容进行再加工，以图片、视频和动画等形式传递给听众，将听众转化成网民，使其获取更为丰富的内容信息产品服务。从简单的传统广播节目上网播出，到细分化和专业化的网络广播电台出现，广播与互联网的融合正在稳步推进。

网络电视不仅能够与受众互动交流，也为受众提供了更多的节目内容和频道资源，使受众的选择更为多样。网络电视的受众群体日益扩大，已经成为人们观看电视节目的重要方式。电视与互联网产业的融合极大地丰富了电视内容产品，根据网络提供的大量新闻线索和素材，电视台经过信息整合和加工，将其制作成节目播出。

(2) 规模扩张型融合

与内容跨越型融合相比，传媒产业规模扩张型融合较多地依靠政府力量，实行以行政调节为主的资源配置方式。规模扩张型融合最早发生在传统媒体之间，以及地理位置接近的媒体之间，最直接的目的是取得规模经济效应，即通过扩大生产规模实现经济效益。

中国传媒产业的规模扩张型融合主要是依靠集团化发展实现的。通过整合集团内部资源，组建了集团内部的内容采集和生产平台，提供初级内容产品，集团内各媒体部门选取自身所需的初级产品进行深加工和创造，生产出各种形态的终端内容产品。集团化发展使中国传媒产业的组织规模、产品结构、市场范围等发生了较大改变，集团化发展重构了产品生产流程，降低了交易成本。

集团化发展是传媒产业发展的一个必然趋势，在政府主导下，自1996年起，各大报业集团、出版集团、广电集团在全国各地相继成立。规模扩张基础上所开展的集团化发展，使得传媒产业取得规模经济效应，一定程度上改变了我国传媒业分散、弱小的面貌，从整体上提升了中国传媒产业的市场竞争力和抗风险能力。

互联网、大数据、云计算等新媒体技术的兴起，让传统媒体产业遭遇了前所未有的调整与冲击，盈利能力不足、盈利模式单一、技术人才缺乏、受众流失等都是传统媒体产业不得不面临的现实问题。为应对危机，以传统媒体起家的传媒集团采取一系列措施整合集团内部和外部资源，尝试通过数字化转型进行调整。与此同时，跨国传媒集团积极布局中国传媒市场，中国传媒产业的竞争形势和市场格局正在改变。仅靠单一的规模扩张已不能应对危机，中国传媒业集团化发展如何应对严峻的挑战，如何提升核心竞争力是当前中国传媒界亟待研究的重要课题。

第三节　传媒产业融合与产业关联的关系

一　产业关联是产业融合的基础与前提

产业关联，是指在经济活动中产业间存在的直接或间接经济技术联系，这种联系通过产品的投入和产出来实现，这里的产品既可以是实物形态的产品，也可以是价值形态的产品。

产业间的技术经济联系是产业融合的前提和基础条件。产品和劳务联系是产业间联系的主要纽带，在此基础上还衍生出价格联系、生产技术联系、投资和劳动就业联系等。产业系统中的各个产业通过这些纽带来进行彼此之间的联系和互动，[①] 形成一个价值增值的过程。产业融合能在产业间形成更为密切的关联关系，巩固整个产业链系统，建立更为稳定且高效的产业联系。产业融合正是在产业关联基础上发生的，产业融合是产业关联发展的一个产物。通过前文分析可知，传媒产业与高技术产业、文化产业以及传媒产业自身关联紧密。实际上，传媒产业的融合主要发生在这些产业部门之间。

二　传媒产业与其他产业的关联与融合现状

如表5-2所示，传媒产业的前向关联产业主要包括公共管理和社会组织，房屋建筑，电力、热力生产和供应，钢压延产品，货币金融和其他金融服务，教育，电信和其他信息传输服务，金属制品，土木工程建筑，传媒产业，道路运输，商务服务，批发和零售，房地产，汽车整车，卫

[①] 苏东水主编：《产业经济学》，高等教育出版社2015年版，第176页。

生，塑料制品，其他通用设备，电子元器件，有色金属及其合金和铸件等产业。传媒产业的后向关联产业主要有造纸和纸制品，印刷品和记录媒介复制品，批发和零售，专用化学产品和炸药、火工、焰火产品，电力、热力生产和供应，货币金融和其他金融服务，精炼石油和核燃料加工品，商务服务，道路运输，基础化学原料，纺织服装服饰，石油和天然气开采产品，农产品，棉、化纤纺织及印染精加工品，餐饮，煤炭采选产品，航空运输，传媒，塑料制品，房地产等产业。

中国传媒产业的关联产业主要分为以下几类：第一类是文化产业部门，如造纸和纸制品、印刷品和记录媒介复制品、教育等产业；第二类是资源型产业，如电力、热力的生产和供应，精炼石油和核燃料加工品，石油和天然气开采产品等产业；第三类是高新技术型产业，如电信和其他信息传输服务，电子元器件，医药制品等产业；第四类是传媒产业本身。

传媒产业与其他产业的融合发展主要发生在与其关联性较强的产业部门中。根据前一章的分析，传媒产业对电信和其他信息传输服务产业的直接分配系数为 0.018691，排在所有产业中的第 5 位，完全分配系数为 0.025585，排在所有产业中的第 7 位，这说明电信和其他信息传输服务产业与传媒产业的关联效应较强，是传媒产业重要的前向关联产业。同时，传媒产业与电信和其他信息传输服务产业的直接消耗系数为 0.010242，排在第 18 位，完全消耗系数为 0.017721，排在所有产业中的第 25 位，电信和其他信息传输服务产业与传媒产业的后向关联效应也较强，是传媒产业重要的后向关联产业，其产品是传媒产业生产原料的重要来源。传媒产业与高技术产业中的电信产业融合，产生了三网融合，即广播电视、出版与电信三产业间的融合。传媒产业与以信息产业为代表的高技术产业的融合发展，使得传媒产业与一些本来不相关联的产业产生了横向关联机制，并且这种横向关联使得传媒产业与这些产业的企业间形成了竞争协同关系，为传媒产业带来了复合经济效应。

文化产业的各产业部门与传媒产业的关联密切，是传媒产业重要的后向关联产业，文化产业内部主要通过重组融合的方式实现传媒产业与其他文化产业部门的融合发展。如造纸和纸制品、印刷品和记录媒介复制品是传媒产业重要的上游产业，传媒产业与它们的直接消耗系数分别为 0.056859、0.086725，传媒产业每 1 万元的增加值需要向这些产业提供的直接分配量分别是569元和867元。传媒产业与它们的完全消耗系数分别是0.140903、0.097219，传媒产业每1万元的增加值需要向它们提供的完全分配量分别是1409元和972元。这说明造纸和纸制品、印刷品和记录媒介复制品是传媒产业重要的生产原料来源产业。它们作为传媒产业的上游产业，对新闻和出版产业尤为重要，是其产品生产顺利进行的重要保障。一些传媒企业为了扩大规模，降低生产成本会收购或兼并一些造纸厂或印刷厂。我国许多报业集团都设有自己的印刷企业，目的在保证报纸生产的原料来源和稳定的印刷质量。

传媒产业与本身也具有很强的关联性，其需求和供给很大一部分来源于自身，特别是广播、电视、电影和影视录音制作对自身的前向和后向关联性都很强，是自身重要的关联产业。传媒产业是一个由多个子产业构成的产业体系，各子产业之间的经济技术联系密切，新媒体产业消耗了许多传统媒体产业的产品，传统媒体也应用了新媒体产业的技术，并对一些新媒体提供的信息产品进行挖掘和加工从而生产自己的产品。

表5-2　　　　　传媒产业的前向关联产业与后向关联产业

传媒产业后向关联产业 （完全消耗系数）	排序	传媒产业前向关联产业 （完全分配系数）	排序
造纸和纸制品	1	公共管理和社会组织	1
印刷品和记录媒介复制品	2	房屋建筑	2
批发和零售	3	电力、热力生产和供应	3
专用化学产品和炸药、火工、焰火产品	4	钢压延产品	4
电力、热力生产和供应	5	货币金融和其他金融服务	5
货币金融和其他金融服务	6	教育	6
精炼石油和核燃料加工品	7	电信和其他信息传输服务	7
商务服务	8	金属制品	8
道路运输	9	土木工程建筑	9
基础化学原料	10	传媒产业	10
纺织服装服饰	11	道路运输	11
石油和天然气开采产品	12	商务服务	12

续表

传媒产业后向关联产业 （完全消耗系数）	排序	传媒产业前向关联产业 （完全分配系数）	排序
农产品	13	批发和零售	13
棉、化纤纺织及印染精加工品	14	房地产	14
餐饮	15	汽车整车	15
煤炭采选产品	16	卫生	16
航空运输	17	塑料制品	17
传媒	18	其他通用设备	18
塑料制品	19	电子元器件	19
房地产	20	有色金属及其合金和铸件	20

注：本表数据根据第四章完全消耗系数与完全分配系数计算结果排序。

第四节　传媒产业关联与融合整体发展模型的构建

传媒产业与其相关联产业存在着复杂的关联效应，这些与传媒产业密切关联的产业对传媒产业的发展产生重要的影响。在信息技术时代，传媒产业与其他产业的关联关系更加复杂化，与一些原本不关联的产业也建立了联系。例如，我国的广电产业与电信产业原本是互相独立的产业部门，之间互相隔离，不存在合作与竞争关系。但随着信息技术的发展和应用，以及相关管理政策的调整，这两个产业部门之间产生了竞争合作关系。

在产业关联与融合过程中，一方面，传媒产业的传播模式、生产方式得到了较大的改进，生产效率得以提高；另一方面，传媒产业的核心竞争力被削弱，产业关联和融合导致更多的产业能够生产传媒产品的替代品，加入到传媒产品的竞争中来。

一　整体发展模型设计

关联产业与传媒产业之间具有较强的关联效应，对传媒产业发展起着推动和拉动作用，尤其关联产业中以信息产业为代表的高技术产业对传媒产业发展具有明显的促进作用。传媒产业的前向关联产业在生产过程中需要消耗大量的原材料，因此这些产业的发展与壮大能够增加对传媒产业产品和服务需求量，进而促进传媒产业规模的扩大。传媒产业在发展中需要消耗相关产业所提供的产品和服务，由于传媒产业后向关联产业技术升级和改造，传媒产业能够从这些产业获取更优质的原材料，以降低生产成本，提高产品和服务质量，促进传媒产业的发展。同时，以信息产业为代表的高技术产业，其发展能够提供更多的技术创新，培养更多的技术人才，提升整个产业技术水平，为传媒产业营造一个更好的外部环境，通过旁侧效应促进传媒产业的转型与发展，具体见图5-2。

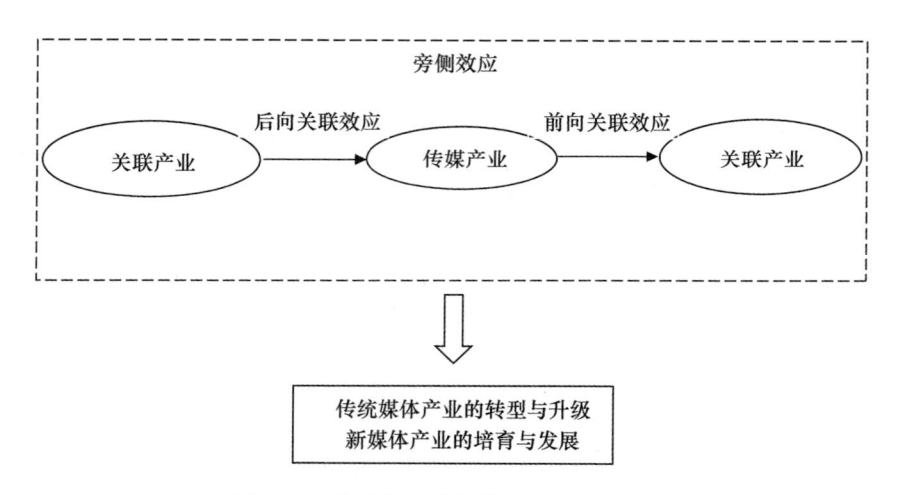

图5-2 关联产业对传媒产业的带动作用

传媒产业与其相关联产业，特别是关联产业中的高技术产业的融合发展能够促进传统媒体产业的转型与升级，以及新媒体产业的培育与发展。传媒产业通过与以信息技术为代表的高技术产业的融合，来改造传媒产业的设备、产品，提升管理水平。

实现传统媒体产业升级转型和新媒体产业培育发展的基本思路为：结合国家产业政策和发展战略，基于传媒产业的实际发展水平和社会对其现实需求，以及传媒产业各子产业的具体情况选择不同的发展模式，具体模式如下。

①模式A：协调各方面利益关系，培育和发展新媒体产业。

传媒产业的发展是一个复杂的博弈过程，涉及多方利益。在新媒体产业的培育和发展中，新媒体产业和传统媒体产业之间，传媒产业与电信产业之间，传媒产业各子产业之间存在多重、多元化利益关系，产业关联的变化、产业融合的发展都会引起多个主体利益的变化。新媒体产业相对传统媒体产业而言，不仅意味着新媒体、新产品和新服务，也使得传媒产业与其他产业的关联关系随之调整。传媒产业发展需要协调各种利益关系，建立起政府与不同利益主体间的协调机制，同时要大力发挥市场在资源配置中的基础作用，用政府和市场的双重手段来协调各方利益。中国传媒产业面临着传统媒体产业的转型升级和新媒体产业的培育和发展双重任务，在资源有限的情况下，如何兼顾传统媒体产业的转型和新媒体产业的发展，建立良好的互动合作关系，需要充分发挥市场和政府的调节作用。

②模式B：与相关联的高技术产业融合，升级成为新媒体产业。

传统媒体产业通过与其相关联的高技术产业融合发展，吸收融合新技术，用高技术设备替代原有设备，引进高技术人才，提升产品和服务的质量，通过产品升级、功能升级、产业升级等多种形式，成为新媒体产业。

③模式C：与文化产业各子产业部门融合发展，做大做强。

传媒产业作为文化产业的一个重要组成部分，需要在文化产业的框架内重组资源，重塑产业链，进而发展壮大。根据前文的分析，文化产业的各子产业与传媒产业均存在着较强的关联性，是传媒产业重要的后向关联产业和前向关联产业，文化产业对传媒产业有着重要的推动和拉动作用。如文化产业中的造纸和纸制品以及印刷品和记录媒介复制品是传媒产业重要的后向关联产业，也是传媒产业发展的瓶颈产业。传媒产业对文化产业中的教育、体育的分配系数较大，这说明教育和体育产业对传媒产业存在着较强的前向关联效应，是传媒产业重要的前向关联产业。要重塑传媒产业的产业链，必须整合和重组文化产业各子产业的资源，重组融合能够产生较强的融合经济效应，能够通过供应链将传媒产业与其他文化产业部门联系在一起，产生新的融合产品，并与其他文化产业部门之间产生横向联系。

④模式D：有序退出，要素重组。

传媒产业中处在生命周期衰退期的子产业，有序退出落后的产业领域，再进行要素重组后可进入新的传媒产业。一些落后的传媒产业，如传统报业已经不适应现在受众的消费习惯和需求,依据国家相关政策有序退出,对资源要素进行重组后进入新媒体产业领域。近年来,在传统报业市场不断萎缩的背景下,一些报纸纷纷停刊,其中有些报纸"弃纸从网",将原有的资源转移到新媒体产业领域寻求突破。

不同类型的传媒产业关联与融合发展的模式不完全一致,按照传媒产业各子产业所处的生命周期阶段,各传媒产业子产业所对应的关联与融合发展模式如表5-3所示。

表5-3 传媒产业各子产业关联与融合发展模式选择

传媒产业类型	适用模式
处在产业生命周期形成期的传媒产业	模式A:协调各方面利益关系,培育和发展新媒体产业
处在产业生命周期成长期的传媒产业	模式B:与相关联的高技术产业融合,升级成为新媒体产业
处在产业生命周期成熟期的传媒产业	模式C:与文化产业各子产业部门融合发展,做大做强
处在产业生命周期衰退期的传媒产业	模式D:有序退出,要素重组

对传媒产业的关联与融合发展模型的构建分为两个阶段:第一阶段,传媒产业关联产业的甄别;第二阶段,传媒产业关联与融合发展模式选择。两个阶段模型的功能及内容如表5-4所示。

表5-4 传媒产业关联与融合发展模型各阶段功能及内容

阶段	模型名称	模型功能	模型内容
第一阶段	传媒产业关联产业的甄别	通过直接消耗系数、完全消耗系数、直接分配系数和完全分配系数确定传媒产业的后向关联产业和前向关联产业	1. 确定传媒产业的关联产业 2. 对传媒产业的关联产业进行分类,确定融合发展的产业

续表

阶段	模型名称	模型功能	模型内容
第二阶段	传媒产业关联与融合发展模式选择	结合国家发展战略，基于传媒产业各子产业自身的产业特点、发展阶段选取不同的发展模式	1. 分析传媒产业所处的生命周期阶段； 2. 判断传媒产业的适用发展模式； 3. 针对传媒产业各子产业的具体情况提出相应的发展模式

二　整体发展模型应用——报业转型的个案

近年来，中国报业发展举步维艰，报纸广告收入持续大幅下跌，许多报社经营困难，不得不面临着缩版、减少发行量和裁员等困境，有些报社甚至面临停刊。报业的转型发展迫在眉睫，本书从产业关联与融合发展模型中探讨其具体发展方式。

（1）报业关联产业的甄别

报业属于139个产业部门中新闻和出版产业部门中的子产业，通过新闻和出版的完全分配系数和完全消耗系数甄选出报业的前向关联产业和后向关联产业。美国经济学家迈克尔·波特认为相关产业和支持性产业对本产业有两个方面的促进作用，一是上游产业的发展能够促进下游产业降低生产成本，提高创新能力，并推动下游产业升级。二是竞争力较强的产业对关联产业的发展具有拉动作用，通过产业间的合作，有效地带动关联产业特别是新兴产业的发展，提高这些产业的市场竞争能力。[①] 在上一章中，运用投入产出法对2007年、2012年全国投入产出表的数据进行了分析，结果表明，公共管理和社会组织、房屋建筑、教育、货币金融和其他金融服务等产业部门与报业的前向关联效应最强，是报业的重要前向关联产业部门，对报业的产品和服务需求较大。造纸和纸制品，印刷品和记录媒介复制品，批发和零售，专用化学产品和炸药、火工、焰火产品，电力、热力生产和供应，货币金融和其他金融服务等产业部门与报业的后向

---

① ［美］迈克尔·波特：《国家竞争优势》，李明轩、邱如美译，华夏出版社2002年版，第95—110页。

关联效应最强，是报业生产原料的重要来源。具体如表5-5所示。

表5-5　　　　　　报业的前向关联产业和后向关联产业

前向关联产业	排序	后向关联产业	排序
公共管理和社会组织	1	造纸和纸制品	1
房屋建筑	2	印刷品和记录媒介复制品	2
教育	3	批发和零售	3
货币金融和其他金融服务	4	专用化学产品和炸药、火工、焰火产品	4
钢压延产品	5	电力、热力生产和供应	5
电力、热力生产和供应	6	货币金融和其他金融服务	6
电信和其他信息传输服务	7	道路运输	7
道路运输	8	基础化学原料	8
土木工程建筑	9	精炼石油和核燃料加工品	9
商务服务	10	商务服务	10
金属制品	11	石油和天然气开采产品	11
卫生	12	农产品	12
批发和零售	13	煤炭采选产品	13
房地产	14	仓储	14
建筑安装	15	塑料制品	15
其他通用设备	16	餐饮	16
汽车整车	17	合成材料	17
医药制品	18	房地产	18
居民服务	19	有色金属及其合金和铸件	19
煤炭采选产品	20	废弃资源和废旧材料回收加工品	20
汽车零部件及配件	21	电子元器件	21
有色金属及其合金和铸件	22	棉、化纤纺织及印染精加工品	22
基础化学原料	23	金属制品	23
塑料制品	24	其他服务	24
专业技术服务	25	建筑装饰和其他建筑服务	25
电子元器件	26	住宿	26
钢、铁及其铸件	27	钢压延产品	27
黑色金属矿采选产品	28	软件和信息技术服务	28
精炼石油和核燃料加工品	29	航空运输	29
棉、化纤纺织及印染精加工品	30	汽车零部件及配件	30

注：本表数据根据第四章传媒产业的细分产业完全分配系数与完全消耗系数计算结果排序。

报业的后向关联产业主要分为以下几类。

一是基础资源型产业。主要包括电力、石油、化工等产业部门，如电力、热力生产和供应，石油和天然气开采产品，基础化学原料等产业部门，还包括农产品、塑料制品、钢压延产品和道路运输等产业部门。这些产业与报业的直接关联度小于完全关联度，说明这些基础资源型产业主要是通过其他中间产业来与报业建立联系。这些基础资源型产业为报业的发展提供了基本的物质保障，其发展程度和技术革新对报业的生产成本影响较大。

二是造纸和纸制品、印刷品和记录媒介复制品、批发和零售，这三个产业与报业之间的直接关联系数和完全关联系数均排在前三位，这说明它们是报业最直接和最重要的生产原材料来源。纸张和印刷成本占据了报纸成本的70%以上，纸张和印刷价格的变动对报业发展产生直接影响。随着世界各国环保意识的增强，对造纸印刷等高污染行业增加税收和限制生产，造成了供需失衡，纸张和印刷的成本随之增加，对整个报业产生了不小的压力。批发和零售的价格直接决定了报纸的发行成本，批发和零售业的发展为报业的流通和销售提供了保障。

报业的前向关联产业主要分为以下几类。

一是公共管理和社会组织业，它与报业的直接分配系数和完全分配系数均在第一位，这意味着政府对报纸的消费占主导地位。各级党政机关、国家机构，人民政协、民主党派，社会团体、群众团体以及基层群众组织都对报纸有大量的消费需求，用于舆论宣传、社会公益以及社会服务等。

二是房地产以及与房地产相关的产业，包括房屋建筑、土木工程建筑、建筑安装等产业。房地产以及相关产业已经成为推动我国经济发展的重要行业，是我国的支柱型产业，与其他产业的关联度较高。为了在激烈的竞争中取胜，房地产企业需要购买报纸版面做广告推销自己的产品和宣传企业品牌，房地产广告是报纸广告收入的重要来源之一。

三是教育产业。人们获取教育资源的途径之一就是报刊，各类学校、教育机构都会购买大量的报刊提供给师生，以便他们获取信息和相关知识。同时，教育单位也会投入资金在报纸上刊登广告，用于招生、宣传等。

四是高技术产业，主要包括电信和其他信息传输服务、医药制品、电子元器件等产业。高技术产业是报业重要的前向关联产业，随着高技术产业在国民经济中的相对地位的提高和主导作用的加强，高技术产业对包括报业在内的传统产业的关联带动作用不断增强。

五是汽车以及相关产业，主要包括汽车整车、钢压延产品、汽车零部件及配件等产业。汽车及其相关产业是中国的重要产业部门，不仅能带动诸多产业部门的发展，其发展程度也能体现国家制造业的综合实力以及科研创新能力。汽车及其相关产业对报纸产品的消费集中在广告上，为取得竞争优势，汽车企业会投入大量资金在媒体上进行产品宣传和企业品牌宣传，一部分广告投入流向了报纸。

报业的主要后向关联产业包括化工、钢铁、有色金属、造纸和印刷产业，这些产业属于高污染、高耗能产业。目前，国家正对这些高污染、高耗能产业进行宏观经济调控，采取淘汰落后产能、去产能以及税收等措施对其进行控制。在国家调控下，高污染、高耗能产业的发展会得到抑制。由于报业的前向关联产业中占较大比例的产业属于高污染、高耗能产业，其发展势必会受到影响，生产成本大幅上涨。报业的主要前向关联产业包括教育、汽车及其相关产业、房地产及其相关产业、货币金融和其他金融服务等产业，这些产业对报业的消耗主要体现在广告支出上，这些产业的广告支出构成报业广告收入的主要来源。随着消费者媒介接触习惯的改变，这些广告支出会从报业转移到其他传媒产业中去。

从产业关联角度分析发现，报业发展面临着严峻的危机。报业的上游产业部门中多属于高污染、高耗能产业，在国家的调控下，这些产业势必会成为制约报业发展的瓶颈产业。尤其是造纸与印刷产业，作为报业最主要的生产资料来源，在低碳、环保经济的大趋势下，它们的发展越来越受到限制，从而造成报纸纸张和印刷成本的上升。而报业的下游产业部门，对报纸产品的消耗有下降趋势。随着报纸替代产品和服务的出现，报业的竞争力被极大地削弱，报纸的广告收入也大幅削减。

（2）报业关联与融合发展模式的选择

产业的发展与生命周期紧密相关，理论界多用产品生命周期模型来解释和研究产业发展周期现象。尽管每个产业的生命周期都具有特殊性，但总体上都会呈现出大致的生命周期特点和成长轨迹。一般是按照某一产业在国民经济中所占比重的大小，以及增速变化来划分和确定产业生命周期所处阶段。根据这一标准将产业生命周期划分为四个阶段，即形成期、成长期、成熟期和衰退期，产业生命周期的进程对产业发展路径的选择具有指导意义。每个阶段的具体特征如表5-6所示。

表5-6　　　　　　　　产业生命周期各阶段的特征

产业生命周期阶段	形成期	成长期	成熟期	衰退期
阶段特征	产业增加值的增长率快速上升，但总体处于较低水平。生命周期曲线特征：曲线上升且凸向横轴	产业增加值的增长率在高水平上缓慢上升。生命周期曲线特征：曲线上升且凸向横轴	产业增加值的增长率迅速下滑。生命周期曲线特征：曲线下降且凹向横轴	产业增加值的增长率缓慢下降到低水平。生命周期曲线特征：曲线下降且凹向横轴

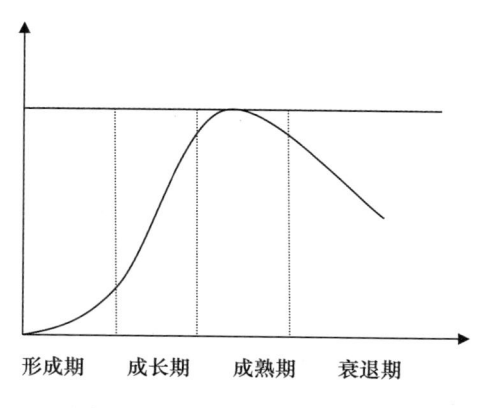

图5-3　产业生命周期阶段曲线

在产业形成阶段，产业发展较快，但该产业在整个产业中的比重较小。成长期阶段是产业生命周期中发展最快的阶段，产业规模迅速上升，在国民经济中的比重也显著上升。在成长阶段，随着技术的进步与成熟，产业的生产成本大幅降低，利润增长迅速，产业发展速度较快，超过了整个产业系统的平均速度。当产业产出的市场容量达到饱和与稳定，产业便进入了成熟期。处在这一阶段的产业，在整个产业系统中的占比较大，能够对其他产业发展产生明显影响。进入衰退期，由于可替代产业的出现，该产业占整个产业的比重就会降低,但如果产业受到重大技术变革的影响或有新的需求,该产业能进入新的产业生命周期。

报业近年来发展速度下降,并呈现不断下降的趋势,报业产品和服务的替代产品纷纷出现,市场需求萎缩严重,在整个产业结构中的地位和作用不断下降。受众使用习惯的改变使得报纸的消费群体大量流失到新媒体,报纸广告持续大幅下降,报业的整体经营状况出现困难。报业现状与产业衰退阶段的诸多症状相一致,但仍需要建构模型精准分析报业生命周期所处的阶段。

逻辑斯蒂方程(Logistic equation)最早是用来描述生物种群在资源稀缺情况下如何成长的模型,因为该方程能够较好地描述经济变量关系,因此被广泛地应用到社会经济现象研究中,许多学者运用该方程描述产业的动态演化。逻辑斯蒂曲线呈现出平缓的 S 形,采用拟合曲线分析法能够较清晰地再现产业的变化周期规律,同时能够降低产业生命周期判定指标的短期变动对该产业所处阶段判断的干扰。本书运用 PASW Statistics 18 软件对中国报业生长进行逻辑斯蒂曲线拟合,研究报业当前所处生命周期的阶段。

逻辑斯蒂方程的公式为:

$$Y = \frac{N}{1 + a e^{-bt}}$$

其中,a、b 为回归参数,参数大小由产品的需求收入弹性、产品价格等因素决定;N 为常量,表示该产业市场需求的极限值;t 为时间;Y 为待求指标。

以逻辑斯蒂方程曲线为模型基础,将 N 定义为报业占国内生产总值的最大比重,待求指标 Y 衡量的则是报业的实时比重,随时间改变。根据产业演进的历史,除农业一度与国民经济等同外,整个工业或服务业在鼎盛时期国民经济的比重极难超过 80%,报业作为更小的产业门类也不例外。因此本书按照报业占国内生产总值的 80% 来进行测算,将 N 定为 80%。

已有统计年份的报业总产值和国内生产总值数据关系如表 5-7 所示。

表 5-7　2004—2016 年中国报业总产值与国内生产总值占比情况

年份	报业总产值（亿元）	国内生产总值（亿元）	占比（%）
2016	578.5	744124	0.0777
2015	626.2	689052	0.0909
2014	697.8	643974	0.1084
2013	776.7	595244	0.1305
2012	743.4	540367	0.1376
2011	789	489301	0.1613
2010	706.9	413030	0.1711
2009	617.36	349081	0.1769
2008	571.1	319513	0.1787
2007	536.8	270232	0.1986
2006	537	219439	0.2447
2005	426.8	187319	0.2278
2004	383.8	161840	0.2371

数据来源：国家统计局数据库、《中国传媒产业发展报告》(2004—2016 年)。

根据以上数据，运用 PASW Statistics 18 软件进行分析，拟合曲线如图 5-4 所示。根据散点分布，回归模型较好地反映了近 13 年来中国报业的生长曲线，中国报业的产值比重逐年下降，曲线拟合度 R 方为 0.937。

经计算线性方程为：$y = 0.0904t + 5.6072$

Logistic 曲线方程为：$y = \dfrac{0.8}{1 + 272.3805\, e^{0.0904t}}$

根据逻辑斯蒂方程模型分析得出，中国报业目前正处于产业生命周期的衰退期。报业的关联与融合发展适用模式 D，即有序退出，要素重组。国内理论界对衰退期的产业发展模式选择基本定位在转移和有序退出，报业需要正视产业现实，有序退出落后的产业领域，进行要素重组后进入新的传媒产业。

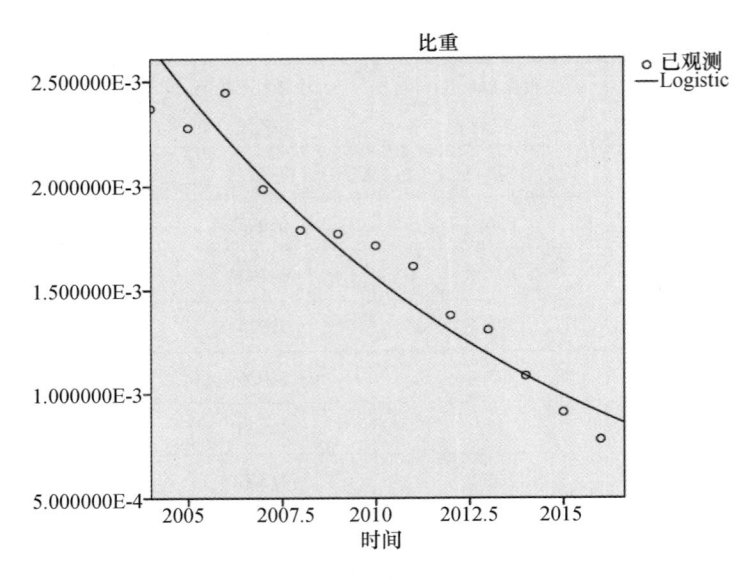

图 5-4 2004—2016 年中国报业 Logistic 生长曲线

第五节 本章小结

融合作为传媒产业发展的推动力，重点表现为它对传媒产业的产业形态、产业组织以及产业结构的创新。随着传媒产业融合发展进程的推进，许多现实问题呈现出来，主要包括：相应制度供给不足，传媒产业资本与技术的竞争劣势，融合导致的传媒产业核心优势消失与价值转移，传媒产业的双重属性。

传统层面的传媒产业融合多从传媒自身及相关的技术、内容、市场、资本等融合命题出发，形成相对封闭式的规律演绎，尽管对指导传媒业务的融合实践较快见效，但割裂了产业层面更为广阔的连接关系。本章将传媒产业融合划分为外向融合和内向融合。外向融合，即发生在传媒产业与其相关联产业之间的融合，内向融合则是指传媒产业内部各子产业间的融合。传媒产业的外向融合与内向融合拥有各自的融合对象、融合方式及融合目标。通过分析产业关联与融合的关系以及考察传媒产业与其他产业的关联与融合现状，研究发现中国传媒产业的关联产业主要分为四类：第一类是文化产业部门，如造纸和纸制品、印刷品和记录媒介复制品、教育等产业；第二类是资源型产业，包括电力、热力生产和供应，精炼石油和核燃料加工品，石油和天然气开采产品等产业；第三类是高新技术型产业，如电信和其他信息传输服务、电子元器件、医药制品等产业；第四类则是传媒产业本身。

本章核心任务是建立了传媒产业的关联与融合整体发展模型，并提出实现传统媒体产业升级转型和新媒体产业培育发展的基本思路应结合国家产业政策和发展战略，基于传媒产业的实际发展水平和社会现实需求，以及传媒产业各子产业的具体情况选择发展模式，不同类型的传媒产业关联与融合发展的模式不同，需按照传媒产业各子产业所处产业生命周期的不同阶段，选择所对应的发展方式。

第六章

中国传媒产业发展路径的选择

传媒产业是国民经济的一个子系统,与其相关联产业存在着复杂的经济技术联系,需要依靠关联产业推动和拉动传媒产业的发展。同时,传媒产业是一个由多个子产业构成的系统,不同的传媒产业的资源禀赋、所处的发展阶段以及发展优势不同,需要整合传媒产业各子产业资源,助推传媒产业的发展。在全球性竞争不断加剧的背景下,中国传媒产业不能因循守旧,采用僵化而统一的发展思路,而是应该根据传媒产业各子产业不同的现实状况和发展水平,选择适合自身发展的路径。本章从产业关联和融合的视角研究传媒产业的发展现状和趋势,根据前文研究内容和结果,提出中国传媒产业发展路径。

第一节 坚持传媒产业的信息化、集群化、生态化发展

一 信息化

近年来,以互联网、大数据、物联网、云计算等信息技术为核心的新一轮科技革命方兴未艾,这些新技术正在向传媒产业领域渗透,并融于传媒产业转型升级的各个环节,催生了新的媒介形态和产业形态,创造了新的盈利模式和新的产业生态环境,重塑了传媒产业的核心竞争力。信息技术已成为新媒体产业发展以及传统媒体产业升级与转型的动力。

运用互联网、大数据、人工智能等信息技术,有助于推动传媒产业生产设备改造,更新传媒产业的生产模式,提高传媒产业的生产技术水平,提升传媒产业的管理水平,使其管理科学化。这些新技术的应用,还能够

加快传媒产业产品升级，增加产品的技术含量，最终促使传媒产品满足社会需求，从而实现传媒产业的智能化、高端化。信息化对传统媒体产业尤为重要，它能够实现传统媒体产业的产品设计、经营管理、生产制造等环节的数字化和集成化运行，使得传统媒体产业能够摆脱低效的生产方式，极大地提高生产和经营效率。信息化大力推动互联网技术，充分发挥互联网对传媒产业转型升级的引领、融合、创新驱动作用，有针对性地选择产业转型升级的创新路径和重点突破口，实现传媒产业的整体升级。

信息技术的发展不仅给传媒产业发展创造了机遇，同时也给传媒产业发展带来了风险和挑战。信息技术与其他产业的融合发展，破解了传媒产业对传播渠道的控制，使得传媒产业的价值流向了其他产业。

中国传媒产业信息化发展仍存在一些明显的不足和问题，主要表现在如下方面。一是传媒产业信息化发展的力度不够，尚未完成传统媒体产业的信息化改造。当前中国传统媒体产业中能够真正拥有实力应用大数据、云计算的企业并不多，而且这些应用大多处于初级阶段。多数传统媒体机构并不具备应用大数据、云计算等技术的平台和实力，传媒产业运用新信息技术的能力整体水平较低，相关人才缺乏。二是传媒产业与信息技术的融合机制不完善。在新一轮科技革命浪潮中，需要将传媒产业与信息产业紧密联系起来，促成二者之间的融合发展，以提升传媒产业信息技术的应用能力，并以此作为推动传媒产业发展的重要手段，提升传媒产业在国民经济中的地位。

针对传统媒体产业信息化发展力度不足的问题，本书认为应从两个方面促进传统媒体产业的信息技术改造。一方面，要全面升级传媒产业的生产技术，加大对大数据、云计算等新信息技术的应用与开发，增强技术创新与应用能力。技术创新与应用能力体现着一个产业发展的潜力，随着传媒产品和服务替代品的增多，传媒产业面临着越来越激烈的多元竞争，信息技术应用能力关系到传媒产业发展的全局。第一，需要全面更新传统媒体产业的技术设备和软件系统，并引进相关技术创新人才，提升传统媒体产业信息技术应用水平，促进传统媒体产业的转型和升级。第二，将优秀传媒产业内容生产与信息技术紧密结合起来，提升传媒产业产品和服务的数量与质量，增加传媒产品和服务的附加值。云计算、大数据、人工智能等新技术在传媒产业的应用，不仅能够催生新的媒介形态，也能开发以数字化生产、智能化传播为主要特征的传媒产品和服务，提升传媒产业的核心竞争力。

另一方面，建立一个完善的传媒产业信息化发展服务平台。政府部门应协调各部门，成立专业化的传媒产业信息化发展管理机构，用以解决信息化发展中出现的各种问题。同时筹措专项资金以及制定相关政策，为传媒产业的信息化发展提供强大的资金支持和政策保障。传媒产业是一个复杂的产业系统，包括多种传媒产业子产业，对设备、原材料、技术应用的要求多样化，对资金的需求量较大，信息化过程中既需要协调多方利益，也需要基本的政策保障。

二 集群化

产业集群化是指一批相互关联的企业，在一定的区域范围内进行的汇聚和集合，是为了增加产业竞争优势而形成的产业空间组织形态。产业集群化发展能够发挥规模经济和范围经济的效益，并产生强大的溢出效应。关联产业的集合即为产业集群，传媒产业集群就是传媒产业各子产业以及与其相关联产业的集合。传媒产业的集群主要有两种形式：一是纵向的产业链形式，打造上下游产业链，上游产业为下游产业提供原材料；二是横向关联产业的聚集形式，生产和提供同类产品与服务。

传媒产业集群化发展能够增加产业的竞争优势，具体表现在以下几方面。

首先，集群化发展有利于传媒产业形成完善的产业链，传媒产业与其关联产业集中在一定的空间范围内，就会形成比较完整的网络型产业链。目前，中国传媒产业的产业链仍不完善，上游和下游产业联系不紧密，跨媒体、跨地区、跨产业的整合仍浮于表面。传媒产业集群化发展能够使传媒产业与其关联产业更加紧密地联系，提升资源的配置效率。产业集群化带来的产业分工细致化，能够拉长产业链，传媒产业能够生产和提供更多的产品和服务，以满足不同的市场需求，从而提升传媒产业的竞争力。

其次，集群化发展能够提升传媒产业的创新能力。产业集群能将众多竞争企业聚集在一个特定的空间区域，激发企业间的竞争意识。为了争夺更多的资源，企业会加大技术创新和产品创新的力度，重视创新能力的提升。在竞争压力驱动下，各企业会更加积极主动地学习新的技术和知识，在创新上形成互相追逐互相超越的良性循环，从而整体上提升传媒产业的创新能力。

最后，集群化发展能在产业集群中形成规模经济效应和范围经济效应。单一企业或产业力量有限，但多个相关联的企业和产业集聚就能快速形成较大规模，产生规模经济效应，从而拉动区域经济的增长，提升区域竞争力。在传媒产业集群化发展过程中，由于产业实现资源共享，提高资源使用的效率，从而降低了生产和交易成本，产生范围经济效应。

中国传媒产业集群化发展已取得初步进展，但成熟的产业集群仍未建立起来，需要从三个方面来巩固中国传媒产业的集群化发展。

第一，推动集群化发展由无序集聚走向有序合作。扶持主导传媒企业的同时，完善配套企业系统，为传媒主导企业发展提供强有力的配套保障，促进上下游企业紧密联系，合理分工。应给予主导企业有效的资金和政策支持，使其成为带动产业集群发展的核心和龙头，以较强的关联度带动整个集群的发展。此外应建立完善的配套企业系统，为集群发展提供专业的支持。

第二，完善产业链，建立具有创新能力强、关联度大的传媒产业集群。建立完善的纵向一体化产业链和横向一体化产业链，最终实现网络型产业链发展模式。在纵向一体化产业链中，传媒产业及相关产业由于分工的不同，分别处于产业链的上游、中游、下游位置。上游产业为下游产业提供原材料，在技术创新的基础上细化分工，从而延长产业链。打造更多的替代产品，使分属于不同媒介形态的传媒产业以横向关联聚集在一定范围内，建立起不同传媒产业及其相关产业间的横向联系，实现跨媒体、跨产业的资源整合。如将报刊、电视和电影等传统媒体企业，与互联网、移动互联网等新媒体企业集中在一个空间范围内，建立彼此间的横向联系，促进集群内资源共享，实现同一内容的不同产品生产，最终产生范围经济效应。

第三，突破制度瓶颈，促进传媒产业集群化发展。产业集群化发展离不开健全的制度保障。中国关于传媒产业集群化发展的相关政策和法规不完善、不配套，这极大地制约了传媒产业集群化的发展。因此需要建立一个完善的制度保障，为传媒产业集群化发展构建良好的制度环境，能够促进传媒产业改变市场条块分割的现状。良好的制度环境，能够加快传媒产业建立健全现代企业制度，使生产要素能够自由流通，从而促进传媒产业的集群化发展。

三　生态化

传媒产业生态化是传媒业发展的高级形态，原因在于它是产业横向共生和纵向耦合等产业内涵的综合表征，并且依赖于行业规制、技术支撑和市场协作等多重前提。

首先，健康的传媒产业生态化需要适用于新兴业态发展的制度约束，传媒产业化注定走的是市场化道路，面临塑造传媒市场主体和参与国内外市场竞争的问题，这种市场主体既符合现代企业制度的功能和产权关系，其市场经济的基础属性也继承了市场的先天缺陷，需要政府依法干预，各种适时推出的具体行政法规、规章制度发挥了重要作用。例如，为促进新闻出版广播影视企业开展科学的版权资产管理，提高企业的竞争优势，2018年2月，国家新闻出版广电总局改革办公室制定了《新闻出版广播影视企业版权资产管理工作指引（试行）》，以期帮助企业通过版权运营获得稳定的盈利。从这种层面来看，传媒产业生态化是建立在法制和经济基础上的。

其次，可持续发展的传媒产业生态化需要技术创新给产业发展提供源源不断的动力支撑。产业生态化的初衷是设计与生态环境保护相一致的产业发展模式，就传媒产业而言，生态化意味着减轻高能耗的上游生产活动，将纸质印刷的活动与产品转型为高新技术支撑的传媒服务。当前，大数据、云计算、区块链、人工智能等核心信息技术改变了传媒业的固有生态格局，由技术塑造了新的媒介生产和思维方式，机器人写稿、无人机采访凸显的知识工作自动化优势让编辑记者队伍从简单的事实报告和格式文本中解放出来，智能化成为传媒产业发展的关键词。

可持续发展也表现为媒体中央厨房对传媒产业旧有的生产和组织边界的重构，资源的开放和共享带来的集约化和标准化诉求，对技术创新在资源整合与利用、传媒产品与服务的供需匹配等方面提出更高的要求，它是单向、单一的传统媒体产业与多屏、移动、社交的融媒体间的技术竞争与博弈，融媒体生态系统也因此成为传媒产业生态化的重要子系统。整体而言，传媒产业生态化突出的核心技术创新导向连同资源导向的作用引发了产业结构的新旧转换，产业链和创新链融合发展也刺激了传媒产业比较优势的转变和传媒产品与服务的消费升级。

最后，富有竞争力的传媒产业生态化需要合理的市场协作完成和建立保障。第一，根据市场需求和灵活的市场机制，鼓励和重视民营资本进入传媒市场的作用，发挥多种资源在产业生态化中的贡献，同时也要重视民营资本渗透带来的问题，例如民营资本一方面逐渐向传媒娱乐领域渗透，取得较好反响和业绩，但另一方面却与政府对文化事业的严格管制形成了制度需求和制度供给之间的不均衡状态。第二，高效的市场协作能突破地区、媒体、行业、所有制的圈囿，最大程度优化市场竞争环境，有助于形成统一的传媒消费市场，培育差异化的竞争力。以腾讯的协作模式为例，腾讯成立了企鹅影业与腾讯影业，借助自身在起步阶段腾讯游戏、腾讯文学的资本积累，将文学和游戏领域的内容生产和创意转化为版权，进而制作成电影、电视及互联网产品等，开启了跨媒体协作的典型模式。第三，市场协作是传媒产业全产业链业务布局形成的助推器，内容、数据和广告是媒体的核心业务，依托市场协作比独立开发更能集中优势避免同质化竞争。内容作为基本的资讯消费，传统媒体更有优势；而数据作为规模化的集成，技术公司更有数据挖掘和可视化分析的发言权；广告与受众关系更为紧密，在品牌定位和搜索中专业的资讯公司能更有效锁定客户。市场协作更能体现传媒产业的立体价值。第四，协作充分体现了传媒产业的关联性，积极引导关联性强的主导产业发展，可以保障坚守主业的媒体初心，又能促进传媒产业结构的一体化发展。

坚持传媒产业生态化是传媒内容、技术、渠道、资本等要素的多元、精准布局，不同的传媒类别拥有差异化的发展动能，重视关联产业，优化产业结构，传媒产业经济发展有望在规范秩序中撬动新的增长点，并焕发新的活力。

第二节　推进传媒产业的关联与融合发展

通过本书第四章分析可知，传媒产业与国民经济的大多数产业相关联，但密切关联的产业不多，这说明中国传媒产业对国民经济的发展有一定的推动作用，能够带动上游、下游产业的发展，但传媒产业的影响力有限，增长空间较大。传媒产业的上游产业主要集中在高耗能、高污染产业，与高技术产业关联较弱，下游产业链比较窄，涉及的产业部门较少，传媒产业产品和服务的消费市场仍有待扩展。传媒产业作为文化产业中的核心部门，对文化产业其他产业部门的推动和拉动作用不明显，需要进一步加强传媒产业与文化产业其他产业部门的联系，整合资源，形成合力推动文化产业乃至整个国民经济的发展。

一 促进传媒产业与高技术产业的关联与融合

高技术产业具有高增长率、高技术创新和高研发投入的特点，特别是已经成为主导产业的高技术产业对其他产业具有较强的关联效应，能够带动其他产业的发展。传媒产业通过与高技术产业加强经济与技术联系，能够促进自身的结构优化，提升产业整体的创新能力和影响力，传媒产业依托高技术产业的技术、人才、管理促进自身的发展。

由第四章分析得出，传媒产业对自身的关联度较强，供给和需求很大程度依赖自身，这种产业特征也决定了传媒产业的发展具有相对的独立性，在发展的过程中容易形成一定的路径依赖。传媒产业的上游产业链主要有造纸和纸制品、印刷品和记录媒介复制品等生产传媒产品载体的产业部门，以及专用化学产品和炸药、火工、焰火产品，电力、热力生产和供应，精炼石油和核燃料加工品等化工和能源产业部门，这些产业都属于高耗能、高污染产业。因此，为了促进传媒产业的发展，需要突破自身的路径依赖，同时，在后向关联上要加强与高技术产业的关联与合作，将更多的高技术产业纳入自身的上游产业链，既更新升级传媒产品的"载体"，又实现本产业的节能环保。

加强传媒产业与高技术产业的关联与融合，首先，需要在技术、人才和管理上加大投入。产业之间要实现关联和融合发展，需要在技术、人才和管理等方面高度耦合，这样才能够有效加强传媒产业与高技术产业在技术、管理等方面的联系，增加传媒产业对高技术产品和服务的需求，从而使传媒产业逐步摆脱对高耗能、高污染产业的依赖。其次，需要政府营造关联与融合发展的制度环境，传媒产业与高技术产业是竞争关系，涉及多方利益。从产业化程度上和产业规模上，传媒产业处于相对弱势的地位，在与高技术产业的竞争中处于不利的位置，需要政府在制定相关政策时考虑到传媒产业的具体情况，平衡各方面的利益，使得传媒产业与高技术产业在关联与融合发展过程中取得双赢的局面。最后，需要加快传统媒体的产业升级，通过升级其产品的"载体"来加强与高技术产业的经济技术联系，传统媒体产业在数字化进程中会增加对信息产业、计算机产业等高技术产业的产品需求。产业的信息化使得传媒产业提供的产品和服务也随之升级，能够满足更多的市场需求，从而拓展了传统媒体产业的销售市场，并拓宽了传媒产业下游产业链。

二 推动传媒产业与文化产业的关联与融合

传媒产业作为文化产业的核心部门，在文化产业中占据极其重要的位置，但到目前为止，传媒产业对文化产业的发展未能发挥应有的作用。前文分析得出，除去教育、电信和其他信息传输服务，传媒产业与其他文化产业部门的前向关联效应不强，完全分配系数都低于138个产业部门均值。传媒产业与文化产业的大多数产业部门的后向关联效应也不强，除了造纸和纸制品、印刷品和记录媒介复制品以及电信和其他信息传输服务3个产业部门外，完全消耗系数均低于138个产业部门均值。

促进传媒产业与文化产业的发展，需要加强传媒产业与文化产业各部门之间的联系，打破文化产业各部门间的界限，重新整合传媒产业与各文化产业部门的资源。首先，建立文化产业各产业部门之间的合作平台，统一技术和管理标准，提高传媒产业与其他文化产业部门的合作效率，确保各生产要素能够在文化产业部门之间自由流通。其次，建立以传媒产业为核心的文化产业集群，通过产业集群化发展，使资源得到合理的配置，并降低生产交易成本。集群化发展能使传媒产业和文化产业取得规模经济效应和范围经济效应，并最终推动传媒产业与文化产业的共同发展。再次，推动传媒产业与其他文化产业部门向更深、更广的领域协调发展，实现传媒产业与其他文化产业部门的产品融合、业务融合与市场融合。最后，优化产业结构，调整产业布局，提升文化产业的整体实力。文化产业在国民经济的影响力增加，会驱动更多的资源流向包括传媒产业在内的文化产业各部门，从而带动传媒产业的发展。

三 兼顾传媒产业的内向融合与外向融合发展

传媒产业的内向融合发生在传媒产业各子产业间，主要是新媒体产业与传统媒体产业之间。传媒产业的内向融合对于调整传媒产业结构，优化产业资源配置十分重要。中国传媒产业存在着技术要素不足等缺陷，导致的直接后果就是产业难以升级，传媒产业的内向融合能够使得技术要素在各子产业间流通，弥合传统媒体产业与新媒体产业的技术差距，形成产业内生发展动力。但仅靠内部技术要素远不能满足传媒产业的发展需求，需要从外部获取技术支持。因此传媒产业的外向融合对产业发展的作用不可忽视。传媒产业与以信息产业为代表的高技术产业融合发展，能够提升传媒产业整体的技术水平，升级传媒产品和服务，扩大传媒产业的市场范围，最终促进传媒产业的发展。

协调传媒产业的内向融合与外向融合发展，需要明确二者的分工，分别整合传媒产业的内部资源和外部资源，针对内向融合与外向融合的不同特征制定不同的发展路径。对于外向融合，需要破除传媒产业与其相关联产业间融合发展的要素制约，打破传媒产业与其相关联产业单一的融合模式。在过去，传媒产业的外向融合仅限于技术、资金层面，这将无法适应产业融合的需求。外向融合需要配置鼓励传媒产业与关联产业融合发展的项目，使传媒产业通过项目合作，增加与关联产业的良性互动，从而为传媒产业与关联产业进行更为广泛和深入的融合提供保障。传媒产业的内向融合，需要从提高传媒产业的核心竞争力着手，围绕提升内容创新与技术创新能力进行规划。内容创新和技术创新是传媒产业竞争力评价的重要指标，不仅可以提升传媒产品和服务的品质，也能有效降低传媒产业各子产业间融合的成本。

兼顾传媒产业的内向融合与外向融合发展，需要强有力的组织保障以及财税支持。传媒产业的内外向融合发展将会出现大量产业间交叉业务，需要及时完善相关政府管理机构设置和财税支持，否则很难适应融合型业务发展的需求。因此，需要组建一个专门的产业融合机构，协调传媒产业的内向融合与外向融合，整合涉及促进传媒产业融合的各项政策，建立统一的促进传媒产业内外融合发展的政策。对促进融合发展的组织机构给予财税支持，对于传媒产业融合项目中的基础设施建设、人才培养、技术更新、产品生产与流通等方面给予财政补贴、税费减免以及专项资金支持。

第三节 扩大传媒产品与服务的消费，拉动传媒产业发展

现代传媒产业在移动互联网的背景下，生态格局的演变导致了知识信息的载体形式和服务模式的变迁，受众也在培养和适应新的媒介消费习惯，扩大传媒产品与服务的消费微观层面需要激发受众媒介需求的动机，搭载媒介技术的顺风车，宏观层面需重视挖掘传媒产业的关联产业潜力，做到增量消费。

一 进军传媒产业的下游产业

进军下游产业是传媒产业发展的转型命题，这种战略机遇既是媒体融合的可操作性的观照，也是传媒产业发展到一定时期的必然产物，产业主体并非唯一，传媒关联产业可借助多种竞争性因素介入传媒领域，传媒产业甚至可被纳入相应关联产业的中间环节，表现为传媒产业的中介性。

从传媒产业自身利益来看，进军传媒产业的下游产业绝非单纯的自我救赎和以攻为守，就传媒产业的经济规模表现来看，传媒产业的地位某种程度上可被视为关联产业的生产原料，公共管理和社会组织、货币金融、房地产、汽车等下游产业才是最终的消费品，传媒产业借助下游产业可实现价值增值和利益的加权。

以国外的标准普尔（Standard & Poor's）和惠誉国际（Fitch）为例，标准普尔成立于1941年，当时由普尔出版公司和标准统计公司两家机构合并而成，1966年被麦格劳希尔公司（The McGraw-Hill Companies, Inc.）收购，而麦格劳希尔公司原本也是一家全球性的出版传媒机构，在教育和专业出版领域享有盛名，出版了大量的教科书和杂志，目前标准普尔为全球提供关于股票、债券等投资渠道的独立分析报告，也对全球数十万家证券及基金机构进行信用评级，标准普尔的市值贡献和品牌效应丝毫不逊于麦格劳希尔教育集团（McGraw-Hill Education），麦格劳希尔公司也因其被誉为国际领先的教育、信息及金融服务机构。再看惠誉国际的案例，作为全球三大国际评级机构之一，最初也只是一家出版企业，历经多

次重组和并购后，加入了 IBCA、DUFF & PHELPS、Thomson Bankwatch 等机构的力量后，其规模在全球有近 50 家分支机构，业务覆盖国家、地方政府、金融机构、企业和机构融资评级。[1] 两家企业实例均是由传媒产业范畴的出版机构进军金融产业，为其他类别传媒机构适时进军下游产业树立了成功典范。

国内的浙报集团早年认准了房地产市场的发展机遇，与绿城集团共同组建了浙江报业绿城投资有限公司，借助资金、品牌等优势积极进军二、三线城市的房地产市场，其项目遍及浙江、山东、福建等省，房地产净利润曾一度超过传媒本业的报业净利润。下游产业给传媒业带来了诸多利好因素，传媒业的发展不是一个孤立的产业行为，多元产业的联结才是构建完整传媒产业生态的核心命题，也是打造立体化消费生态的基础。

二 关联产业消费多元化

中国传媒产业的竞争力整体并不强，存在严重的区域发展不均衡和类别不均衡特征，这种外部需求常态性萎缩的境地需要关联产业的消费多元化来化解。传媒产业的发展建立在整合多个关联产业资源、业务和品牌效果的基础上，站在产业群的视角来转型传媒业，发展传媒与教育、医疗、旅游、餐饮等领域的融合关系。

关联产业消费倡导策划和创意能力。用户在生活服务领域需要个性化或多样化的资讯信息，给传媒产品与服务提供了策划创意的理念，传统意义上的广告被"邀请"进入各自领域，广告的被动式发展充其量是生活服务领域的陪衬载体，距离关联产业消费的要求还差得较远。策划和创意需要对关联产业做出根本性的改变，分众传媒的广告位可以做进电梯，同样广告媒介也可以主动寻求宿主并改变宿主，例如餐饮业。此时的关联消费就是新概念餐厅，其策划和创意在于将餐厅的每一个空间元素都做成广告媒介，从餐桌到菜名，整个就餐环境成为广告的综合体。

关联产业消费也极为重视优势互补，努力做到关联+传媒的模式。以浙报集团为例，浙报集团在政务服务、电商、网络医院、养老服务和居民

---

[1] 董信成：《世界各国信用评级业的产生与发展》，http://www.docin.com/p-1955198320.html，2017年6月20日。

服务等领域均有尝试和布局，浙报集团与浙江省政务服务中心开启"互联网＋政府服务"模式，《钱江晚报》的钱报有礼电商平台突出冷链直达、原产地直采服务特色，集团投资全球影像医疗云服务平台，旗下老年报致力于以社区服务为中心的"爱乐聚"品牌养老服务，几家县市报积极探索社区化和居民服务的深度覆盖。以传媒业的积淀聚焦都市生活消费的动向和诉求，依托地区品牌优势和服务优势运营关联产业，无疑是未来传媒业驱动关联产业的有力筹码。

关联产业消费也离不开用户的集聚效应，消费强化的是服务意识，当传统媒体的受众改变了消费习惯，例如教材教辅图书阅读受到网络冲击，传媒产业立马转型知识服务，推出在线教育，由教育出版物的提供者变为教育机构，直接冲击相关联的教育业。

三　规范同质化消费

尽管关联产业是增量消费，依然也存在同质化现象，传媒产品与服务消费的多样性在延伸至关联产业时多会出现交集，扩大传媒消费离不开对同质化消费的正视和规范。

如何规范同质化消费，刺激传媒产品与服务的消费效度？关键在于传媒产品与服务的核心竞争力，具体表现为价值凝聚、品牌维系和资源整合三方面。传媒产品与服务的核心价值在于高质量的内容，"内容为王"的论断屡见不鲜，这种内容的过渡性也是桥接关联产业的介质，关联产业并非静态等待传媒产业攻占的领地，消费关系彼此互通，扩大传媒产业消费的反作用即为扩大了关联产业的消费。价值凝聚就是在产业关联的过程中，对信息挖掘和整合所汇聚的竞争优势，该优势是其他个体短期无法超越的。谁拥有信息综合能力更强的话语权，在关联产业的消费竞争中就能处于上风，同质化消费的几率就会越低。

品牌维系是传媒产品与服务综合素养的体现，它对于消费市场的扩张和资本积累极为重要。在传媒产业与关联产业融通的过程中，传媒产品与服务应该保持鲜明的品牌意识和定位，传媒产业与关联产业的作用不能让传媒产业忘记初心，在新型市场中迷失方向，越是进入全新领域，就愈发需要准确认识市场和定位。围绕新的受众群体展开调查分析，以差异化定位解决同质化对品牌塑造方向的影响，再根据新的产业生态树立准确的市场形象，打造独有的传媒产品与服务的风格。

资源整合反映了渠道对于消费的重要性，渠道型媒体有助于将传媒产品及服务从同质化的泥潭中拉扶起来。产生同质化的根本原因在于，面对新的产业态势，传媒产业和关联产业对于多方资源的配比无法找到独有的整合方式，以单纯的模仿换取短暂发展。依循该思路，传媒产业面临洗牌和重组的境遇，产业内部的传统媒体和新兴媒体在博弈，产业外部的关联产业在跃跃欲试，更加迫切需要传媒产业扎实推进资源整合的步伐，逐步培养整合产业价值链的能力，实现传媒产品与服务更长远的消费延续。

第四节　本章小结

本章根据前面章节的研究内容和结论，从产业关联和融合的视角探究适合中国国情的传媒产业发展路径，提出坚持传媒产业的信息化、集群化、生态化发展方向。信息技术的发展不仅给传媒产业发展创造了机遇，同时也给传媒产业发展带来了风险和挑战。信息技术创新与扩散，逐步瓦解了传媒产业对传播渠道的绝对垄断，最终使传媒产业的价值流向了其他产业。中国传媒产业的信息化发展仍存在一些明显的不足和问题，应抓住信息技术发展进步的有利机遇，把促进传媒产业与信息产业融合、提高传媒产业应用信息技术的能力，作为推动传媒产业发展的重要手段，提升传媒产业在国民经济中的地位。传媒产业集群化发展能够增加产业的竞争优势和提升传媒产业的创新能力，有利于形成规模经济和范围经济效应。当前中国传媒产业集群化发展已取得初步进展，但成熟的产业集群仍未建立起来，需要推进中国传媒产业的集群化发展。坚持传媒产业生态化是传媒内容、技术、渠道、资本等要素的多元、精准布局，不同的传媒类别拥有差异化的发展动能，重视关联产业，优化产业结构，传媒产业经济发展有望在规范秩序中撬动新的增长点，并焕发新的活力。

推进传媒产业的关联与融合发展迫在眉睫，中国传媒产业对国民经济发展具有一定的推动作用，但影响力较有限，增长空间较大。传媒产业的上游产业主要集中在高耗能、高污染产业，与高技术产业关联较弱，下游产业链比较窄，涉及的产业部门较少，传媒产业产品和服务的消费市场仍有待扩展。传媒产业作为文化产业中的核心部门，对文化产业中的其他产业部门促进作用不显著。这说明，需要进一步加强传媒产业与文化产业各子产业部门的联系，整合资源，形成合力推动文化产业乃至整个国民经济的发展。

扩大传媒产品与服务的消费，拉动传媒产业发展是受众导向发展路径的体现。现代传媒产业在移动互联网的背景下，生态格局的演变导致了知识信息的载体形式和服务模式的变迁，受众也在培养和适应新的媒介消费习惯，扩大传媒产品与服务的消费微观层面需要激发受众媒介需求的动机，搭载媒介技术的顺风车，宏观层面需重视挖掘传媒产业的关联产业潜力，做到增量消费。

第七章

研究总结及展望

第一节 研究总结

中国传媒产业发展速度惊人，规模扩张迅速，但在繁荣的背后仍存在无法回避的问题。竞争力缺乏导致的国际传播能力弱势、传媒产业在国民经济中地位的裹足不前，以及经济功能弱势所导致的政治功能不能充分发挥等一系列问题亟待解决。对于中国传媒产业而言，在特定的国情和产业融合发展趋势下，传媒产业该如何与关联产业互动发展并成长为国民经济的主导产业，以及未来发展路径的选择是当前更为迫切和现实的问题。随着产业融合发展，新的媒介形态和产业形态层出不穷，传媒产业肩负双重任务，即传统媒体的转型升级以及新媒体产业市场的培育和发展。本书从产业关联和融合两个维度考量了传媒产业的发展路径，在借鉴国内外相关学者研究成果基础上，对中国传媒产业发展路径进行了系统研究。本书的主要结论有以下几点。

一是，整体而言，中国传统媒体产业仍处于中低端水平，面临着产业技术层次不高、创新能力不足、产品附加值低以及盈利能力欠缺等诸多问题。同时，随着内外环境的改变，劳动力成本的上升，传统媒体产业迫切需要转型升级。新媒体产业近几年发展迅猛，冲击着传媒产业的旧有格局，在带动整个传媒产业发展的同时，也带来了一些不稳定的因素。传媒制度环境是中国传媒产业发展的重要动因之一，传媒制度的完善和发展直接关系到传媒产业的发展。现阶段，中国传媒产业发展中存在的问题主要有以下几个方面。第一，由于中国传媒产业的复杂性，传媒产业制度仍然跟不上中国传媒产业发展的需求。中国传媒制度的缺失表现为传媒制度在设置上未能完全契合中国传媒业的双重属性；传媒制度的结构性较强，对传统媒体规制过多，而新媒体规制处于结构的边缘地带，制度成本相对较低；传媒产业制度的发展落后于传媒产业的发展；传媒制度的制定和实施成本过高。第二，传媒产业内部结构不合理，目前传媒产业的内部结构正处于转型升级时期，内部的主导产业未能实现有序更替，存在技术和资本的短板，传媒产业各子产业间的互动也缺乏协调性。第三，传媒产业的发展缺乏稳定性，传统媒体产业与新媒体产业正处于产业生命周期的不同阶段，力量对比发生了改变。经过长期的发展，中国传统媒体产业进入了成熟期，市场容量已接近饱和稳定，在媒介新技术的冲击下，传统媒体产业在整个传媒产业的比重下降。与此同时，中国新媒体产业处于生命周期的成长期阶段，发展速度超过了传媒产业的平均速度，在整个传媒产业系统的比重不断增加。传统媒体与新媒体力量对比的改变，引发了一系列问题，使得传媒产业发展充满了不稳定因素。第四，中国传媒产业与西方传媒产业的差距明显。中国传媒产业的产业化起步较晚，全球竞争经验不足，对外传播能力较弱。在全球经济一体化中，中国的传媒产业缺乏参与国际竞争的大型传媒公司，盈利模式单一，使得中国传媒产业在国际上缺乏竞争力，未来发展面临着巨大的挑战。

二是，传媒产业与其他产业存在着复杂多样的关联关系。传媒产业的后向关联产业主要是为传媒产业提供原材料的产业部门，主要包括造纸和纸制品，专用化学产品和炸药、火工、焰火产品，电力、热力生产和供应等产业部门，也包括批发和零售、印刷品和记录媒介复制品、货币金融和其他金融服务等产业部门。传媒产业的前向关联产业是传媒产业产品和服务的主要销售对象，主要包括公共管理和社会组织，房屋建筑，电力、热力生产和供应，钢压延产品，货币金融和其他金融服务，教育，电信和其他信息传输服务等产业部门。传媒产业的环向关联产业，既是传媒产业的生产原材料主要提供者，又是传媒产业产品和服务的主要销售对象，主要包括批发和零售，电力、热力生产和供应，货币金融和其他金融服务，专用化学产品和炸药、火工、焰火产品，商务服务，道路运输，精炼石油和核燃料加工品等产业部门。通过传媒产业的完全消耗系数和完全分配系数得出，传媒产业对其他产业的平均完全消耗系数是 0.011454，是平均直接消耗系数 0.003903 的 2.9 倍，这说明传媒产业通过间接关联对其他产业的拉动作用大幅增强，传媒产业对其他产业的平均完全分配系数是0.008165，是平均直接分配系数0.003201的2.6倍，说明传媒产业通过间接关联对其他产业的需求拉动和供给推动作用较大。

传媒产业与国民经济中的大多数产业部门存在着经济技术联系，与其他产业部门的联系较广，但联系较深的产业部门不多。从消耗系数来看，有139个产业部门对新闻和出版的直接消耗系数大于0，131个产业部门对广播、电视、电影和影视录音制作的直接消耗系数大于0，138个产业部门对传媒产业的直接消耗系数大于0。这表明传媒产业与其他产业部门的联系广泛，与国民经济中的所有产业部门都存在着直接联系，是国民经济中重要的产业部门。除去自身以外，传媒产业仅与8个产业部门的直接分配系数大于0.01，与25个产业部门的直接消耗系数大于0.01，说明与传媒产业密切相关联的产业部门不多。

传媒产业及细分产业属于"高中间投入，低附加值"产业部门，产业的中间需求率逐年降低，传媒产业属于生活服务型产业，且是最终产业。2007年与2012年中国传媒产业及细分产业的前向关联指数和后向关联指数均低于当年均值。这说明中国传媒产业不能对其下游产业和上游产业起到明显的拉动和推动作用，同时也不能通过相关产业的前向拉动和后向推动较大地促进自身的发展。通过关联比例法分析发现，传媒产业的上游产业主要集中在一些高耗能、高污染的产业部门，为传统媒体产业提供生产所需的原材料和服务。传媒产业的下游产业链比较窄，涉及的产业部门较少，需要扩大传媒产业的下游产业链，以增加传媒产业的竞争力。

三是，中国传媒产业及细分产业的影响力系数均小于1，低于全产业的平均水平，传媒产业对其他产业的带动作用较小，对其他产业的波及效应依然较弱。传媒产业2012年的影响力系数为0.829737，较2007年的系数0.905643有所下降，这说明中国传媒产业对其他产业的拉动作用有下降的趋势。2007年和2012年中国传媒产业及细分产业的感应度系数均小于1，低于全产业的平均水平，这说明传媒产业受其他产业的推动作用不明显，传媒产业对其他产业发展的制约作用较小。传媒产业2012年的感应度系数为0.685101，低于2007年的感应度系数（0.706976），传媒产业对其他产业的整体推动作用降低。

传媒产业作为文化产业的重要组成部分，需要在文化产业框架内进行具体分析。整体而言，中国文化产业的平均影响力系数为 0.960167，略低于 139 个产业部门的平均水平，传媒产业的影响力在文化产业中处于中等偏下的位置。中国文化产业各子产业的平均感应度系数为 0.717154，低于 139 个产业部门的平均水平，中国文化产业对国民经济的制约作用不明显，这与中国文化产业作为支柱产业来发展的目标不符。广播、电视、电影和影视录音制作，新闻和出版的感应度系数均低于文化产业的平均感应度，这说明传媒产业对其他文化产业部门的波及影响有限，同时对文化产业其他产业部门的影响不敏感。造纸和纸制品，涂料、油墨、颜料及类似产品，印刷品和记录媒介复制品的感应度系数超过平均水平 1，娱乐与电信和其他信息传输服务的感应度系数高于文化产业的均值，这些产业是文化产业中其他产业部门的发展瓶颈，易受文化产业中其他产业部门的最终需求变化的影响。它们可以通过前向关联作用对文化产业整体起到较大的推动作用，因此应优先发展，以此带动包括传媒产业在内的文化产业整体发展。

传媒产业的关联效应不仅体现在直接关联效应和波及关联效应上，也体现在最终需求的诱发效应上。传媒产业的消费、出口和投资会通过产业间的经济技术联系和关联作用诱发传媒产业的发展。传媒产业属于消费拉动型产业，其生产主要是靠消费需求引发的，即最终消费需求通过生产诱发效应拉动其发展。资本形成和出口这两项的生产诱发系数远低于均值，在所有产业中排在靠后位置，这说明投资和出口对传媒产业的推动作用不明显，不能有效促进传媒产业的发展。从整体上看，消费、投资和出口对文化产业的诱发效应不明显，低于社会平均值，但最终消费对文化产业的拉动作用明显高于投资和出口，特别是教育、电信和其他信息传输服务，可以通过刺激最终消费的途径，促进教育以及电信和其他信息传输服务的发展，从而带动包括传媒产业在内的整个文化产业部门的发展。出口项对造纸和纸制品，文教、工美、体育和娱乐用品的生产诱发系数分别为 0.036373 和 0.045197，均高于社会平均值，这两个部门属于出口拉动型产业，出口需求每增加 1 亿元，可分别拉动 364 万元和 452 万元的产值额。通过刺激出口能够加快这两个产业的发展。传媒产业及细分产业对最终消费的依赖度系数最大，均超过 0.7，其中，新闻和出版对最终消费的依赖度系数为 0.704127，排名 139 个产业部门的第 26 位，广播、电视、电影和影视录音制作依赖度系数为0.766375，排名139个产业部门的第17位，传媒产业对最终消费的依赖度系数为0.73640，位于139个产业部门中的第20位，这说明传媒产业及细分产业属于依赖消费型产业部门。相对而言，投资和出口对传媒产业及细分产业的推动作用不明显，依赖度系数均小于0.2。在文化产业中，教育，文化艺术，体育，广播、电视、电影和影视录音制作，新闻和出版，电信和其他信息传输服务，娱乐这7个产业部门对消费的依赖程度较大。文教、工美、体育和娱乐用品，文化、办公用机械，广播电视设备和雷达及配套设备这3个产业部门属于依赖出口型产业部门，出口需求对这3个产业部门的影响程度较大，投资对包括传媒产业在内的文化产业各部门拉动作用均不明显。

　　四是，融合推动传媒产业的发展。融合对传媒产业发展的推动力来源于融合对传媒产业形态、产业组织和产业结构的创新。产业融合发展涉及技术、资本、产业结构、运行平台、生产流程、商业模式和产业政策等多个层面。目前，中国传媒产业的产业结构与融合的技术、市场、需求不相容，融合发展过程中存在着诸多问题，需要运用政府、市场和企业的力量，使传媒资源得到优化配置，最终促进传媒产业的融合发展。中国传媒产业融合发展的困境主要包括缺乏有效的制度供给，传媒产业和互联网产业间制度处于非均衡状态；资本、技术的竞争劣势；融合导致传媒产业核心优势的消失与价值的转移；传媒产业双重属性的限制。本书将传媒产业融合发展划分为外向融合和内向融合，传媒产业的外向融合是传媒产业与其相关联产业的融合，传媒产业的内向融合则是传媒产业内部各子产业间的融合。传媒产业通过产业间相互渗透、交叉和重组等横向产业关联扩张方式，与其相关联产业融合，形成产业创新和融合拓展，产生复合经济效应从而促进产业的成长。传媒产业的外向融合发生在传媒产业与高技术产业、文化产业内部的子产业，以及传媒产业的其他关联产业之间。传媒产业由电视、报纸、期刊、图书、音像、广播、电影、互联网和移动增值等多个子产业组成，传媒产业的内向融合主要发生在传统媒体产业和新媒体产业之间。传媒的核心竞争力是内容，坚持内容的原创性是关键。如何创造丰富的原创性内容产品，是传媒产业发展的关键，因此传媒产业的内向融合的主要目标是通过优化资源配置，打造高品质的传媒内容产品，提高传媒的创新创意能力，从而提升传媒产业的核心竞争力。

五是，中国传媒产业的关联产业主要分为四类：第一类是文化产业部门，如造纸和纸制品、印刷品和记录媒介复制品、教育等产业；第二类是资源型产业，如电力、热力生产和供应，精炼石油和核燃料加工品，石油和天然气开采产品等产业；第三类是高新技术型产业，如电信和其他信息传输服务、电子元器件、医药制品等产业；第四类是传媒产业本身。实现传统媒体产业升级转型和新媒体产业的培育和发展的基本思路为：结合国家产业政策和发展战略，基于传媒产业的实际发展水平和社会对其现实需求，以及传媒产业各子产业的具体情况选择不同的发展模式，具体分为四种。不同类型的传媒产业关联与融合发展的模式不同，按照传媒产业各子产业所处产业生命周期的不同阶段，选择所对应的发展方式。

六是，本书从产业关联和融合的视角研究传媒产业的发展现状和趋势，探究适合中国国情的传媒产业发展路径。提出的可行性路径主要有：坚持传媒产业的信息化、集群化、生态化发展方向，推进传媒产业的关联与融合发展。加强传媒产业与文化产业部门中其他子产业部门的联系，整合资源，形成合力推动文化产业乃至整个国民经济的发展。加强传媒产业与高技术产业的关联，降低与高耗能、高污染产业的关联，促进传统媒体产业的转型升级以及新媒体产业的培育和发展。扩大传媒产品与服务的消费，拉动传媒产业发展。现代传媒产业在移动互联网的背景下，生态格局的演变催生了知识信息的载体形式和服务模式的变迁，受众也在培养和适应新的媒介消费习惯，扩大传媒产品与服务的消费微观层面需要激发受众媒介需求的动机，搭载媒介技术的顺风车，宏观层面需重视挖掘传媒产业的关联产业潜力，做到增量消费。

第二节　研究不足与展望

本书从产业经济学的角度考量了中国传媒产业的发展，从关联与融合维度探索传媒产业发展路径，但传媒产业发展是一个涉及面广、影响因素众多的课题，研究中难免存在不足之处，将在后续研究中进一步完善和突破。

第一，本书运用投入产出法的基本模型分析中国传媒产业的关联效应和波及效应。投入产出分析的理论和方法是在不断发展的，不同的国家和领域都有自身的特点，在运用其基本模型进行分析时，必须结合中国的具体国情和传媒产业自身的特点进行。本书在对传媒产业的关联产业分析时，只是运用了投入产出法的基本模型分析传媒产业与其他产业的关联规律，未能涉及更深层次的研究。原因有两方面，一方面是目前中国仍未有专门针对传媒产业的投入分析模型，不能充分考虑到中国的国情和传媒产业的特殊性。另一方面是在现有的产业投入产出表编制中，传媒产业仍未被列为一个独立的产业部门，需要重新编制传媒产业的投入产出表，造成少数传媒产业部门不能被纳入传媒产业整体的定量分析。尽管缺乏更加详尽的数据支撑，本书的基本结论不受大影响，原因是本书编制的传媒产业投入产出表包括了传媒产业的主体部分，其中未纳入传媒产业框架的部分在其他产业中可以体现，并且在未来的研究中可以进一步完善。

第二，关联与融合整体发展模型的提出，需要进一步检验与完善。起初构建模型时，主要结合产业生命周期理论来确定传媒产业各子产业未来发展方式，认为产业处于不同的生命周期阶段产业发展模式选取是最具有代表性的影响因素，所以未将其他影响因素加入研究的模型中，比如传媒产业各子产业的受众群体、产业发展的地域限制等因素。因此，在今后的研究中，会考虑更多的影响因素，并将这些因素加入研究模型中来，以期能够更加贴近中国传媒产业的现实情况，使得模型能够更加切合实际，更好地解释现实问题。

第三，本书在分析中国传媒产业发展现状与问题时，比较了中国传媒产业与西方发达国家传媒产业之间的差距，但对国外整体的发展状况缺乏更深入的探讨，需要在以后的研究中加以补充与完善。

第四，本书主要以报业的关联与融合整体发展模式为个案，未同时关注多个传媒产业子产业进行比较研究，从而不能将传媒产业各子产业在发展方式选择上进行对比。因此，未来的研究将对多个传媒产业子产业进行比较分析，或者对不同传媒企业收集一手数据展开研究，以及比较国内外传媒集团，或许有更多的研究发现。

参考文献

一 著作

褚建勋主编：《中外传播政策》，科学出版社 2009 年版。

崔保国主编：《2004—2005 年：中国传媒产业发展报告》，社会科学文献出版社 2005 年版。

崔保国主编：《2009 年：中国传媒产业发展报告》，社会科学文献出版社 2009 年版。

崔保国主编：《中国传媒产业发展报告（2017）》，社会科学文献出版社 2017 年版。

戴元光、邵培仁、龚炜：《传播学原理与应用》，兰州大学出版社 1988 年版。

邓炘炘：《动力与困窘：中国广播体制改革研究》，中国经济出版社 2006 年版。

丁汉青：《广告流：理论与实证分析》，新华出版社 2005 年版。

董晓松：《中国数字经济及其空间关联》，社会科学文献出版社 2018 年版。

段鹏：《中国主流媒体融合创新研究》，中国传媒大学出版社 2018 年版。

傅玉辉：《大媒体产业：从媒介融合到产业融合》，中国广播电视出版社 2008 年版。

高红波：《电视媒介融合论：融媒时代的大电视产业创新发展》，社会科学文献出版社 2018 年版。

郭庆光：《传播学教程》，中国人民大学出版社 1999 年版。

郭泽光：《产业融合与结构优化》，中国财政经济出版社 2017 年版。

何勇亭：《产业融合：中国产业升级的新动力》，中国商业出版社 2018 年版。

胡惠林主编:《文化产业概论》,云南大学出版社 2005 年版。

黄升民、丁俊杰:《中国广电媒介集团化研究》,中国物价出版社 2001 年版。

纪宁:《媒介新动向》,沈阳出版社 2001 年版。

简新华主编:《产业经济学》,武汉大学出版社 2001 年版。

姜进章:《新媒体管理》,上海交通大学出版社 2012 年版。

蒋旭灿、袁志坚:《媒体融合背景下媒体人转型研究》,浙江大学出版社 2017 年版。

金碚:《报业经济学》,经济管理出版社 2002 年版。

金帆、张雪:《从价值链到价值生态系统:云经济时代的产业组织》,经济管理出版社 2018 年版。

金冠军、郑涵、孙绍谊:《国际传媒政策新视野》,上海三联书店 2005 年版。

李彬:《传播学引论》,新华出版社 2003 年版。

刘景枝:《新闻集团传媒产业价值链研究》,中国社会科学出版社 2017 年版。

刘牧雨主编:《北京文化创意产业发展理论与实践探索》,中国经济出版社 2007 年版。

刘杉:《媒体融合时代的内容生产与信息传播》,中国传媒大学出版社 2021 年版。

刘友芝:《现代传媒新论》,武汉大学出版社 2006 年版。

柳旭波:《传媒产业组织研究》,经济科学出版社 2007 年版。

马庆平:《中文广播电视法规比较》,经济管理出版社 2005 年版。

明安香:《传媒全球化与中国崛起》,社会科学文献出版社 2008 年版。

彭永斌:《传媒产业发展的系统理论分析》,西南财经大学出版社 2004 年版。

强月新:《中国传媒市场研究:理论与实践》,武汉大学出版社 2012 年版。

饶璨:《中国服务业发展动因研究:结构转型和产业关联的双重视角》,复旦大学出版社 2017 年版。

单晓红:《传播学:世界的与民族的》,云南大学出版社 2003 年版。

邵国松:《网络传播法导论》,中国人民大学出版社 2017 年版。

苏东水主编：《产业经济学》，高等教育出版社 2015 年版。

孙德林：《互联网+文化产业跨界融合多样化研究》，经济管理出版社 2017 年版。

唐绪军：《报业经济与报业经营》，新华出版社 1999 年版。

陶喜红：《中国传媒产业市场结构演变研究》，中国社会科学出版社 2013 年版。

童清艳：《超越传媒——揭开媒介影响受众的面纱》，中国广播电视出版社 2002 年版。

童清艳：《传媒产业经济学导论》，复旦大学出版社 2007 年版。

屠忠俊：《报业经营管理》，新华出版社 1992 年版。

汪芳：《高技术产业关联理论与实证》，科学出版社 2013 年版。

王红强：《产业融合趋势下的我国传媒产业发展研究》，四川大学出版社 2018 年版。

王建军：《"互联网+"时代的媒体融合》，上海交通大学出版社 2018 年版。

王利晓：《高新技术产业集聚的 FDI 技术溢出效应研究》，中国经济出版社 2017 年版。

王亮：《传媒产业破坏性创新管理研究》，厦门大学出版社 2021 年版。

王润珏：《产业融合趋势下的中国传媒产业发展研究》，中国书籍出版社 2011 年版。

吴飞：《大众传媒经济学》，浙江大学出版社 2003 年版。

肖赞军：《西方传媒业的融合、竞争及规制》，中国书籍出版社 2011 年版。

谢金文：《中国传媒产业概论》，上海交通大学出版社 2007 年版。

闫勇、李瑶：《电视媒体融合发展的探索与实践》，九州出版社 2018 年版。

颜锦江：《供给侧与需求侧双视角下区域经济产业关联研究——以四川省为例》，四川大学出版社 2018 年版。

杨秉捷：《传播学基础知识》，中国财政经济出版社 1994 年版。

杨海军、王成文：《传媒经济学》，河南大学出版社 2008 年版。

杨建文：《产业经济学》，上海社会科学院出版社 2008 年版。

杨仁发：《产业融合：中国生产性服务业与制造业竞争力研究》，北京大学出版社 2018 年版。

喻国明:《传媒影响力》,南方日报出版社2003年版。

喻国明、丁汉青、支庭荣、陈端编著:《传媒经济学教程》,中国人民大学出版社2009年版。

喻国明主编:《中国传媒发展指数报告(2010)》,人民日报出版社2010年版。

袁琴、何静:《现代新媒体的融合与发展》,吉林大学出版社2018年版。

张帆:《媒体融合背景下我国报业转型的发展策略研究》,武汉大学出版社2018年版。

张国良:《新媒体与社会变革》,上海人民出版社2009年版。

张辉锋:《传媒经济学》,南方日报出版社2005年版。

张仁德、王昭凤:《企业理论》,高等教育出版社2003年版。

赵玉宏:《文化创意产业融合发展研究——以北京文创产业为例》,经济日报出版社2018年版。

中国广播电视年鉴社:《中国广播电视年鉴》,中国广播电视年鉴社2009年版。

周鸿铎:《报业经济》,经济管理出版社2003年版。

周鸿铎:《传媒产业机构模式》,经济管理出版社2003年版。

周鸿铎:《传媒产业经营与管理》,经济管理出版社2003年版。

周鸿铎:《传媒产业市场策划》,经济管理出版社2003年版。

周鸿铎:《传媒产业资本运营》,经济管理出版社2003年版。

周鸿铎:《传媒经济导论》,经济管理出版社2003年版。

周鸿铎:《传媒经济学教程》,首都经济贸易大学出版社2007年版。

周鸿铎:《广播电视经济》,经济管理出版社2003年版。

周鸿铎:《广播电视经济学》,中国经济出版社1990年版。

周鸿铎:《网络经济》,经济管理出版社2003年版。

周振华:《信息化与产业融合》,上海人民出版社2003年版。

(后晋)刘昫等:《旧唐书》,中华书局1975年版。

[美] J. S. ベイン:《産業組織論 上》,宮澤健一監訳,丸善株式会社1970年版。

[美] J. S. ベイン:《産業組織論 下》,宮澤健一監訳,丸善株式会社1970年版。

［美］艾伯特·赫希曼：《经济发展战略》，潘照东、曹征海译，经济科学出版社1991年版。

［美］彼德·K. 普林格尔、迈克尔·F. 斯塔尔、威廉·E. 麦克加维特：《电子媒介经营与管理》，潘紫径、王雪、冯晓娜、张艳等译，北京广播学院出版社2004年版。

［美］大卫·克罗图、威廉·霍伊尼斯：《媒介·社会：产业、形象与受众》，邱凌译，北京大学出版社2009年版。

［美］道格拉斯·C. 诺思：《制度、制度变迁与经济绩效》，杭行译，上海人民出版社2008年版。

［美］亨利·詹金斯：《融合文化：新媒体和旧媒体的冲突地带》，杜永明译，商务印书馆2012年版。

［美］罗斯托：《经济成长的阶段》，国际关系研究所编译室译，商务印书馆1962年版。

［美］迈克尔·波特：《国家竞争优势》，李明轩、邱如美译，华夏出版社2002年版。

［美］曼昆：《经济学原理》，梁小民译，机械工业出版社2003年版。

［美］斯蒂文·小约翰：《传播理论》，陈德民、叶晓辉译，中国社会科学出版社1999年版。

［美］沃纳丁·赛弗林、小詹姆·W. 坦卡特：《传播学的起源、研究与应用》，陈韵昭译，福建人民出版社1985年版。

［美］詹姆斯·沃克、道格拉斯·弗格森：《美国广播电视产业》，陆地、赵丽颖译，清华大学出版社2005年版。

［瑞士］皮亚杰：《发生认识论原理》，王宪钿等译，商务印书馆1981年版。

［英］大卫·赫斯蒙德夫：《文化产业》，张菲娜译，中国人民大学出版社2007年版。

Arrow, K. J., "The Economic Content", in S. T. Donner, *The Future of Commercial Television* 1965 – 1975, California: Stanford University Press, 1965.

Bain, J. S., *Industrial Organization*, New York: John Wiley & Sons, 1959.

Baumol W. J. and Panzar J. C. and Willing R. D., *Contestable Markets and the Theory of Industry Structure*, New York: Harcourt Brace Jovanovich Ltd.,

1982.

Benjamin Higgins, *Economic Development: Principles, Problems and Policies*, London: Constable, 1958.

Bernstein Irving, *The Economics of Television Film Production and Distribution*, Sherman Oaks, Calif.: Screen Actors Guild, 1960.

Buchanan, J. M., *The Demand and Supply of Public Goods*, Chicago: Rand McNally, 1968.

Colin Clark, *The Conditions of Economic Progress*, London: Macmillan & Co. Ltd., 1940.

Compaine, Benjamin M., *Who Owns the Media?*, White Plains, NY: Knowledge Industry Publications, 1979.

Doyle, Gillian, *Understanding Media Economics*, London: Sage, 2002.

Ed Herman and Robert Waterman McChesney and Edward S. Herman, *The Global Media: The Missionaries of Global Capitalism (Media Studies)*, London: Cassell, 1998.

Greenstein S. and Khanna T., "What does Industry Convergence Mean?", in Yoffie, David B., *Competing in the Age of Digital Convergence*, Boston: Harvard Business School Press, 1997.

Hacklin F., *Management of Convergence in Innovation*, Heidelberg: Physica-Verlag, 2007.

Hirschman, A. O., *The Strategy of Economic Development*, New Haven: Yale University Press, 1958.

Hollis B. Chenery and Moises Syrquin and Hazel Elkington, *Patterns of Development, 1950–1970*, London: Oxford University Press for the World Bank, 1975.

Hollis B. Chenery and Paul G. Clark, *Interindustry Economics*, New York: John Wiley, 1959.

Hollis B. Chenery and Samuel Bowles, *Studies in Development Planning*, Cambridge: Harvard University Press, 1971.

Holmoy, E., "The Structure and Working of MSG – 5, and Applied General Equilibrium Model of the Norwegian Economy", in L. Bergman and

O. Olsen, *Economic Modelling in the Nordic Countries*, *Contribution to Economic Analysis No. 210*, Amsterdam: North-Holland Publishing Company, 1992.

Ithiel de Sola Pool, *Technologies of Freedom*, *Cambridge*, Mass. : Harvard University Press, 1983.

Jan Tinbergen, *Economic Policy: Principles and Design*, Amsterdam: North-Holland Publishing Company, 1956.

John Maynard Keynes, *The General Theory of Employment, Interest and Money*, New York: Harcourt, Brace and Company, 1936.

Jome, Hiram Leonard, *Economics of the Radio Industry*, Chicago: A. W. Shaw Company, 1925.

Kevin Maney, *Megamedia Shakeout : The Inside Story of the Leaders and the Losers in the Exploding Communications Industry*, New York: John Willy & Sons, Inc. , 1995.

Lee W. McKnight and Joseph P. Bailey, "An Introduction to Internet Economics", in Gunnel Tottie, *An introduction to American English*, Peking: Peking University Press, 1996.

Léon Walras, *Elements of Pure Economics*, trans. by William Jaffe, London: George Allen and Unwin, Ltd. , 1954.

Melvin, L. DeFleur and Everette E. Dennis, *Understanding Mass Communication: A Liberal Arts Perspectives*, Boston, MA: Houghton Mifflin Company, 2002.

Mises L. V. , *Human Action : A Treatise on Economics*, New Haven, CT: Yale University Press, 1949.

Mueller M. , *Telecom Policy and Digital Convergence*, Hong Kong: City University of Hong Kong Press, 1997.

Owen Bruce M. , et al. , *A Selected Bibliography in the Economics of Mass Media*, California: Standford University, 1970.

Picard, Robert G. , *Media Economics : Concepts and Issues*, Newbury Park, Calif: Sage Publications, 1989.

Rich Gordon, "The Meanings and Implications of Convergence", in Kevin

Kawamoto, ed., *Digital Journalism*: *Emerging Media and the Changing Horizons of Journalism*, Lanham, MD: Rowman & Littlefield Publishers, 2003.

Roger LeRoy Miller and Arline Alchian Hoel and John F Lawrence, *Media Economics Sourcebook*, Saint Paul Minn.: West Publ. Co., 1982.

S. Kuznets, *National Income and Its Composition*, *1919 – 1938*, New York: National Bureau of Economic Research, 1941.

Scherer, F. M. and Ross, D., *Industrial Market Structure and Economic Performance*, Chicago: Rand McNally & Co., 1970.

Stigler, G. J., *The Organization of Industry*, Homewood, IL: Richard D. Irwin, 1968.

Vaile Roland S., *Economics of Advertising*, New York: Ronald Press Company, 1927.

Walt Whitman Rostow, *The Process of Economic Growth*, Oxford: Clarendon Press, 1953.

Walt Whitman Rostow, *The Stages of Economic Growth*: *A Non-Communist Manifesto*, New York: Cambridge University Press, 1960.

Wassily W. Leontief, "The Dynamic Inverse", in Carter A. P. and Brody A. eds., *Contributions to Input-Output Analysis*: *Proceedings of the Fourth International Conference on Input-Output Techniques*, Volume 1, Amsterdam: North-Holland Publishing Company, 1970.

Wassily W. Leontief, et al., *Studies in the Structure of the American Economy*: *Theoretical and Empirical Explorations in Input-Output Analysis*, New York: Oxford University Press, 1953.

Wassily W. Leontief, *Input-Output Economics*, Oxford: Oxford University Press, 1966.

Wassily W. Leontief, *The Structure of the American Economy*, *1919 – 1929*, Cambridge: Harvard University Press, 1941.

二 期刊

艾岚、阎秀萍:《基于SCP范式的中国传媒产业组织分析》,《河北经贸大学学报》2014年第5期。

蔡骐、吴晓珍：《媒介融合发展策略解读——以创新经济学理论为框架》，《湖南城市学院学报》2008年第2期。

蔡雯：《从"超级记者"到"超级团队"——西方媒体"融合新闻"的实践和理论》，《中国记者》2007年第1期。

蔡雯：《新闻传播的变化融合了什么？——从美国新闻传播的变化谈起》，《采写编》2006年第2期。

常晓红、王海云：《中国新闻出版业上市公司经营效率研究——基于DEA模型的分析》，《现代出版》2016年第3期。

陈东阳、张宏：《中国制造业参与全球价值链分工状态及其动态演进——基于前后向产业关联的视角》，《东岳论丛》2018年第6期。

陈国权：《媒体融合的现状、难点与市场机制突破》，《编辑之友》2021年第5期。

陈怀林：《九十年代中国传媒的制度演变》，《二十一世纪》1999年第53期。

陈君艳：《产业关联理论研究范畴》，《投资与创业》2013年第1期。

陈力丹：《传播学研究要保持批判性思维》，《传媒观察》2018年第8期。

陈力丹、傅玉辉：《中国大媒体产业的演进趋势》，《新闻传播》2006年第5期。

陈少波：《产学研一体化：传媒产业化的推进器》，《现代传媒（中国传媒大学学报）》2008年第4期。

陈堂、陈光：《数字化转型对产业融合发展的空间效应——基于省域空间面板数据》，《科技管理研究》2021年第4期。

程新生、李倩：《客户集中是否影响企业创新？——行业前向关联的视角》，《经济管理》2020年第12期。

崔保国：《2014年中国传媒业回望》，《新闻战线》2015年第1期。

崔保国、陈媛媛：《百年变局下中国传媒业的挑战与机遇》，《传媒》2020年第20期。

崔保国、卢金珠：《中国传媒市场3000亿的盘子从何而来》，《传媒》2005年第7期。

崔国平：《西方传媒产业的政府规制及其对我国的启示》，《西北农林科技大学学报》2009年第5期。

丁柏铨：《媒体融合的趋势、困境与创新路径》，《传媒观察》2018年第5期。

段卫东、李芳：《中国电影产业的产业关联度与波及效应研究》，《当代电影》2017年第2期。

丰志培、刘志迎：《产业关联理论的历史演变及评述》，《温州大学学报（社会科学版）》2005年第1期。

冯居易、魏修建：《数字经济时代下中国信息服务业的投入产出效应研究》，《情报科学》2020年第5期。

付晓光：《媒介融合实效性的比对分析》，《编辑学刊》2014年第1期。

高菠阳、李俊玮、刘红光：《中国电子信息产业转移特征及驱动因素——基于区域间投入产出表分析》，《经济地理》2015年第10期。

郭鸿雁：《中国传媒经济增长研究——基于制度的视角》，《现代传播（中国传媒大学学报）》2008年第2期。

郭御凤、冯莽：《从十九大报道创新看中国媒体融合发展之路》，《传媒》2018年第1期。

韩勇、李茂、赵勇：《中国产业关联网络演变及其影响机制研究》，《南京社会科学》2017年第6期。

郝雨、王铭洲：《新制度经济学体系下的传媒制度成本控制理论及方略》，《当代传播》2017年第2期。

何小兰：《上海媒体融合转型的现状、难点和对策》，《中国出版》2018年第13期。

胡正荣：《媒体的未来发展方向：建构一个全媒体的生态系统》，《中国广播》2016年第11期。

胡正荣、李继东：《我国媒介规制变迁的制度困境及其意识形态根源》，《新闻大学》2005年第3期。

胡正荣、张锐：《论电视产业结构调整——盘活中国电视产业论系列之一》，《现代传播》2003年第2期。

胡忠青：《传媒产业资本运营的利弊浅析》，《特区经济》2006年第8期。

黄健、蓝玉：《新媒体传播业的现状分析与发展趋势》，《改革与战略》2007年第11期。

黄鲁成、石媛嫄：《基于技术视角的产业关联发展研究》，《科技进步与对策》2017 年第 6 期。

黄鲁成、石媛嫄、吴菲菲、苗红、李欣：《基于技术视角的新兴产业关联研究——以 3D 打印相关产业为例》，《管理评论》2017 年第 2 期。

黄玉波、张金海：《从"部分剥离"走向"整体转制"——当前中国传媒产业体制改革趋向初探》，《新闻大学》2006 年第 3 期。

姜成坤：《党报在媒体融合中需批判与解构》，《今传媒》2016 年第 10 期。

金栋昌、朱仁伟：《我国手机传媒产业发展动力的传播学解释——基于拉斯韦尔"5W"模式的分析》，《新闻知识》2010 年第 2 期。

金永成、曹航：《产业组织理论视角中的媒介产业融合》，《西南民族大学学报（人文社科版）》2009 年第 2 期。

靖鸣、臧诚：《传媒批判视野下媒介融合过程中的问题与思考》，《现代传播（中国传媒大学学报）》2011 年第 4 期。

康蕾、宋周莺：《中国区域投入产出效率的研究框架与实证分析》，《地理科学》2020 年第 11 期。

兰培：《传媒产业并购重组态势分析》，《传媒观察》2013 年第 2 期。

蓝兰：《传媒集成经济初探及传媒产业关联整合的价值构建研究》，《新闻知识》2014 年第 11 期。

雷原、赵倩、朱贻宁：《我国文化创意产业效率分析——基于 68 家上市公司的实证研究》，《当代经济科学》2015 年第 2 期。

李本乾：《提升中国传媒国际竞争力的路径与策略》，《新媒体与社会》2015 年第 1 期。

李彪：《未来媒体视域下媒体融合空间转向与产业重构》，《编辑之友》2018 年第 3 期。

李朝晖：《大众传媒与文化创意产业关联性分析》，《声屏世界》2010 年第 1 期。

李红霞、赵融：《我国互联网产业的产业关联分析》，《科技和产业》2018 年第 3 期。

李江帆、李冠霖、江波：《旅游业的产业关联和产业波及分析——以广东为例》，《旅游学刊》2001 年第 3 期。

李胜、姚正海、付一慧：《高技术服务业与制造业互动关系研究——基于产业关联视角》，《科技与管理》2018 年第 1 期。

李文煌:《充分利用资本市场做大做强湖南文化传媒产业》,《湖湘论坛》2009年第5期。

李玉龙、崔梓涵:《长三角县域创新投入与产出脱钩关系及效率研究》,《华东经济管理》2021年第2期。

林爱珺、童兵:《中国传媒产业化的法律前提——重塑传媒市场主体》,《新闻界》2005年第3期。

林楠:《我国传媒的资本流向及产业发展取向解析》,《新闻界》2009年第1期。

刘长庚:《论产业组织政策的制定》,《湘潭大学学报(哲学社会科学版)》1995年第3期。

刘洁:《中国媒介产业布局与产业区域联合》,《现代传播(中国传媒大学学报)》2006年第3期。

刘璐:《我国文化产业上市公司经营绩效研究——基于因子分析和DEA-Bootstrap法》,《时代金融》2013年第27期。

刘炀:《中国传媒业资本多元聚合发展战略研究》,《企业家天地(下半月刊)》2009年第3期。

龙雄伟:《复杂网络视角下我国产业关联结构研究》,《商业经济研究》2017年第20期。

吕铠、钱广贵:《媒介融合的多元解读、经济本质与研究路径依赖反思》,《湖北社会科学》2016年第2期。

栾轶玫:《从市场竞合到纳入国家治理体系——中国媒介融合研究20年之语境变迁》,《编辑之友》2021年第5期。

罗青林:《媒体融合背景下传媒企业经营管理模式分析——基于传媒史的视角》,《江西财经大学学报》2016年第3期。

马健:《产业融合理论研究评述》,《经济学动态》2002年第5期。

苗棣、李黎丹:《美国电视的约束机制》,《现代传播》2004年第4期。

牟锐、闵连星:《信息产业投入产出经济效应分析——两部门视角》,《软科学》2015年第4期。

穆睿:《改革开放以来我国GDP及产业结构变化》,《现代经济(现代物业下半月刊)》2009年第7期。

南长森、石义彬:《媒介融合的中国释义及其本土化致思与评骘》,《陕西师范大学学报（哲学社会科学版）》2012年第3期。

欧阳海军、魏峰：《中国互联网产业关联及产业波及效果分析》，《区域金融研究》2018年第8期。

庞亮、郭之恩：《进程与变迁：基于媒介融合政策视角下的观察》，《现代传播（中国传媒大学学报）》2011年第11期。

彭兰：《融合趋势下的传媒变局》，《新闻战线》2008年第7期。

齐勇锋：《传媒文化产业集团的发展趋势和改革创新》，《青年记者》2006年第5期。

冉华、李杉：《传媒产业规制研究的基本状况与两个核心问题》，《当代传播》2015年第1期。

单世联：《从文化与经济的关系讨论文化产业的若干议题》，《中国文化产业评论》2012年第2期。

申玉铭、邱灵、王茂军、任旺兵、尚于力：《中国生产性服务业产业关联效应分析》，《地理学报》2007年第8期。

沈乐平：《当代西方规制理论和我国企业集团发展现状》，《暨南学报（哲学社会科学版）》2000年第6期。

石义彬、周夏萍：《融合的意义：论传统媒体融合转型的缺失与突破口》，《新闻传播》2018年第2期。

宋华琳：《美国广播管制中的公共利益标准》，《行政法学研究》2005年第1期。

孙飞红：《知识生产部门对国民经济的影响研究——基于投入产出分析》，《宏观经济研究》2020年第12期。

孙昊亮：《媒体融合下新闻作品的著作权保护》，《法学评论》2018年第5期。

唐敏：《信息产业与经济增长：基于产业关联理论的研究》，《华商》2008年第18期。

陶喜红：《媒介融合背景下传媒产业结构转型分析》，《当代传播》2010年第4期。

陶喜红：《中国传媒产业市场结构演变的趋势》，《中州学刊》2014年第2期。

田励平、牟英楠、刘浩、颜芳芳、王大江：《基于投入产出模型的产业关联与产业结构优化实证分析——以河北省为例》,《商业经济研究》2017年第5期。

童清艳:《对当代中国传媒产业困境的思考》,《新闻记者》2004年第12期。

童清艳:《中国传媒产业:知识经济条件下的国际合作》,《新闻界》2007年第3期。

汪丁丁:《近年来经济发展理论的简述与思考》,《经济研究》1994年第7期。

王娟、陈磊:《影响报业"跨地区"发展的经济因素分析》,《传媒观察》2004年第7期。

王然、燕波、邓伟根:《FDI对我国工业自主创新能力的影响及机制——基于产业关联的视角》,《中国工业经济》2010年第11期。

王岳平、葛岳静:《我国产业结构的投入产出关联特征分析》,《管理世界》2007年第2期。

魏宝涛:《广告教育与传媒创意产业关联探析》,《东南传播》2011年第4期。

翁杨:《我国传媒产业国际竞争力中的政府要素分析》,《新闻界》2005年第4期。

吴海荣:《论我国当代报纸的营销观》,《广西大学学报(哲学社会科学版)》2004年第3期。

吴信训:《中国东西部传媒经济的失衡及其对策》,《新闻记者》2004年第1期。

吴信训、吴圆圆:《媒体融合背景下我国对农电视节目持续创新的思考》,《新闻记者》2018年第8期。

吴泽涛:《媒体融合战略四论》,《中国电视》2018年第7期。

肖赞军:《媒介融合背景下中国传媒经营体制改革研究》,《湖南商学院学报》2008年第6期。

肖赞军:《媒介融合时代传媒规制的国际趋势及其启示》,《新闻与传播研究》2009年第5期。

肖赞军:《新自由主义经济思潮的沉浮与美国电子传媒管制政策的变迁》,《湖南师范大学学报》2009年第4期。

谢红焰、姜进章：《中国传媒产业市场结构的演进分析》，《今传媒》2016年第2期。

谢新洲、黄杨：《当理想照进现实——媒介融合的问题、原因及路径研究》，《出版发行研究》2018年第4期。

谢耘耕：《中国传媒资本运营若干问题研究》，《新闻界》2006年第3期。

熊勇清、李世才：《战略性新兴产业与传统产业耦合发展研究》，《财经问题研究》2010年第10期。

徐丽梅：《基于投入产出模型的我国信息产业经济效应分析》，《图书情报工作》2010年第12期。

徐世平：《媒体融合的结构性矛盾及对策》，《新闻与写作》2018年第8期。

徐文晔：《浙江传媒产业投入产出视角研究》，《统计科学与实践》2016年第6期。

许颖：《互动·整合·大融合——媒体融合的三个层次》，《国际新闻界》2006年第7期。

严皓、叶文明、凌潇：《文化产业关联效应的实证分析》，《统计与决策》2017年第8期。

严三九：《中国传统媒体与新兴媒体融合发展的现状、问题与创新路径》，《华东师范大学学报（哲学社会科学版）》2018年第1期。

颜燕、贺灿飞、王俊松：《产业关联、制度环境与区域产业演化》，《北京工商大学学报（社会科学版）》2017年第1期。

杨灿：《产业关联测度的虚拟消去法（HEM）问题研究》，《统计研究》2020年第8期。

杨勇：《产业关联、市场竞争与地区新生企业产能累积》，《中国工业经济》2017年第9期。

姚君喜、刘春娟：《"全媒体"概念辨析》，《当代传播》2010年第6期。

易旭明：《媒体融合背景下的中国传媒产业规制转型——基于互联网媒体与电视规制效果比较的视角》，《新闻大学》2017年第5期。

禹建强、马思源：《从利润权重解析报业上市公司盈利模式的转变——以浙报传媒、博瑞传播、华闻传媒、纽约时报（2012—2016年）为例》，《国际新闻界》2018年第5期。

喻国明:《关于当前中国传媒产业发展的战略思考》,《山西大学学报(哲学社会科学版)》2007年第1期。

喻国明:《中国传媒产业面临的三种转型》,《山西大学学报》2007年第3期。

喻国明、樊拥军:《集成经济:未来传媒产业的主流经济形态——试论传媒产业关联整合的价值构建》,《编辑之友》2014年第4期。

袁丹、雷宏振、兰娟丽、章俊:《文化产业与信息产业的产业关联与波及效应分析》,《统计与信息论坛》2015年第4期。

曾祥敏、李刚:《我国媒体深度融合发展中的关键问题》,《现代出版》2021年第2期。

詹新慧:《与世界传媒经济大师对话——访世界传媒经济学术会议创始人罗伯特·G. 皮卡特》,《传媒》2005年第7期。

张琛:《数字出版的本土概念与实践:一种基于产业关联的实证研究视角》,《出版发行研究》2018年第3期。

张鸿飞、李宁:《"互联网+"时代传媒产业生态结构的变迁》,《编辑之友》2017年第5期。

张辉刚、朱亚希:《社会嵌入理论视角下媒体融合的行动框架构建》,《当代传播》2018年第1期。

张金海、黄玉波:《我国传媒集团新一轮扩张的态势》,《江西社会科学》2005年第5期。

张立斌、李星雨:《文化产业上市公司的公平与效率》,《财经科学》2015年第11期。

张倩男:《战略性新兴产业与传统产业耦合发展研究——基于广东省电子信息产业与纺织业的实证分析》,《科技进步与对策》2013年第12期。

张媛媛:《我国科技服务业与制造业的产业关联分析》,《统计与决策》2018年第5期。

张志:《论西方广电传媒业的公共规制》,《国际新闻界》2003年第5期。

张志安、曾励:《媒体融合再观察:媒体平台化和平台媒体化》,《新闻与写作》2018年第8期。

赵琼、姜惠宸:《文化产业上市公司效率评价及影响因素分析——基于DEA模型的分析框架》,《经济问题》2014年第9期。

赵彤:《媒体融合传播效果评估的路径、模型与验证》,《新闻记者》2018年第3期。

赵文晶、王馨慧:《中国传媒产业转型期发展的新模式研究》,《现代传播（中国传媒大学学报）》2013年第2期。

郑红玲、刘肇民、刘柳:《产业关联乘数效应、反馈效应和溢出效应研究》,《价格理论与实践》2018年第4期。

中国投入产出学会课题组:《我国目前产业关联度分析——2002年投入产出表系列分析报告之一》,《统计研究》2006年第11期。

中国新闻出版研究院全国国民阅读调查课题组、魏玉山、徐升国:《第十五次全国国民阅读调查主要发现》,《出版发行研究》2018年第5期。

周劲:《转型期中国传媒制度变迁的经济学分析——以报业改革为案例》,《现代传播（中国传播大学学报）》2005年第1期。

周小普、武聪、潘明明等:《信息技术进步对传统媒介的冲击和影响》,《国际新闻界》2005年第3期。

周勇、李苗苗:《基于产业网络的东中部省份核心—边缘结构研究》,《求索》2018年第2期。

周振华:《信息化进程中的产业融合研究》,《经济学动态》2002年第6期。

朱春阳:《传媒产业规制：背景演变、国际经验与中国现实》,《西南民族大学学报（人文社科版）》2008年第3期。

朱鸿军:《数字技术驱动的媒体融合与版权制度的创新》,《中国编辑》2018年第4期。

朱乃平、韩文娟、张溪:《基于DEA模型的出版业上市公司投入产出效率测度研究》,《科技与出版》2014年第5期。

祝合良、王明雁:《基于投入产出表的流通业产业关联与波及效应的演化分析》,《中国流通经济》2018年第1期。

[日]植草益:《信息通讯业的产业融合》,《中国工业经济》2001年第2期。

[日]赤松要,"わが国産業発展の雁行形態：機械器具工業について",一橋論叢,Vol. 36, No. 5, November 1956.

[日]篠原三代平,"産業構造と投資配分",経済研究,Vol. 8, No. 4,

October 1957.

Andrew Jones, "Convergence", *Information Security Technical Report*, Vol. 12, No. 2, 2007.

Armen A. Alchian and Harold Demsetz, "Production, Information Costs, and Economic Organization", *The American Economic Review*, Vol. 62, No. 5, 1972.

Bernd W. Wirtz, "Reconfiguration of Value Chains in Converging Media and Communications Markets", *Long Range Planning*, Vol. 34, No. 4, 2001.

Cappelen A., "MODAG: A Macroeconometric Model of the Norwegian Economy", *Contributions to Economic Analysis*, Vol. 210, 1992.

Chenery H. B. and Watanabe T., "International Comparisons of the Structure of Production", *Econometrica*, Vol. 26, No. 4, 1958.

Clark, J. M., "Toward a Concept of Workable Competition", *American Economic Review*, Vol. 30, No. 2, 1940.

Clive-Steven Curran and Stefanie Broring and Jens Leker, "Anticipating Converging Industries Using Publicly Available Data", *Technological Forecasting and Social Change*, Vol. 77, No. 3, 2010.

Coase, Ronald H., "The Problem of Social Cost", *The Journal of Law and Economics*, Vol. 3, 1960.

Collis D. J. and Bane P. W. and Bradley S. P., "Winners and Losers-Industry Structure in the Converging World of Telecommunications, Computing, and Entertainment", *Cheminform*, Vol. 38, No. 46, 1997.

Dànielle Nicole DeVoss and Suzanne Webb, "Media Convergence: Grand Theft Audio: Negotiating Copyright as Composers", *Computers and Composition*, Vol. 25, No. 1, 2008.

David J. Bryce and Sidney G. Winter, "A General Interindustry Relatedness Index", *Management Science*, Vol. 55, No. 9, 2009.

Dominic Power, "'Cultural Industries' in Sweden: An Assessment of their Place in the Swedish Economy", *Economic Geography*, Vol. 78, No. 2, 2002.

Dominic Power, "The Nordic 'Cultural Industries': A Cross-National Assessment of the Place of the Cultural Industries in Denmark, Finland, Norway and Sweden", *Geografiska Annaler*, Vol. 85, No. 3, 2003.

Dosi G. , "Sources, Procedures, and Microeconomic Effects of Innovation", *Journal of Economic Literature*, Vol. 26, No. 3, 1988.

Duchin Faye and Szyld D. B. , "A Dynamic Input-Output Model with Assured Positive Output", *Metroeconomica*, Vol. 37, No. 3, 1985.

Edelman R. , "Public Relations is the Navigator of the New Media Economy", *Journal of Communication Management*, Vol. 5, No. 4, 2001.

Edler D. and Ribakova T. , "The Leontief-Duchin-Szyld Dynamic Input-output Model with Reduction of Idle Capacity and Modified Decision Function", *Structural Change & Economic Dynamics*, Vol. 4, No. 2, 1993.

Felicia Fai and Nicholas von Tunzelmann, "Industry-specific Competencies and Converging Technological Systems: Evidence from Patents", *Structural Change & Economic Dynamics*, Vol. 12, No. 2, 2001.

Gambardella A. and Torrisi S. , "Does Technological Convergence Imply Convergence in Markets? Evidence from the Electronics Industry", *Research Policy*, Vol. 27, No. 5, 1998.

Hill E. W. and Brennan J. F. , "A Methodology for Identifying the Drivers of Industrial Clusters: The Foundation of Regional Competitive Advantage", *Economic Development Quarterly*, Vol. 14, No. 1, 2000.

Indrek Ibrus, "Evolutionary Dynamics of Media Convergence: Early Mobile Web and its Standardisation at W3C", *Telematics and Informatics*, Vol. 30, No. 2, 2013.

Jan Krämer and Michael Wohlfarth, "Market Power, Regulatory Convergence, and the Role of Data in Digital Markets", *Telecommunications Policy*, Vol. 42, No. 2, 2018.

Jasmina Arsenijević and Milica Andevski, "Media Convergence and Diversification-The Meeting of Old and New Media", *Procedia Technology*, Vol. 19, 2015.

Lei D. T. , "Industry Evolution and Competence Development: The Imperatives of Technological Convergence", *International Journal of Technology Manage-*

ment, Vol. 19, No. 7 – 8, 2000.

Lewis, W. A. , "Economic Development with Unlimited Supply of Labor", *The Manchester School*, Vol. 22, No. 2, 1954.

Marit Schei Olsen and Tonje Cecilie Osmundsen, "Media Framing of Aquaculture", *Marine Policy*, Vol. 76, 2017.

Mason, E. S. , "Price and Production Policies of Large-Scale Enterprise", *American Economic Review*, Vol. 29, No. 1, 1939.

Meyer U. and Schumann J. , "Das Dynamische Input-Output-Modell als Modell Gleichgewichtigen Wachstums: Mit Einem Anwendungsbeispiel Für Die Bundesrepublik Deutschland", *Zeitschrift Für Die Gesamte Staatswissenschaft*, Vol. 133, No. 1, 1977.

Meyer U. , "Mengen, Preise, Einheiten und Spaltensummen in der Input-Output-Analyse", *Zeitschrift Für Die Gesamte Staatswissenschaft*, Vol. 133, No. 2, 1977.

Nick Lewis and Wendy Larner and Richard Le Heron, "The New Zealand Designer Fashion Industry: Making Industries and Co-Constituting Political Projects", *Transactions of the Institute of British Geographers*, Vol. 33, No. 1, 2008.

Peter Kalmbach and Heinz D. Kurz, "Micro-electronics and Employment: A Dynamic Input-output Study of the West German Economy", *Structural Change and Economic Dynamics*, Vol. 1, No. 2, 1990.

Philip Cooke and Julie Porter, "Media Convergence and Co-evolution at Multiple Levels", *City, Culture and Society*, Vol. 2, No. 2, 2011.

R. Ono and K. Aoki, "Convergence and New Regulatory Frameworks: A Comparative Study of Regulatory Approaches to Internet Telephony", *Telecommunications Policy*, Vol. 22, No. 10, 1998.

Richard Edelman, "Public Relations is the Navigator of the New Media Economy", *Journal of Communication Management*, Vol. 5, No. 4, 2001.

Roberto García and Ferran Perdrix and Rosa Gil and Marta Oliva, "The Semantic Web as a Newspaper Media Convergence Facilitator", *Web Semantics: Science, Services and Agents on the World Wide Web*, Vol. 6, No. 2, 2008.

Rolf T. Wigand, "The Communication Industry in Economic Integration: The Case of West Germany", *Social Networks*, Vol. 4, No. 1, 1982.

Rosenberg N., "Technological Change in the Machine Tool Industry, 1840 – 1910", *Journal of Economic History*, Vol. 23, No. 4, 1963.

Sahal D., "Technological Guideposts and Innovation Avenues", *Research Policy*, Vol. 14, No. 2, 1985.

Samuelson Paul A., "Public Goods and Subscription TV: Correction of the Record", *The Journal of Law and Economics*, Vol. 7, 1964.

Sarah Quinton and Damien Wilson, "Tensions and Ties in Social Media Networks: Towards a Model of Understanding Business Relationship Development and Business Performance Enhancement through the Use of LinkedIn", *Industrial Marketing Management*, Vol. 54, 2016.

Scott Gehlbach and Konstantin Sonin, "Government Control of the Media", *Journal of Public Economics*, Vol. 118, 2014.

Stephan Gauch and Knut Blind, "Technological Convergence and the Absorptive Capacity of Standardization", *Technological Forecasting and Social Change*, Vol. 91, 2015.

Trisha T. C. Lin and Chanansara Oranop, "Responding to Media Convergence: Regulating Multi-screen Television Services in Thailand", *Telematics and Informatics*, Vol. 33, No. 2, 2016.

Wassily W. Leontief, "Quantitative Input and Output Relations in the Economic System of the United States", *The Review of Economic Statistics*, Vol. 18, No. 3, 1936.

Wolfgang Büchner and Anja Zimmer, "Media Law-Germany: Convergence of Media and Access to the Broadband Cable in Germany", *Computer Law & Security Review*, Vol. 17, No. 5, 2001.

Yoffie D. B., "Competing in the Age of Digital Convergence", *California Management Review*, Vol. 38, No. 4, 1996.

Yulia Milshina and Konstantin Vishnevskiy, "Roadmapping in Fast Changing Environments-The Case of the Russian Media Industry", *Journal of Engineering and Technology Management*, Vol. 11, 2017.

Yves Poullet and Jean-Paul Triaille and Francois van der Mensbrugghe and Valerie Willems,"Telecommunications Law: Convergence between Media and Telecommunications: Towards a New Regulatory Framework", *Computer Law & Security Review*, Vol. 11, No. 4, 1995.

三 报告

艾媒咨询:《2017年中国媒体转型研究报告》,2017年3月15日。

上海科技情报研究所:《国外文化产业的发展现状、政策比较研究》,2005年6月。

中国互联网络信息中心:第42次《中国互联网络发展状况统计报告》,2018年8月20日。

中国互联网络信息中心:第47次《中国互联网络发展状况统计报告》,2021年2月3日。

European Commission, *Green Paper on the Convergence of the Telecommunications, Media and Information Technology Sectors, and the Implications for Regulation*, http://www.ispo.cec.be, 1997.

Stieglitz N., *Industry Dynamics and Types of Market Convergence*, Copenhagen, June 6–8, 2002.

Zenith, *Top 30 Global Media Owners 2017*, June 9, 2017.

四 学位论文

冯晓棠:《文化产业融合发展研究——投入产出分析视角》,博士学位论文,山西财经大学,2016年。

郭秀颖:《基于可持续发展的战略性新兴产业区域选择与评价研究》,博士学位论文,哈尔滨工业大学,2014年。

胡俊崚:《中国传媒与体育产业互动与发展研究——面向2008北京奥运》,硕士学位论文,上海财经大学,2007年。

李一鸣:《中欧产业合作研究》,博士学位论文,吉林大学,2018年。

林吟昕:《中国传媒产业与相关产业关联问题研究》,硕士学位论文,南京大学,2012年。

刘强:《中国文化产业发展的区域比较研究》,博士学位论文,东北财经大学，2015 年。

刘月：《空间经济学视角下的产业协同集聚与区域经济协调发展》，博士学位论文，浙江大学，2016 年。

唐一帆：《我国生产性服务业的产业关联与区域间溢出效应研究》，博士学位论文，上海社会科学院，2018 年。

王东旋：《资本市场与实体产业关联性的研究》，博士学位论文，中央财经大学，2017 年。

王利晓：《高新技术产业集聚的 FDI 技术溢出效应研究》，博士学位论文，西北大学，2015 年。

王玉玲：《中国生产性服务业与制造业的互动融合：理论分析和经验研究》，博士学位论文，上海社会科学院，2017 年。

魏旭：《中国报业集团产业价值链再造研究》，博士学位论文，武汉大学，2012 年。

文雁兵：《包容型政府行为逻辑、治理模式与经济绩效研究——来自中国的经验》，博士学位论文，浙江大学，2014 年。

翁睿：《基于产业耦合理论的企业多元化优势分析》，硕士学位论文，复旦大学，2010 年。

吴昊天：《中国传媒产业发展研究》，博士学位论文，西南财经大学，2014 年。

相雪梅：《复杂网络视角的产业波动扩散效应研究》，博士学位论文，山东大学，2016 年。

肖洋：《我国数字出版产业发展战略研究》，博士学位论文，南京大学，2013 年。

许志晖：《媒体融合的经济学分析——探寻媒体融合的动因、路径及其效应》，博士学位论文，北京师范大学，2011 年。

杨国瑞：《中国广播电视产业媒体融合研究》，博士学位论文，北京交通大学，2018 年。

余丽蓉：《中国报业新媒体转型研究》，博士学位论文，武汉大学，2014 年。

张亚丽：《我国文化产业发展及其路径选择研究》，博士学位论文，吉林大学，2014 年。

周钢：《困境与裂变：省级党报集团融合发展战略研究》，博士学位论文，华中科技大学，2016年。

五　报纸

常路杰、王丽：《"深度融合"锻铸"全媒体"》，《山西日报》2018年11月6日第10版。

杜一娜：《传媒创新报告告诉你：变革背后变化几何》，《中国新闻出版广电报》2018年11月20日第5版。

高意钧：《探索产业关联经济新途径》，《衡阳日报》2009年7月6日第6版。

郭全中：《大力发展先导性行业——传媒业》，《南方日报》2008年1月14日第A02版。

洪玉华：《传媒业紧盯融合谋发展》，《中国新闻出版报》2007年12月28日第3版。

蒋国华：《引导观念转变 加强优势资源营销 营造创新创业氛围 大力推动传媒关联产业发展》，《黑龙江日报》2015年12月7日第1版。

蒋洁琼：《传媒公司加快布局泛娱乐产业链》，《中国证券报》2016年2月5日第A06版。

晋雅芬：《"三向"发展构建传媒产业新格局》，《中国新闻出版报》2008年12月2日第3版。

连俊：《传媒业整合迈出重要一步》，《经济日报》2013年8月8日第2版。

蔺玉红：《转型：报业克服危机的唯一抉择》，《光明日报》2009年4月20日第5版。

刘蓓蓓：《长江出版传媒全产业链联姻民营》，《中国新闻出版报》2009年6月17日第3版。

卢卫：《多元化智能化：传媒业转型发展的新态势》，《光明日报》2015年5月9日第6版。

吕晓宁：《依托娱乐业 抓住版权业 发展传媒业》，《西安日报》2011年12月1日第8版。

马雪芬、蓝有林：《媒体融合：内容是支点 技术是杠杆》，《中国出版传媒商报》2015年2月3日第1版。

南方日报评论员：《以市场化方式推动媒体融合的重大突破》，《南方日报》2016年3月28日第A01版。

庞井君：《重构视听传媒产业链》，《光明日报》2013年4月11日第16版。

蒲荔子、吴敏：《传媒业发展大趋势：媒介融合》，《南方日报》2009年12月19日第5版。

任珂、刘彤：《媒体融合发展将重塑中国传媒业》，《新华每日电讯》2014年8月20日第5版。

孙红际：《传媒产业化发展路径选择》，《吉林日报》2012年9月9日第8版。

王国平：《促进传媒产业集群发展》，《人民日报》2012年1月31日第7版。

王松才：《改革开放40年：飞速发展的传媒行业》，《中国经济时报》2018年11月15日第1版。

魏武挥：《剧变中的传媒业前景可期》，《中国新闻出版报》2015年1月13日第7版。

温晓薇、唐轶：《中国传媒广告业波澜不惊》，《中国青年报》2009年12月24日第12版。

肖荣美：《信息消费：关联产业发展路在何方》，《人民邮电》2013年10月10日第4版。

晓雪：《报刊传媒业嬗变五大路向》，《中国出版传媒商报》2016年2月19日第5版。

晓雪：《媒体融合需要新着力点》，《中国出版传媒商报》2017年6月13日第7版。

熊若愚：《推动媒体融合发展中的难题与对策》，《中国新闻出版广电报》2016年12月6日第4版。

徐伟平：《文广整合大戏引发传媒升机》，《中国证券报》2014年11月21日第A12版。

杨树弘：《传媒产业"危"里寻"机"策略路径》，《中华新闻报》2009年5月13日第D03版。

张君成:《树立起全新的"大融合"思路》,《中国新闻出版广电报》2021年3月5日第4版。

张梅霞:《新传媒时代的少儿报刊经营嬗变路径》,《中国新闻出版报》2012年6月12日第4版。

赵碧君、刘涛:《中南传媒发力"文化+金融"》,《上海证券报》2015年11月18日第F08版。

赵琳琳:《传媒产业步入深度调整期 5G将重塑行业格局》,《中国产经新闻》2019年9月6日第8版。

郑洁:《从SMG看传媒集团的金融路径》,《中国文化报》2013年8月10日第6版。

周华:《推进融合发展 追寻媒体春天》,《光明日报》2015年5月17日第8版。

附　　录

附录1　中国139个产业部门最终需求的生产诱发系数表[①]

产业部门	部门序号	最终需求生产诱发系数					
		消费	排序	投资	排序	出口	排序
农产品	1001	0.141372	1	0.035633	35	0.054761	22
林产品	2002	0.004323	99	0.010919	67	0.011042	70
畜牧产品	3003	0.074053	9	0.024290	40	0.017774	51
渔产品	4004	0.024675	29	0.005556	90	0.007727	91
农、林、牧、渔服务	5005	0.007213	77	0.002085	112	0.007445	94
煤炭采选产品	6006	0.029746	24	0.066699	12	0.057843	21
石油和天然气开采产品	7007	0.047447	15	0.059134	15	0.073939	13
黑色金属矿采选产品	8008	0.007226	76	0.053547	18	0.030771	31
有色金属矿采选产品	9009	0.006488	84	0.021953	42	0.026479	34
非金属矿采选产品	10010	0.003074	108	0.016859	51	0.009587	78
开采辅助服务和其他采矿产品	11011	0.005163	92	0.006594	84	0.008083	87
谷物磨制品	13012	0.030052	22	0.004223	98	0.004591	106
饲料加工品	13013	0.023682	32	0.008422	77	0.006744	99
植物油加工品	13014	0.026188	28	0.006195	87	0.007987	89

---

① 数据来源：国家统计局国民经济核算司编《2012年中国投入产出表》，中国统计出版社2015年版。

续表

产业部门	部门序号	最终需求生产诱发系数					
		消费	排序	投资	排序	出口	排序
糖及糖制品	13015	0.004080	100	0.000933	131	0.001091	129
屠宰及肉类加工品	13016	0.039739	16	0.002669	107	0.009591	77
水产加工品	13017	0.010975	58	0.001606	120	0.009225	82
蔬菜、水果、坚果和其他农副食品加工品	13018	0.024418	30	0.002680	106	0.007392	95
方便食品	14019	0.007088	81	0.001145	128	0.000826	132
乳制品	14020	0.011847	53	0.000489	134	0.000672	133
调味品、发酵制品	14021	0.007196	78	0.001195	126	0.001293	128
其他食品	14022	0.029983	23	0.002170	111	0.005254	104
酒精和酒	15023	0.017649	42	0.004694	96	0.006101	101
饮料和精制茶加工品	15024	0.019893	40	0.005171	92	0.006994	97
烟草制品	16025	0.016392	44	0.009490	70	0.011058	69
棉、化纤纺织及印染精加工品	17026	0.037020	18	0.016451	52	0.100089	7
毛纺织及染整精加工品	17027	0.003684	102	0.001679	117	0.009265	81
麻、丝绢纺织及加工品	17028	0.002812	110	0.001073	129	0.007463	93
针织或钩针编织及其制品	17029	0.004528	97	0.001410	123	0.011794	62
纺织制成品	17030	0.004772	95	0.001949	114	0.019822	48
纺织服装服饰	18031	0.030830	21	0.008210	80	0.058668	18
皮革、毛皮、羽毛及其制品	19032	0.011640	54	0.003184	102	0.024528	36
鞋	19033	0.012371	52	0.000500	133	0.018075	50
木材加工品和木、竹、藤、棕、草制品	20034	0.010246	62	0.028870	38	0.032007	29
家具	21035	0.004941	94	0.008520	76	0.021593	44
造纸和纸制品	22036	0.023229	34	0.020605	46	0.036373	26
印刷品和记录媒介复制品	23037	0.010994	57	0.009264	74	0.011374	66
文教、工美、体育和娱乐用品	24038	0.013715	49	0.009646	69	0.045197	25
精炼石油和核燃料加工品	25039	0.062245	10	0.079124	10	0.098422	8
炼焦产品	25040	0.003119	107	0.016435	53	0.011656	63
基础化学原料	26041	0.036927	19	0.055002	17	0.101440	5
肥料	26042	0.018758	41	0.005096	93	0.011430	65

续表

产业部门	部门序号	最终需求生产诱发系数					
		消费	排序	投资	排序	出口	排序
农药	26043	0.005319	90	0.001761	115	0.003692	111
涂料、油墨、颜料及类似产品	26044	0.005032	93	0.012853	59	0.014100	56
合成材料	26045	0.020961	38	0.039596	29	0.061696	17
专用化学产品和炸药、火工、焰火产品	26046	0.022717	36	0.039722	28	0.058107	20
日用化学产品	26047	0.010770	60	0.001559	121	0.004234	107
医药制品	27048	0.054399	12	0.003047	104	0.013092	60
化学纤维制品	28049	0.008964	68	0.006528	85	0.027258	33
橡胶制品	29050	0.007592	74	0.017501	48	0.026165	35
塑料制品	29051	0.028306	26	0.038175	31	0.070790	15
水泥、石灰和石膏	30052	0.001231	128	0.040869	26	0.003340	112
石膏、水泥制品及类似制品	30053	0.000652	135	0.034453	36	0.001907	121
砖瓦、石材等建筑材料	30054	0.001613	122	0.041422	24	0.008540	85
玻璃和玻璃制品	30055	0.006315	86	0.014089	58	0.022290	42
陶瓷制品	30056	0.001524	124	0.005487	91	0.005885	103
耐火材料制品	30057	0.001879	116	0.010462	68	0.006541	100
石墨及其他非金属矿物制品	30058	0.003244	105	0.011628	65	0.010742	72
钢、铁及其铸件	31059	0.008078	73	0.053355	19	0.033332	28
钢压延产品	31060	0.020298	39	0.171669	2	0.088631	10
铁合金产品	31061	0.001390	125	0.009394	71	0.007065	96
有色金属及其合金和铸件	32062	0.024086	31	0.084773	9	0.101312	6
有色金属压延加工品	32063	0.013956	48	0.049170	22	0.062357	16
金属制品	33064	0.021307	37	0.086278	8	0.084820	12
锅炉及原动设备	34065	0.001787	119	0.016299	54	0.010582	73
金属加工机械	34066	0.001020	131	0.021341	44	0.005928	102
物料搬运设备	34067	0.001151	129	0.021661	43	0.008051	88
泵、阀门、压缩机及类似机械	34068	0.003933	101	0.022068	41	0.022289	43
文化、办公用机械	34069	0.000859	133	0.003131	103	0.011522	64
其他通用设备	34070	0.010924	59	0.051941	20	0.052575	23
采矿、冶金、建筑专用设备	35071	0.003169	106	0.045508	23	0.016862	52

续表

产业部门	部门序号	最终需求生产诱发系数					
		消费	排序	投资	排序	出口	排序
化工、木材、非金属加工专用设备	35072	0.001132	130	0.017017	50	0.006807	98
农、林、牧、渔专用机械	35073	0.001869	117	0.009326	72	0.002654	116
其他专用设备	35074	0.007505	75	0.041069	25	0.023936	37
汽车整车	36075	0.023658	33	0.090319	7	0.010525	74
汽车零部件及配件	36076	0.028519	25	0.062862	13	0.035923	27
铁路运输和城市轨道交通设备	37077	0.000863	132	0.011478	66	0.003081	113
船舶及相关装置	37078	0.000753	134	0.012428	61	0.020394	45
其他交通运输设备	37079	0.008905	69	0.014806	56	0.013372	59
电机	38080	0.002402	113	0.015280	55	0.014533	55
输配电及控制设备	38081	0.006762	82	0.039143	30	0.047646	24
电线、电缆、光缆及电工器材	38082	0.011225	56	0.036700	32	0.031248	30
电池	38083	0.003538	104	0.007171	83	0.019440	49
家用器具	38084	0.016429	43	0.012259	63	0.023320	39
其他电气机械和器材	38085	0.001933	115	0.004610	97	0.023566	38
计算机	39086	0.011292	55	0.025681	39	0.106658	4
通信设备	39087	0.008974	67	0.012283	62	0.071944	14
广播电视设备和雷达及配套设备	39088	0.000226	137	0.004863	94	0.013693	57
视听设备	39089	0.007148	80	0.004797	95	0.014730	54
电子元器件	39090	0.032912	20	0.072311	11	0.286440	1
其他电子设备	39091	0.001778	121	0.005805	88	0.008567	84
仪器仪表	40092	0.008296	72	0.018334	47	0.027421	32
其他制造产品	41093	0.003627	103	0.003440	101	0.007519	92
废弃资源和废旧材料回收加工品	42094	0.005641	87	0.020699	45	0.019923	47
金属制品、机械和设备修理服务	43095	0.001310	126	0.002398	109	0.002392	118
电力、热力生产和供应	44096	0.074468	8	0.118801	4	0.119920	3
燃气生产和供应	45097	0.008451	71	0.002963	105	0.002887	114

续表

产业部门	部门序号	最终需求生产诱发系数					
		消费	排序	投资	排序	出口	排序
水的生产和供应	46098	0.004412	98	0.001962	113	0.001822	122
房屋建筑	47099	0.000373	136	0.339951	1	0.004892	105
土木工程建筑	48100	0.000006	139	0.126971	3	0.000527	135
建筑安装	49101	0.000108	138	0.040296	27	0.000361	137
建筑装饰和其他建筑服务	50102	0.010224	63	0.034060	37	0.008443	86
批发和零售	51103	0.115724	3	0.100307	5	0.182942	2
铁路运输	53104	0.009868	64	0.009272	73	0.010237	76
道路运输	54105	0.053760	14	0.061113	14	0.058478	19
水上运输	55106	0.006562	83	0.008408	78	0.022894	40
航空运输	56107	0.012899	50	0.008368	79	0.022568	41
管道运输	57108	0.001971	114	0.001490	122	0.001722	124
装卸搬运和运输代理	58109	0.009090	66	0.011805	64	0.013434	58
仓储	59110	0.007155	79	0.007510	82	0.009476	79
邮政	60111	0.005526	88	0.002372	110	0.002804	115
住宿	61112	0.012839	51	0.006321	86	0.008945	83
餐饮	62113	0.054064	13	0.014345	57	0.016085	53
电信和其他信息传输服务	63114	0.037473	17	0.017416	49	0.011174	67
软件和信息技术服务	65115	0.003059	109	0.036066	34	0.010927	71
货币金融和其他金融服务	66116	0.091661	5	0.091619	6	0.088443	11
资本市场服务	67117	0.008766	70	0.003848	100	0.003953	110
保险	68118	0.016084	45	0.005614	89	0.007798	90
房地产	70119	0.099747	4	0.055241	16	0.019957	46
租赁	71120	0.002662	112	0.004169	99	0.004075	108
商务服务	72121	0.058308	11	0.051640	21	0.091144	9
研究和试验发展	73122	0.010487	61	0.009012	75	0.011085	68
专业技术服务	74123	0.022784	35	0.036208	33	0.010362	75
科技推广和应用服务	75124	0.009537	65	0.007922	81	0.009318	80
水利管理	76125	0.002756	111	0.001326	124	0.001552	127
生态保护和环境治理	77126	0.001795	118	0.000984	130	0.001703	125
公共设施管理	78127	0.015869	46	0.000445	135	0.000919	130

续表

产业部门	部门序号	最终需求生产诱发系数					
		消费	排序	投资	排序	出口	排序
居民服务	79128	0.028277	27	0.001623	119	0.002040	120
其他服务	80129	0.014725	47	0.012588	60	0.011929	61
教育	82130	0.079848	6	0.001627	118	0.001807	123
卫生	83131	0.074474	7	0.000667	132	0.000875	131
社会工作	84132	0.001600	123	0.000000	138	0.000000	139
新闻和出版	85133	0.005269	91	0.001145	127	0.002322	119
广播、电视、电影和影视录音制作	86134	0.006338	85	0.001200	125	0.001660	126
文化艺术	87135	0.004758	96	0.000103	137	0.000542	134
体育	88136	0.001780	120	0.000000	139	0.000381	136
娱乐	89137	0.005385	89	0.002455	108	0.003956	109
社会保障	93138	0.001290	127	0.000285	136	0.000292	138
公共管理和社会组织	90139	0.120334	2	0.001720	116	0.002454	117

注：本表格根据2012年中国139个产业部门投入产出表，运用生产诱发系数模型计算得出。

附录2 中国139个产业部门最终需求的依赖度系数表

产业部门	部门序号	最终需求依赖度系数 Z_i^k					
		消费	排序	投资	排序	出口	排序
农产品	1001	0.701635	28	0.161667	105	0.136699	96
林产品	2002	0.217678	89	0.502646	40	0.279676	50
畜牧产品	3003	0.703946	27	0.211075	96	0.084979	120
渔产品	4004	0.733500	21	0.150968	111	0.115531	104
农、林、牧、渔服务	5005	0.560750	42	0.148145	112	0.291105	47
煤炭采选产品	6006	0.248272	86	0.508905	36	0.242823	62
石油和天然气开采产品	7007	0.342101	70	0.389760	58	0.268139	53
黑色金属矿采选产品	8008	0.100848	122	0.683154	16	0.215998	73

续表

产业部门	部门序号	最终需求依赖度系数 Z_i^k					
		消费	排序	投资	排序	出口	排序
有色金属矿采选产品	9009	0.162719	101	0.503286	39	0.333994	34
非金属矿采选产品	10010	0.131908	110	0.661211	20	0.206882	77
开采辅助服务和其他采矿产品	11011	0.338401	72	0.395096	56	0.266503	54
谷物磨制品	13012	0.829658	13	0.106587	123	0.063755	123
饲料加工品	13013	0.681058	29	0.221399	94	0.097544	114
植物油加工品	13014	0.730113	22	0.157895	107	0.111992	107
糖及糖制品	13015	0.744265	20	0.155595	108	0.100140	112
屠宰及肉类加工品	13016	0.845464	12	0.051903	128	0.102633	110
水产加工品	13017	0.642453	32	0.085943	125	0.271604	51
蔬菜、水果、坚果和其他农副食品加工品	13018	0.798343	16	0.080107	126	0.121550	102
方便食品	14019	0.829016	14	0.122369	117	0.048615	126
乳制品	14020	0.937895	6	0.035364	131	0.026742	132
调味品、发酵制品	14021	0.805060	15	0.122204	118	0.072736	122
其他食品	14022	0.866315	10	0.057326	127	0.076359	121
酒精和酒	15023	0.705729	25	0.171564	103	0.122707	101
饮料和精制茶加工品	15024	0.706976	24	0.168005	104	0.125019	100
烟草制品	16025	0.535168	45	0.283236	80	0.181595	85
棉、化纤纺织及印染精加工品	17026	0.361524	68	0.146861	113	0.491614	12
毛纺织及染整精加工品	17027	0.372922	66	0.155359	109	0.471719	14
麻、丝绢纺织及加工品	17028	0.372635	67	0.129933	116	0.497432	10
针织或钩针编织及其制品	17029	0.385376	60	0.109736	120	0.504888	8
纺织制成品	17030	0.288816	79	0.107820	122	0.603363	5
纺织服装服饰	18031	0.454430	49	0.110624	119	0.434946	19
皮革、毛皮、羽毛及其制品	19032	0.432913	52	0.108246	121	0.458841	16
鞋	19033	0.564389	41	0.020844	133	0.414767	20
木材加工品和木、竹、藤、棕、草制品	20034	0.194295	96	0.500441	41	0.305264	41
家具	21035	0.209433	93	0.330171	69	0.460396	15
造纸和纸制品	22036	0.384844	62	0.312066	73	0.303090	42

续表

产业部门	部门序号	最终需求依赖度系数 Z_i^k					
		消费	排序	投资	排序	出口	排序
印刷品和记录媒介复制品	23037	0.436556	51	0.336270	68	0.227174	69
文教、工美、体育和娱乐用品	24038	0.302996	78	0.194799	100	0.502206	9
精炼石油和核燃料加工品	25039	0.338142	73	0.392934	57	0.268924	52
炼焦产品	25040	0.129930	112	0.625856	24	0.244214	61
基础化学原料	26041	0.267148	83	0.363743	62	0.369109	23
肥料	26042	0.643162	31	0.159726	106	0.197113	82
农药	26043	0.605398	39	0.183216	101	0.211386	75
涂料、油墨、颜料及类似产品	26044	0.210775	92	0.492167	43	0.297058	46
合成材料	26045	0.237685	87	0.410445	53	0.351870	31
专用化学产品和炸药、火工、焰火产品	26046	0.257407	84	0.411436	52	0.331156	35
日用化学产品	26047	0.751814	19	0.099512	124	0.148674	94
医药制品	27048	0.853060	11	0.043682	130	0.103258	109
化学纤维制品	28049	0.312965	74	0.208358	97	0.478677	13
橡胶制品	29050	0.206580	95	0.435333	49	0.358086	28
塑料制品	29051	0.286475	80	0.353183	65	0.360342	25
水泥、石灰和石膏	30052	0.030579	134	0.927710	5	0.041711	128
石膏、水泥制品及类似制品	30053	0.019698	135	0.951326	4	0.028976	130
砖瓦、石材等建筑材料	30054	0.036844	132	0.865026	6	0.098130	113
玻璃和玻璃制品	30055	0.207688	94	0.423585	51	0.368727	24
陶瓷制品	30056	0.160465	102	0.527981	35	0.311554	38
耐火材料制品	30057	0.127511	115	0.649180	22	0.223309	70
石墨及其他非金属矿物制品	30058	0.168309	99	0.551412	31	0.280279	49
钢、铁及其铸件	31059	0.109731	117	0.662534	19	0.227735	68
钢压延产品	31060	0.091512	123	0.707509	15	0.200980	81
铁合金产品	31061	0.102716	119	0.634668	23	0.262616	55
有色金属及其合金和铸件	32062	0.157905	105	0.508036	37	0.334059	33
有色金属压延加工品	32063	0.154605	107	0.497947	42	0.347448	32
金属制品	33064	0.149165	108	0.552165	30	0.298670	44
锅炉及原动设备	34065	0.081204	125	0.676970	18	0.241825	63

续表

产业部门	部门序号	最终需求依赖度系数 Z_i^k					
		消费	排序	投资	排序	出口	排序
金属加工机械	34066	0.043400	131	0.829775	7	0.126825	99
物料搬运设备	34067	0.046041	130	0.791989	10	0.161970	89
泵、阀门、压缩机及类似机械	34068	0.111351	116	0.571219	26	0.317430	36
文化、办公用机械	34069	0.090235	124	0.300807	76	0.608959	3
其他通用设备	34070	0.128748	113	0.559601	27	0.311651	37
采矿、冶金、建筑专用设备	35071	0.059509	128	0.781223	11	0.159268	90
化工、木材、非金属加工专用设备	35072	0.056297	129	0.773465	12	0.170239	87
农、林、牧、渔专用机械	35073	0.159340	103	0.726844	14	0.113817	106
其他专用设备	35074	0.131464	111	0.657645	21	0.210891	76
汽车整车	36075	0.212148	91	0.740380	13	0.047472	127
汽车零部件及配件	36076	0.274086	82	0.552268	29	0.173645	86
铁路运输和城市轨道交通设备	37077	0.066872	127	0.813046	8	0.120082	103
船舶及相关装置	37078	0.033653	133	0.507845	38	0.458502	17
其他交通运输设备	37079	0.305335	77	0.464069	46	0.230596	66
电机	38080	0.101449	121	0.589874	25	0.308676	39
输配电及控制设备	38081	0.101674	120	0.538004	34	0.360322	26
电线、电缆、光缆及电工器材	38082	0.185563	97	0.554616	28	0.259821	56
电池	38083	0.178048	98	0.329891	70	0.492062	11
家用器具	38084	0.417356	55	0.284688	79	0.297956	45
其他电气机械和器材	38085	0.107387	118	0.234132	91	0.658481	1
计算机	39086	0.127722	114	0.265528	83	0.606751	4
通信设备	39087	0.159145	104	0.199125	99	0.641730	2
广播电视设备和雷达及配套设备	39088	0.019577	136	0.384578	59	0.595845	6
视听设备	39089	0.377380	64	0.231493	93	0.391127	21
电子元器件	39090	0.135394	109	0.271932	81	0.592674	7
其他电子设备	39091	0.156052	106	0.465749	45	0.378200	22
仪器仪表	40092	0.213544	90	0.431428	50	0.355028	30
其他制造产品	41093	0.343683	69	0.297954	78	0.358363	27

续表

产业部门	部门序号	最终需求依赖度系数 Z_i^k					
		消费	排序	投资	排序	出口	排序
废弃资源和废旧材料回收加工品	42094	0.163114	100	0.547133	32	0.289753	48
金属制品、机械和设备修理服务	43095	0.278481	81	0.465884	44	0.255635	57
电力、热力生产和供应	44096	0.305968	76	0.446211	48	0.247820	60
燃气生产和供应	45097	0.670096	30	0.214757	95	0.115147	105
水的生产和供应	46098	0.619501	36	0.251799	86	0.128700	98
房屋建筑	47099	0.001191	138	0.990963	3	0.007846	135
土木工程建筑	48100	0.000048	139	0.997676	1	0.002276	138
建筑安装	49101	0.002915	137	0.992190	2	0.004895	137
建筑装饰和其他建筑服务	50102	0.224180	88	0.682711	17	0.093109	117
批发和零售	51103	0.386478	59	0.306228	75	0.307294	40
铁路运输	53104	0.420054	54	0.360778	63	0.219167	71
道路运输	54105	0.386657	58	0.401801	55	0.211541	74
水上运输	55106	0.254697	85	0.298341	77	0.446962	18
航空运输	56107	0.404363	57	0.239797	89	0.355840	29
管道运输	57108	0.469457	47	0.324334	71	0.206209	79
装卸搬运和运输代理	58109	0.341236	71	0.405111	54	0.253653	59
仓储	59110	0.380862	63	0.365445	61	0.253693	58
邮政	60111	0.606904	38	0.238199	90	0.154898	93
住宿	61112	0.555416	44	0.249962	87	0.194622	83
餐饮	62113	0.718290	23	0.174223	102	0.107487	108
电信和其他信息传输服务	63114	0.634982	34	0.269782	82	0.095236	116
软件和信息技术服务	65115	0.073665	126	0.793984	9	0.132351	97
货币金融和其他金融服务	66116	0.416833	56	0.380873	60	0.202294	80
资本市场服务	67117	0.614215	37	0.246472	88	0.139313	95
保险	68118	0.639817	33	0.204164	98	0.156019	92
房地产	70119	0.622316	35	0.315057	72	0.062626	124
租赁	71120	0.312383	75	0.447121	47	0.240496	65
商务服务	72121	0.385234	61	0.311890	74	0.302876	43

续表

产业部门	部门序号	最终需求依赖度系数 Z_i^k					
		消费	排序	投资	排序	出口	排序
研究和试验发展	73122	0.431551	53	0.339010	66	0.229439	67
专业技术服务	74123	0.372930	65	0.541767	33	0.085303	119
科技推广和应用服务	75124	0.444279	50	0.337392	67	0.218329	72
水利管理	76125	0.580332	40	0.255225	84	0.164443	88
生态保护和环境治理	77126	0.505439	46	0.253376	85	0.241185	64
公共设施管理	78127	0.948111	5	0.024284	132	0.027605	131
居民服务	79128	0.918490	8	0.048184	129	0.033326	129
其他服务	80129	0.456832	48	0.357022	64	0.186147	84
教育	82130	0.970872	4	0.018079	135	0.011049	133
卫生	83131	0.986092	2	0.008079	137	0.005829	136
社会工作	84132	1.000000	1	0.000000	138	0.000000	139
新闻和出版	85133	0.704127	26	0.139836	114	0.156038	91
广播、电视、电影和影视录音制作	86134	0.766375	17	0.132695	115	0.100929	111
文化艺术	87135	0.928484	7	0.018356	134	0.053159	125
体育	88136	0.902708	9	0.000000	139	0.097292	115
娱乐	89137	0.559869	43	0.233293	92	0.206838	78
社会保障	93138	0.759885	18	0.153551	110	0.086564	118
公共管理和社会组织	90139	0.977209	3	0.012769	136	0.010022	134

注：本表格根据 2012 年中国 139 个产业部门投入产出表，运用生产最终依赖度系数模型计算得出。